王楚鸿◎著

A STUDY ON ENTREPRENEURSHIP OF NORMAL UNIVERSITIES
DURING THE TRANSFORMATION PERIOD
FROM THE PERSPECTIVE OF VALUE CREATION

价值创造视角下的转型期师范大学创业研究

——以A大学为例

广东高等教育出版社
Guangdong Higher Education Press
·广州·

图书在版编目（CIP）数据

价值创造视角下的转型期师范大学创业研究：以A大学为例/王楚鸿著. —广州：广东高等教育出版社，2018.12
ISBN 978-7-5361-6297-6

Ⅰ. ①价… Ⅱ. ①王… Ⅲ. ①师范大学-创业-研究
Ⅳ. ①G658.3

中国版本图书馆CIP数据核字（2018）第230153号

价值创造视角下的转型期师范大学创业研究：以A大学为例
JIAZHI CHUANGZAO SHIJIAOXIA DE ZHUANXINGQI SHIFAN DAXUE CHUANGYE YANJIU：YI A DAXUE WEILI

出版发行	广东高等教育出版社 地址：广州市天河区林和西横路 邮编：510500　　营销电话：(020) 87553335 http://www.gdgjs.com.cn
印　　刷	虎彩印艺股份有限公司
开　　本	787毫米×1 092毫米　1/16
印　　张	17
字　　数	300千
版　　次	2018年12月第1版
印　　次	2018年12月第1次印刷
定　　价	39.00元

前　言

20 世纪末期到 21 世纪初，我国高等教育正处在变革和发展的重要关头。内外部环境的急剧变化既给师范大学的生存发展带来巨大的挑战，也带来新的机遇。所有这些挑战和机遇都最终转化为变革的力量，促使师范大学以创业的精神推动自身的创新、变革与转型。发端于世纪之交的师范大学转型，是对我国百年教师培养模式的整体反思，也是师范大学对自身办学模式与办学定位的整体变革，其转型的成败对我国教师教育发展和整个教育发展都有重要的影响，因此令人瞩目。大学转型是一个漫长的过程，这场前后历经十余载、声势浩大的师范大学转型目前大多已经顺利完成，其经验教训、成败得失及其后续影响非常值得我们去研究和反思。

师范大学转型是典型的组织转型。根据创业理论，组织转型是组织创业的重要形式，而创业是主体通过创造性整合一系列的资源，利用机会来创造价值的过程。因此，价值问题是“转型”和“创业”的核心问题，从价值创造的视角研究师范大学的转型创业可以为相关研究开辟新的思路，获得新的发现。

基于 A 大学的案例研究，本书试图从价值创造的新视角审视、探讨转型期师范大学的创业问题，力图回答师范大学转型所要实现的价值目标是什么，以及如何通过创业实现价值目标的问题。研究围绕价值创造的“背景—目标—手段—成效—特征”这一主线，综合运用创业学、价值论、高等教育学和管理学等多学科的理论与方法，重点探讨师范大学转型的背景、价值目标与实质，以及转型期师范大学创业的要素、路径与特征，并为其进一步改革创业提出建议。

“绪论”部分。阐述了研究的背景与意义，界定了研究的基本概念，梳理了已有研究文献（从师范大学转型、创业研究与公司创业理论发展、大学创业三方面），并介绍了研究的目的、内容、思路与方法。

第一章“转型：背景与目标”。探讨了师范大学转型的背景，并在深入分析基础上构建了师范大学转型的价值目标体系。研究发现：师范大学转型是多种复杂因素共同作用的结果，高等教育变革、大学职能拓展、教师教育创新和一流大学建设等都对转型产生重要的影响；转型的总体目标是“在坚持教师教育办学特色的基础上实现师范大学的综合化发展”，核心目标包括提升学术水平、变革教育模式和拓展服务与资源三方面。

第二章“创业：实质与要素”。探讨了“创业”“组织创业”的内涵、本质与特点，从组织创业的角度论述了师范大学转型的实质，并深入分析了师范大学创业的核心要素。研究认为：推动师范大学转型的动因从本质上看是价值需求的变化；作为组织创业的重要形式，师范大学转型创业的根本目的是寻求新机会创造新价值，其核心要素是创业主体、创业机会和创业资源；根据创业实施主体的不同，师范大学创业可以分为学校层创业、职能层创业、学院层创业和师生层创业；师范大学的创业机会主要来源于高等教育市场需求扩大、投入加大和体制改革，以及建立在办学积淀、学科基础和广泛改革共识基础上的各种内部有利因素；师范大学的创业资源包括物质资源、声誉资源、组织资源、财务资源、智力与人力资源和技术资源。

第三章“路径：A 大学的实践”。基于 A 大学的案例研究，探讨转型期师范大学创业的基本路径。研究发现：转型期师范大学创业的基本路径是，以需求为导向，以创新和战略变革为核心手段，通过创造性整合内外部资源，利用各种有利机会，推动学术水平提升、教育模式变革、服务与资源拓展，努力提升整体办学水平，积极创造和实现社会价值与自我价值，在坚持教师教育办学特色基础上实现自身的综合化转型。

第四章“特征：分析与总结”。通过问卷调查和访谈相结合的方法，研究了师范大学转型的特征，并为其进一步改革创业提出建议。结果显示，转型期 A 大学在“创新性”、“超前行动”和“风险承担”三个维度上均表现出更加明显的创业特征，其中“创新性”维度获得较高程度提升，“超前行动”维度获得中等程度的提升，“风险承担”维度获得相对较低程度的提升。基于 A 大学的实践分析，研究认为师范大学仍需要在未来的创业中，进一步推动创业驱动模式从自上而下向上下联动的转变、成长模式从外延拓展向内涵发展的转变、教学科研关系从失衡向协同的转变、资源拓展模式从“瘸腿多元”向“协调多元”的转变、大学文化从冲突向融合的转变。

探索没有止境，彼岸总在前方。限于研究者的水平和时间、精力投入等方面的限制，本研究肯定还存在诸多不足甚或错漏之处，恳请各位读者和专家批评指正。

目 录

绪　　论

变革与创新是时代不变的旋律。20 世纪末期到 21 世纪初，是世界政治、经济、文化、科技等发生巨大变革的时期，也是世界高等教育发生剧变的时期。科技革命、全球化和知识经济来临等均给高等教育带来深远的影响，世纪之交的我国高等教育正处在变革和发展的重要关头。而对于我国师范大学而言，世纪之交内外部环境的急剧变化对其生存发展既带来巨大的挑战，也带来新的发展机遇，所有这些挑战和机遇都最终转化为变革的力量，促使师范大学以创业的精神推动自身的变革、创新与转型。世纪之交的师范大学转型，是我国对百年教师培养模式的整体性反思，也是师范大学对自身办学模式与办学定位的整体反思与变革，其转型的成败对我国教师教育发展和整个教育发展都有重要的影响，因此格外令人关注。

第一节　选题背景与意义

一、选题背景

1. 选题缘起

世纪之交我国的师范大学转型涉及面之广，影响之大前所未有，令人瞩目。尽管不同师范大学的转型时间和转型的路径略有不同，但基本上都已经告一段落。在尘埃落定之后，我们不免反思：曾经轰轰烈烈的转型到底为师范大学带来了哪些变化，是好的变化，还是不好的变化？当初定下的转型目标是否都已经实现？有哪些经验和教训？或者我们更大胆地质问，当初的转型目标是在怎样的背景下确定的？是否科学合理？是否切合师范大学自身的实际？而在实现转型目标的道路上，师范大学到底做了什么？他们又是以怎样的精神面貌和行为方式去推动一系列的改革和创新的？等等。所有这些，都值得我们去思考和研究。也许是长期在师范大学学习、工作的原因，笔者对这些问题产生了浓厚的兴趣，这最终让笔者将研究的题目聚焦到师范大学的转型问题上。

通过对这些问题的思考，我们可以发现，它们实际上贯穿着一条主线，那就是“背景—目标—手段—结果”。我们必须通过对转型背景的分析来反思转型期师范大学面临的内外部转型压力，以及在这种背景下转型目标确立的合理与否，并通过对目标实现路径的考察，来反思其手段选择的依据，最后通过对目标与结果的比较，来判断转型目标是否已经实现或者实现的程度如何。

目标是人们价值需求的体现，因此这些问题的思考实际上就是对转型过程中价值问题的审视。从价值论的角度来看，上述的“主线”实际上就是一条贯穿“选择价值目标—选择价值手段—实施价值手段—创造价值”这一完整过程的链条。我们需要知道的是，在转型期师范大学到底选择了怎样的价值目标和价值手段，他们是怎样创造价值的，最终又为社会和大学自身创造了什么样的价值。因此价值创造问题，实际上就成了反思师范大学转型成败得失的一个核心问题。所以，透过层层表象的迷雾，从价值创造的视角来思考转型问题，或许可以使我们获得不一般的发现。

同时，世纪之交的中国社会不仅是一个创新变革的时代，也是一个鼓励创业的时代，创新与变革本身就是创业精神的重要内核。对于师范大学而言，转型既是创新也是创业。师范大学只有以创业的精神推动改革创新，才能最大限度地实现转型的目标，促进自身的成长。通过对创业研究相关理论的学习，笔者发现，组织转型是组织创业（公司创业）的重要形式，作为典型的组织转型，师范大学转型完全可以纳入组织创业的视野来进行研究。而根据史蒂文森的定义，创业本质上是一种价值创造的过程①。因此价值创造问题完全可以成为研究师范大学转型创业的重要视角。鉴于此，采用创业的相关理论，从价值创造的视角来审视师范大学的“转型”及其组织行为（创业行为）就成为本书研究的基本思路。

2. **案例大学基本情况**

为了深入研究转型期师范大学的创业，本文选取 A 大学作为案例进行个案研究。下面谨对其作简要的介绍：

A 大学是我国具有重要影响的师范大学之一，地处南方发达城市，具有八十多年的办学历史。在转型期之前，A 大学是一所传统的以师范教育为主业的典型师范大学，也是一所教学型大学。1996 年，A 大学经努力进入

---

① STEVENSON H H, GROUSBECK H I, ROBERTS M J, et al. New business ventures and entrepreneur [M]. Homewood: Irwin. 1999.

"211 工程"建设行列，成为国家重点建设的大学，学校开始大力加强科研工作，启动从教学型大学向教学研究型大学的转变。1999 年后，面对内外部环境的急剧变化，A 大学审时度势，开始启动学校的全面战略转型。为适应教师教育的开放化、一体化、综合化的发展趋势，主动参与高等教育竞争，提高为基础教育服务的水平。1999 年 7 月，在学校第十二次党代会上，A 大学提出了创建"全国一流新型师范大学"的目标，开始推进学校的综合化转型，推动自身从"传统"向"新型"的转变（根据该校的界定，"新型"的含义，是指从封闭、单一和职前教育与职后教育相分离为特征的传统师范教育模式转向开放、综合和职前教育与职后教育一体化的现代教师教育模式）；同时进一步明确"以教学、科研为中心……使学校进一步向教学科研型大学转变"。在 2004 年学校的第十三次党代会和 2006 年的《A 大学事业发展"十一五"规划纲要（2006—2010 年）》中，A 大学进一步提出了建设"特色鲜明、开放式、综合性的高水平教学研究型大学"的奋斗目标。2010 年的 A 大学第十四次党代会和 2011 年的《A 大学"十二五"事业发展规划（2011—2015 年）》则提出建设"国内一流、国际知名的高水平综合性教学研究型师范大学"的奋斗目标。

尽管关于战略定位的表述不断调整，但不论是"全国一流新型师范大学""特色鲜明、开放式、综合性的高水平教学研究型大学"，还是"国内一流、国际知名的高水平综合性教学研究型师范大学"的表述，"坚持教师教育办学特色"、"推进学校的综合化转型"和"实现学校从教学型大学向（高水平）教学研究型大学转变"都是 A 大学整个转型期始终坚持的发展定位。

经过转型期的改革创新和不断努力，到 2013 年，A 大学基本实现了三大转变："从传统师范大学向综合性师范大学、从教学型大学向教学研究型大学、从地方大学向国家重点建设大学的转变"，学校各项事业均获得长足进步，综合实力得到明显提升，基本实现了本轮的转型目标。转型期 A 大学综合排名稳步提升，根据武书连大学评价体系，2002—2013 年，该校从第 73 名提高到第 58 名，前进了 15 名，综合得分也从 16.56 分提高到 27.22 分[①]。2014 年后，A 大学开始根据该省高等教育建设的重大部署和新的发展机遇，推动"高水平大学建设"和"省部共建"等各项工作，并再次对学校办学定位作出大幅度的调整，可以认为是在已有转型成果基础上的新一轮转型。

---

① 该评价体系从 2002 年后相对稳定，本文仅比较 2002—2013 年度的结果。

A 大学用短短的十多年实现了三大转变，来之不易。其发展轨迹可以说是世纪之交我国师范大学转型的一个缩影和典型案例，具有较高的代表性。通过全面了解和分析 A 大学转型的路径与历程，有利于我们以小见大，更加深入、全面地把握我国师范大学转型的基本脉络，揭示其中的基本规律。而这正是本书选择 A 大学作为研究案例的重要原因。

二、研究意义

本研究将综合运用创业学、价值论、高等教育学和管理学等学科的相关理论和研究方法，从价值创造的视角来研究转型期师范大学的创业问题。本研究的意义主要体现在三方面：

第一，“转型”对师范大学影响深远，对“转型”问题的深入研究具有重要的现实意义。如前所述，“转型”是对我国百年教师培养模式的整体反思与变革，也是师范大学对自身办学模式与办学形态的重大变革，对我国教师教育与师范大学发展和整个教育发展都有深远的影响。通过对师范大学转型问题的深入研究，可以为师范大学发展和高等教育改革提供重要的借鉴，因此具有重要的现实意义。

第二，创业与大学的“联姻”日益受到关注，对师范大学创业问题进行研究具有重要的现实意义和理论价值。一方面，随着创业理论的不断发展，从 20 世纪 90 年代以来，创业理论不再局限于对个人或者商业组织创业问题的研究，而是拓展到包括大学在内的非营利性组织的创业问题研究。将创业理论应用于大学的研究，既有利于拓宽创业理论的研究范畴，也有利于拓宽高等教育管理理论的视角。另一方面，20 世纪中期以来，特别是 20 世纪 80 年代以来，在全球化和知识经济来临的重要背景下，各国高等教育政策出现明显的转变，高等教育需求与供给能力的失衡促使越来越多的大学作出“创业型”的转变，最终导致“创业型大学”的产生。“创业型大学”和大学的创业行为①受到理论界和实践界的广泛关注。可以说，大学创业作为一种客观存在的实践和精神力量正在逐步改变大学的生存方式和行为模式，日益成为创业研究理论界和高等教育管理界共同关注的问题。但总体而言，创业理论对于大学创业的关注仍然非常有限，更没有形成比较系统的理论体系，研究的空间还很大。因此采用创业的相关理论对师范大学创业进行研究，不仅

① 特别提醒注意的是，创业型大学研究中所述的大学创业行为，主要是指大学为了获取外部经费而进行的市场化或类市场化行为，而本文所定义的“创业”的内容包括但不限于此，相关界定将在下文具体阐述。

具有重要的现实意义，也具有重要的理论价值。

第三，价值问题是“转型”和“创业”的核心问题，从价值创造的视角研究师范大学的转型创业将为相关研究开辟新的思路。目前，关于师范大学转型的研究主要是从高等教育管理和改革的角度来进行。创业理论界对于大学创业问题的研究主要沿用企业创业的相关理论，还没有形成切合大学实际、比较系统的理论成果。而“创业型大学”的相关研究主要是从高等教育市场化的角度（具体有“三螺旋”结构理论视角、组织转型视角、知识生产模式转变视角和学术资本主义视角等）来进行，更多关注的是“创业型大学”，而对大学创业行为本身的关注相对较少。从现有文献来看，目前尚未发现从价值创造的视角来探讨师范大学转型与创业问题的相关研究。因此，本书将为相关研究开辟新的视角和思路，具有明显的新颖性和较高的理论价值。

第二节　基本概念界定

一、师范与师范大学

在中国古文献中，“师范”意为“可以师法的模范”。从词义上看，“师”指“教师”“效法”，“范”为“模子”“榜样”，合用即为“学习的榜样”①。现代“师范”一词，是指培养教师的职业或者学校。顾明远先生在其主编的《教育大辞典》中把“师范”界定为“可以师法的模范；对教师职业特征的概括”②。“师范”一词同教师的称谓及其职业特点是联系在一起的，把培养教师的机构称为“师范”（师范院校），把培养教师的工作称为“师范教育”，包含了培养“经师”，造就“人范”两个方面的内容。在英语中“师范”对应的单词是“normal”，其法语辞源为“normale”，意思是“确立一种道德标准或规范”。在西方教育史中，这个单词被广泛用来指代建于19世纪以培养教师为目的的师范院校这样的机构③。可见，法语和英语中“师范”的涵义与中国古代文献中“师范”的涵义是相通的。

许美德（Ruth Hayhoe）教授认为，中国的师范大学是糅合了“师范”

---

① 辞海编辑委员会. 辞海［M］. 上海：上海辞书出版社，1980：60，573.

② 顾明远. 教育大辞典（下）［M］. 上海：上海教育出版社，1998：641.

③ 许美德，李军. 世界教师教育发展的历史比较［J］. 教育研究，2009（6）：54－62.

和“大学”两种价值理念和特点的一种独特的高校[①]。因此，从字面意义上来理解，师范大学是指培养教师的大学。由于“大学”有广义和狭义的理解，为避免产生歧义，在本书中，师范大学仅指我国以培养教师为主要特色，在学校名称中保留“师范大学”字眼的普通高校。根据这个界定，目前我国共有师范大学 39 所。

二、转型、转型期与师范大学转型

“转型”一词，是社会学现代化理论提出的概念，最初专指传统社会向现代社会的演变过程。后推演为在相关的领域中发生的一种系统化的、大规模的和带有根本性的转变过程[②]。所谓转型，是事物原有的模式和形态与人主观作为的重新耦合，说明事物结构的序、序列及所内化出的累积性社会关系的改变[③]。因此，“转型”是一个使事物原有模式和形态与人的主观相符，进而使事物发生根本性改变的过程，而这个过程是以人的主动性为特征的[④]。

据此，本书认为，“转型”是指通过人的主动作为，使事物原有模式和形态按照人的主观意愿发生根本性改变的过程。而“转型期”则是转型过程所持续的时间或期限。与之相对应，“师范大学转型”是指通过师范大学的主动作为，使其原有办学模式和形态按照其主观意愿发生根本性改变的过程。“师范大学的转型期”则是师范大学转型过程所持续的时间或期限。

在本书中，“师范大学转型”特指从 20 世纪末期以来，我国师范大学在开放型师范教育体制改革和各种内外部因素作用下，以“综合化发展”为主要目标，主动调整发展战略，推动自身办学模式和发展形态发生根本性改变的过程。转型往往是一个漫长的过程。就师范大学“转型期”的具体界定而言，一般认为这一过程从 1999 年开始，以 1999 年 6 月《中共中央　国务院关于深化教育改革全面推进素质教育的决定》颁布，实质性推动师范教育办学体制改革为起点，持续 10 ~ 15 年。但由于不同师范大学启动和完成转型的时间不同，因此很难统一划定，需要具体问题具体分析。在本书中，以 A 大学为研究案例。考虑到 A 大学从 1999 年开始启动全面转型，到 2013 年各项转型目标已基本实现。同时从 2014 年开始，该校开始推动“高水平大学

---

① 许美德，李军．世界教师教育发展的历史比较［J］．教育研究，2009（6）：54 - 62.

② 关信平．经济—社会转型、全球化与中国城市贫困问题［Z］．北京：转型中的中国社会学术研讨会．2001 - 12 - 29.

③ 戚攻．论中国社会转型中的“边缘化”［J］．西南师范大学学报（人文社会科学版），2004（1）：58 - 63.

④ 张弛．转型时期高师院校学科建设策略研究［J］．清华大学教育研究，2006（1）：90 - 95.

建设”和“省部共建”等各项工作，再次对办学定位作出大幅度的调整，因此将该校的“转型期”具体限定在1999—2013年。但必须说明的是，这种划分只能是大致的划分，很难真正做到非常精确。

三、师范教育与教师教育

传统上，我国一直把“师范教育”作为教师培养的总称加以使用。以《中国大百科全书（教育卷）》为代表的各种教育工具书，大都把师范教育定义为“培养师资的专业教育”；“培养和提高基础教育师资的专门教育。包括职前教师培养、初任教师考核试用和在职培训”。但就我国师范教育的百年办学历程来看，其重心主要是教师的职前教育，内容主要是所教学科的专业教育，培养模式主要采用“封闭型”（独立型）①②。因此“师范教育”实际上无法完全涵盖教师培养的全部内容。

2001年，《国务院关于基础教育改革与发展的决定》中首次用“教师教育”的概念作为教师培养的总称，取代长期使用的“师范教育”概念。相对于“师范教育”，“教师教育”具有更加丰富的内涵，意味着将教师的职前培养、入职教育和职后培训连成一体，将教师教育过程视为一个可持续发展的终身教育过程，体现了教师教育连续性、一体化与可持续发展的特征③，具有系统性、专业性、开放性和终身性的特点④。

在本书中，如无特殊说明，将“教师教育”作为教师培养的总称使用；而“师范教育”仅指教师的职前培养，即师范生的培养。

四、教师教育转型

在明确了“转型”和“教师教育”概念的基础上，“教师教育转型”的概念已经非常明确，是指在相关主体的努力下，教师培养的原有模式和形态按照人的主观意愿发生根本性改变的过程。“教师教育转型”与“师范大学转型”是既相互区别又紧密联系的一对概念，但在实践和部分文献中，两者常常被混淆或混用。因此有必要对它们作进一步的比较：

首先，从字面的理解上，我们就能看出它们的明显区别。在“师范大学

---

①④ 黄崴. 从“师范教育”到“教师教育”的转型［J］. 高等师范教育研究，2001（6）：14-16，7.

② 王克勤，马建峰，盖立春，等. 师范教育的转型与教师教育发展［J］. 教育研究，2006（4）：76-79.

③ 钟启泉，王艳玲. 从师范教育走向教师教育［J］. 全国教育展望，2012（6）：22-25.

转型”中，转型的对象是“师范大学”，是大学的转型；而“教师教育转型”的对象是“教师教育”，是一种教育模式的转型。

其次，从相对微观的角度来看，教师教育转型既是师范大学转型的动因之一，也是其转型的内容之一。一方面，教师教育的转型是导致师范大学转型的最重要原因之一，正是由于教师教育转型的需要，才推动师范大学作出相应的转型，以满足教师教育发展的新需要。但显然，教师教育转型并非师范大学转型的唯一原因，师范大学转型除了满足教师教育改革的需要，还有更加复杂的内外部原因（将在下文专门探讨）。另一方面，从大学的内部来看，教师教育转型又是师范大学转型的内容之一。师范大学转型具有多重目标和多重价值追求，是整个大学全方位的重大变革，而教师教育模式的转型是其中的重要内容之一。

再次，从相对宏观的角度来看，师范大学转型又是推动国家教师教育模式转型的重要内容和重要途径。作为师范教育（教师教育）的重要主体，师范大学如果不能实现自身的转型，新的教师教育体系的构建显然只能是纸上谈兵。

五、创业、公司创业与大学创业

1. 创业

在中文中，创业一词是指“开创基业”（《辞海》）或“创办事业”（《现代汉语词典》）。在英语中，“创业”一词有多种表达，作为专业研究术语的“创业”一词，普遍使用 entrepreneurship[①]。现代意义上的创业概念最早产生于1775年，由法国经济学家理查德·康替龙（Richard Cantillon）定义，他将创业者和经济中承担的风险联系在一起，认为创业代表着承担风险[②]。其后熊彼特（Schumpeter）、加特纳（Gartner）、洛瓦和麦克米伦（Low & Macmillan）、谢恩和文卡塔拉曼（Shane & Venkataraman）、蒂蒙斯和斯皮内利（Jeffry A. Timmons & Stephen Spinelli, Jr）、多林格（Marc J. Dollinger）、史蒂文森（Stevenson）、莫里斯（Morris）等众多的研究者都对“创业”进行各自的定义。但由于视角和观点各异，所以直到目前仍然没有一个统一的“创业”定义。

在众多定义中，史蒂文森的定义更加综合并被广为接受。他认为，创业

① 张玉利，李乾文. 创业导向、公司创业与价值创造［M］. 天津：南开大学出版社，2009：14.

② 胡萍，谢磊，沈键，等. 国内外创业理论研究综述［J］. 浙江树人大学学报. 2008（6）：52－56.

是不拘泥于当前资源条件限制下的对机会的追寻，是“通过整合一系列的资源，利用机会来创造价值的过程”①。其定义包括四方面的内涵：第一，创业是一个过程；第二，创业者创造了新的价值；第三，创业者以独特的方式整合资源；第四，创业是机会驱动的过程。该定义侧重于从行为的角度研究追求机会的过程，张玉利认为它“体现了资源观与机会观结合的视角”②。而在笔者看来，该定义的重要意义还在于明确阐明创业本质上是“一种价值创造的过程”，是一种充分体现人的主体性的价值追求。

在本书中，采用史蒂文森的“创业”定义，认为创业是主体通过整合一系列的资源，利用机会来创造价值的过程。

2. **公司创业/组织创业**

公司创业（Corporate Entrepreneurship，CE）是创业理论发展到一定程度后的新突破，其概念最早由米勒（Miller）于 1983 年提出③，用于描述在已定型的组织内的创业行为，不同的学者采用不同的术语进行表述，如组织创业、内创业、公司内部创业、公司创意等，而“公司创业”是使用最为广泛的术语。目前公司创业已经被广泛应用于包括营利性组织和非营利性组织在内的各种各样的组织，所以也被称为“组织创业”。在本书中，主要利用公司创业的相关理论来研究师范大学的创业，采用“公司创业”似乎给人其指涉的范围仅限于营利性商业组织的误解，采用“组织创业”显然更为合适。但由于大部分的文献仍然采用“公司创业”的术语，为避免使用上的不便，本文同时使用“公司创业”和“组织创业”两个术语或者将其混用，具体将根据语境而定。

关于公司创业或组织创业的定义，科文和斯莱文（Covin & Slevin）、古兹和金丝伯格（Guth & Ginsberg）、平肖（Pinchot）、沙玛和克里斯曼（Sharma & Chrisman）、张映红等众多研究者都提出各自的定义。综合这些研究者的论述，并结合上文对创业的定义，本书认为：公司创业（或组织创业）是已建组织及其成员作为一个整体（创业主体），以创新和战略变革为核心手段，通过整合一系列的资源，利用机会来创造价值的过程。

3. **大学创业**

在明确组织创业定义基础上，本书认为，大学创业是大学及其成员整体

① STEVENSON H H, GROUSBECK H I, ROBERTS M J, et al. New business ventures and entrepreneur [M]. Homewood: Irwin. 1999.

② 张玉利，李乾文. 创业导向、公司创业与价值创造 [M]. 天津：南开大学出版社，2009：18.

③ 张玉利，李乾文. 创业导向、公司创业与价值创造 [M]. 天津：南开大学出版社，2009：50.

上作为一个创业主体，以创新和战略变革为核心手段，通过整合一系列的资源，利用机会来创造价值的过程。

六、价值与价值创造

1. 价值

从词源上说，“价值”（value）一词源于古代梵文 wer（护栏、掩盖、保护）、wal（围墙、掩盖、加固）和拉丁文 vallum（堤）、vallo（用堤护住、加固、保护），其本意宽泛而模糊，大体包括“可宝贵、可珍稀、令人喜爱、值得重视”的意思。后来的“价值”（value）一词，即取其“对人有维护、保护作用”的含义演化而来①。

一般认为，洛采（Lotze. R. H.，又译陆宰）1864 年出版的《微观世界：论自然史和人类史，试论一种人类学》为价值哲学产生的标志。西方哲学界一般把洛采看作是“价值哲学之父”②。但在一般价值论产生以前，价值概念已经广泛使用于各学科，如宗教学、伦理学、法学、社会学、经济学等。关于价值的定义，不同学科不同学者给出了众多的答案。在本研究中，主要应用创业学的相关理论，从价值创造的视角来研究师范大学的创业问题。虽然目前创业学已经得到了前所未有的发展，创业理论的视野已经拓展到包括非营利性组织在内的一切组织的创业行为的研究，但创业学不论从起源还是从现状来看，都主要是对营利性商业组织创业的研究，因此，创业学中“价值”的概念（本书认为，创业是一种创造价值的过程）主要采用的是经济学的概念，是指商品的“价值”。按照马克思劳动经济学的理论，价值即凝结在商品中的一般的无差别的人类劳动或抽象人类劳动。但作为主要是非营利性组织的公立大学而言，其创业所涉及的价值问题却远远不只是“商品价值”或经济价值。如果将大学创业所追求的目标仅仅限定在“经济价值”方面，则可能会使大学创业步入歧途，走向唯利是图。因此，采用经济学的价值概念无法涵盖大学创业所创造的“价值”，必须采用更高层次的、上位的价值概念。

哲学意义上的价值概念是各种价值概念的综合与抽象，揭示的是它们的普遍规律。因此，在本研究中，采用哲学的价值概念。但哪怕从一般价值论的角度来看，对于“价值”概念的研究仍然汗牛充栋，众说纷纭。孙伟平将比较有代表性的价值定义归纳为如下几类：①实体说：认为价值就是具有价

---

① 孙伟平. 价值哲学方法论［M］. 北京：中国社会科学出版社，2008：52－53.

② 娄立志. 论目前我国教育的主导价值［D］. 上海：华东师范大学，2001：7.

值的事物本身，或者说，价值就是价值客体中的某种东西；②属性说或功能说：认为价值就是客体固有的某些属性或功能；③观念说：认为价值是人类的一种精神或心理现象，是与人的兴趣、欲望、情感、态度、意向或规定等相关的东西；④关系说：认为价值是客体满足主体需要的关系[①]。

尽管对于“价值”的定义有各种各样的界定和表述，但目前我国价值论的研究多是在马克思主义基本原理指导下进行的，“关系说”或“关系范畴说”似乎得到更加广泛的认同。如：李连科认为，“所谓价值，就是客体与主体需要之间的一种特定（肯定与否定）关系”[②]；张岱年认为，“所谓价值，就是客体能够满足主体的一定需要”[③]；等等。李德顺提出了“实践说”，是对“关系说”的继承和发展，但总体上仍然属于“关系说”的范畴。按照李德顺的界定，“所谓价值，就是指客体的存在、属性及其变化同主体的尺度是否相一致或相接近”[④]。而主体的尺度是指主体的目的和需要。

在本研究中，采用李德顺的界定，将“价值”的定义直接表述为：价值是指客体的存在、属性及其变化同主体的目的和需要是否相一致或相接近。换言之，如果客体的存在、属性及其变化同主体的目的与需要相一致或相接近，就是有价值或有正价值，如果不一致或不相接近，就是没有价值或者具有负价值。其中，“需要”是“基于人与环境的不平衡而产生的趋于平衡的一种自觉倾向”[⑤]。而“目的”作为一种“观念对象”则是“经过头脑加工了的对象，是经过改造过的对象”，“也就是对劳动结果、结局的一种超前性的反映”，“就是对现实对象的观念占有或观念上的占有”。目的与需要紧密相关，目的的形成过程至少包括对需要的意识、对需要对象的意识或一定的知识，以及对需要与对象的关系的意识三方面。[⑥]

2. 价值创造

根据《现代汉语词典》，创造是指“想出新方法、建立新理论、做出新的成绩或东西”[⑦]。因此，价值创造可以理解为是一种使价值“从无到有”的过程。马克思主义价值论对价值创造的论述具有丰富而深刻的内涵：①实践是一切价值的源泉，只有在实践中，价值才能被创造出来。②价值是一种属于人的为人的现象，为人和人为一事两面；一切价值都是人创造的，是人

---

① 孙伟平．价值哲学方法论［M］．北京：中国社会科学出版社，2008：67－73.

② 李连科．哲学价值论［M］．北京：中国人民大学出版社，1991：62.

③ 张岱年．论价值的层次［J］．中国社会科学，1999（2）：3－10.

④ 李德顺．价值论［M］．北京：中国人民大学出版社，2007：27.

⑤ 李德顺．价值论原理［M］．西安：陕西人民出版社，2002：45.

⑥ 李德顺．价值论原理［M］．西安：陕西人民出版社，2002：48－51.

⑦ 中国上海科学研究院语言研究所．现代汉语词典［M］．北京：商务印书馆，2004：198.

为了自己而创造的，而人自身的价值也是人创造出来的。③价值创造包括个体的创造和群体的创造。④价值创造的创造，是一种广义的创造，一切增加了价值的活动都可以看作价值创造。⑤价值创造的途径和形式多种多样，社会生活的过程就是生产和再生产连续不断地进行的过程，同时也是价值创造的过程，包括物质生产、精神生产、社会关系生产和人的生产等形式。⑥价值创造体现了人的自由性，是人根据自己的尺度和物的尺度的统一而进行的，是选择的自由；选择是价值创造活动的一个重要环节，价值创造就是通过选择而实现的；人的选择本质上是价值选择，是基于对价值的评价而作出的选择；选择包括目的的选择和手段的选择；价值选择是价值创造的一个环节，价值创造是包括价值选择在内的整个过程（由此可见，价值创造过程至少包括价值评价、价值目标选择、价值手段选择、价值手段实施、价值客体产生等环节）。⑦价值创造是一个使价值“从无到有”的过程，但不是“无中生有”的过程，需要付出一定的成本和代价，人们应该正确处理代价与收益之间的矛盾，获取最佳的价值创造效益与效率。[①]

综上所述，本书认为，价值创造是指主体通过评价和选择价值目标，并选择和实施相应的价值手段，投入一定的成本和代价，在实践中创造价值客体，并使价值客体满足价值主体的目的与需要的过程。

第三节　文献综述

一、关于师范大学转型的相关研究

尽管师范大学（或师范院校）转型与教师教育转型并不能简单地画等号，但它们既相互区别又紧密联系，已有的文献往往是从两者的紧密联系中探讨师范大学的转型问题的。

1. 期刊（或报纸）论文

总的来说，目前关于教师教育转型和师范大学转型的期刊（或报纸）论文比较丰富，主要集中在如下几方面：

第一，国外经验借鉴。通过梳理和介绍国外教师教育发展历史，教师教育转型与师范大学转型的经验，试图揭示世界范围内教师教育发展的“普遍”规律和不同国家独特的经验，为我国教师教育与师范大学转型提供

① 李德顺. 价值论原理［M］. 西安：陕西人民出版社，2002：335－365.

借鉴。

比如朱旭东（2001）以美、英、日、澳大利亚、苏联、南非等国教师教育为分析对象，探讨了国外教师教育模式的几种转型[①]；高有华（2007）分析了世界教师教育的现状、课程和教学模式、专业化发展趋势和教师教育改革的基本经验，并在此基础上探索中国教师教育发展的策略[②]；沈有禄（2010）探讨了国外教师教育模式转型的核心和共同的发展趋势[③]；阎光才（2003）[④]、杨捷（2012）[⑤] 和杨露（2014）[⑥] 则从不同角度分析了美国教师教育机构的转型及其引发的相关问题；李广平（2009）介绍了土耳其教师教育的高等教育化与大学化转型的做法与特点[⑦]；等等。同时，在其他许多论文中，都将国际教师教育发展的趋势作为我国教师教育转型与师范大学转型的重要背景加以介绍和论述。

第二，我国教师教育转型与师范院校转型的问题与对策研究。从理论上或者理论与实践相结合的角度上，探讨我国教师教育转型与师范院校转型的背景、动因、问题、内容、思路、途径与策略等。既有国家教师教育体制与政策等宏观层面上的探讨，也有大学发展战略、改革思路等中观层面的探讨，以及学校专业与课程设置、教学改革等微观层面上的探讨，或者是两者、三者的组合研究。

比如“师范大学改革与发展咨询会议”综述显示，在由教育部相关单位主办的“师范大学改革与发展咨询会议”（1999 年 10 月 20 – 21 日，华东师范大学，与会代表有教育部相关部门领导，教育部 6 所直属师范大学和 6 所地方师范大学的党政领导）上，与会代表全面探讨了世纪之交我国师范教育的地位与作用，师范大学面临的挑战与机遇，师范大学教育体系的制度创新以及师范大学多元化办学等议题，并对师范大学的改革发展建言献策[⑧]。

---

① 朱旭东. 国外教师教育模式的转型研究［J］. 现代教育科学，2001（5）：52 – 58.

② 高有华. 世界教师教育的转型趋势和中国教师教育发展策略［J］. 辽宁教育研究，2007（9）：94 – 97.

③ 沈有禄. 国外教师教育模式转型及其启示［J］. 现代教育科学，2010（4）：89 – 92.

④ 阎光才. 美国教师教育机构转型的历史经验及其启示［J］. 教师教育研究，2003（6）：73 – 77.

⑤ 杨捷. 美国教师教育大学化转型述评［J］. 比较教育研究，2012（12）：24 – 29.

⑥ 杨露. 美国教师教育机构转型的历程及其经验启示［J］. 学术交流，2014（9）：221 – 225.

⑦ 李广平. 土耳其教师教育的高等教育化与大学化转型［J］. 外国教育研究，2009（7）：7 – 10.

⑧ 华东师范大学“师范大学改革与发展咨询会议”秘书组. 认清形势，积极进取，开创师范大学改革与发展的新局面：“师范大学改革与发展咨询会议”综述［J］. 高等师范教育研究，1999（5）：3 – 8.

赵金保等（2000）分析了传统师范大学的特点与局限性，面临的困境与挑战，认为师范大学的发展方向应该是努力实现由传统模式向现代综合性大学的转变[①]。钟秉林教授的系列论文探讨了国际教师教育发展的趋势，世纪之交我国师范院校面临的转型压力，师范院校综合化转型的基本内涵，并提出师范院校战略转型的多元化发展策略[②③④⑤⑥]。黄崴（2001）从历史发展与国际经验借鉴的角度，分析了“师范教育”向“教师教育”转变的原因，并重点分析了教师教育的系统性、专业性、开放性和终身性特点[⑦]。谢维和（2002）从全面实施教师资格证书制度入手，探讨师范院校的综合化转型，认为师范院校应从单纯学历教育的机构，转变为学历教育和资格证书教育相结合的综合性大学[⑧]。刘复兴（2002[⑨]，2004[⑩]）重点探讨我国教师教育转型的政策问题，提出从培养目标、职业性质、教育体制和培养活动方式四个要素综合考察教师教育模式的分析框架，据此探讨现代教师教育模式的内涵与特点，同时从观念与目标、结构体系、培养体制、经费体制和管理体制五方面，探讨教师教育转型中可能产生的教育问题和社会关系，并为教育政策和法律的制定提出建议。

韩清林（2003）在国外经验借鉴基础上，分析了国内推进师范教育转型的政策环境和面临的难题，并就我国师范教育转型的价值取向、模式选择、宏观设计、课程设置与开放式教师教育体系构建提出建议[⑪]。马晓雄（2003）分析了师范教育向教师教育转型的背景、传统师范教育存在的学科专业和教师职业能力“双薄弱”现象，以及师范院校面临的挑战与压力，并

---

① 赵金保，张俊宗. 论传统师范大学的现代转型［J］. 西北师大学报（社会科学版），2000（3）：1－6.

② 钟秉林. 师范大学转型与高师教育走向［N］. 光明日报，2001－10－25（B01）.

③ 钟秉林. 教师教育的发展与师范院校的转型［J］. 教育研究，2003（6）：22－27.

④ 钟秉林. 观念和制度创新：大学的核心竞争力与师范院校的转型［J］. 北京师范大学学报（社会科学版）. 2003（5）：3－11.

⑤ 钟秉林. 高等教育创新与教师教育和师范院校的转型［J］. 中国大学教学. 2004（1）：15－16.

⑥ 钟秉林. 关于师范大学改革和发展几个问题的思考［J］. 教育与职业，2011（32）：5－8.

⑦ 黄崴. 从“师范教育”到“教师教育”的转型［J］. 高等师范教育研究，2001（6）：14－16，7.

⑧ 谢维和. 我国教师培养模式的制度改革：兼评当前高等师范院校的改革与转型［N］. 中国教育报，2002－03－02（003）.

⑨ 刘复兴. 我国教师教育的转型与政策导向［J］. 高等师范教育研究，2002（4）：20－26.

⑩ 刘复兴. 我国教师教育转型中的政策问题［J］. 当代教育科学，2004（11）：19－23.

⑪ 韩清林. 积极推动师范教育转型，构建开放式教师教育体系［J］. 教育研究，2003（3）：54－60.

就师范大学如何发挥优势，实现超越提出建议①。江秀乐等（2003）从战略定位、教师教育模式创新、教师教育一体化和政策配套四方面，探讨了转型背景下重点师范大学的建设与教师教育创新问题②。

万明钢（2004）总结了关于师范大学转型与教师教育改革问题的基本共识，提出了师范大学转型的综合化发展方向，探讨了综合大学的教师教育模式③。潘懋元先生（2004）探讨了教师教育区别于传统师范教育的特征，并就教师教育观念的更新和制度的变革、分段式培养模式、教师教育课程设置和高校的教师教育等问题提出自己的建议④。谢安邦（2004）探讨了教师教育转型时期我国教师教育的体制创新和制度建设问题⑤。王荣顺等（2004）分析、探讨了我国师范院校发展的历史、现状以及转型期面临的困境，并对我国教师教育体系的构建和师范院校的发展提出建议⑥。

周福盛（2005）从师范教育的百年历史回顾、教师教育的学术性与教师职业专业化的确立、教师教育的体制变革和教师教育内容的探索四方面，分别探讨我国教师教育转型的历史背景和现实基础⑦。袁奋光（2005）分析了师范大学面临的转型背景，论述了重点师范大学实现“三个转型”（从传统的师范教育向现代教师教育转型，从单一的师范大学向以教师教育为主要特色的综合性大学转型，从教学科研型大学向研究型大学转型）的必要性与可行性⑧。盛子同（2005）探讨了师范大学向综合性大学转型的必要性，并从办学理念和培养目标转型，学科结构、专业设置、课程结构与培养模式转型，师资队伍转型，外部环境完善，以及师范大学更名等方面论述了师范大学的“综合化”转型⑨。刘湘溶（2005）探讨了“国内一流”“国际影响”“教师教育特色”“综合化”“研究型”等关键词的内涵，并就师范大学战略

---

① 马晓雄．关于师范教育向教师教育转型的几点思考［J］．高等师范教育研究，2003（4）：8－13.

② 江秀乐，袁奋光．重点师范大学建设与教师教育创新［J］．教育研究，2003（6）：28－32.

③ 万明钢．师范院校的转型与教师教育培养模式探索［J］．西北师大学报（社会科学版），2004（6）：96－100.

④ 潘懋元，吴玫．从师范教育到教师教育［J］．中国高教研究，2004（7）：13－17.

⑤ 谢安邦．教师教育转型时期的体制创新和制度建设［J］．教育研究，2004（9）：7－10.

⑥ 王荣顺，李广平，张贵新，等．对师范院校发展与转型的思考［N］．中国教育报，2004－12－17（4）.

⑦ 周福盛．我国教师教育转型的历史背景和现实基础［J］．宁夏大学学报（人文社会科学版），2005（6）：112－117.

⑧ 袁奋光．我国重点师范大学应逐步实现“三个转型”［J］．高等教育研究，2005（1）：58－61.

⑨ 盛子同．论师范大学向综合性大学的转型［J］．教育评论，2005（5）：27－30.

制定中涉及的相关问题提出建议[①]。

张弛（2006）探讨了高师院校转型的内涵，论述了高师院校学科体系转型的必要性和紧迫性，并就转型中如何处理“特色与综合化、单纯扩容与资源重组”的关系提出建议[②]。王克勤等（2006）认为，师范教育转型主要体现为教师教育一体化、教师教育开放化和教师职业专业化；师范教育发展路径的重点在于更新教育观念、确定培养模式、优化课程结构和加强师资队伍建设[③]。刘旭等（2006）分析了转型期师范大学面临的复杂情势，探讨了师范大学的办学定位与办学模式选择[④]。宋永忠（2006）就师范大学在综合化转型过程中，如何进一步确立教师教育特色问题进行探讨[⑤]。张斌贤（2007）探讨了师范院校的转型策略，认为转型是师范大学面对外部环境压力所作出的主动选择，但带有“实用主义”的色彩，应该采用渐进式策略推进师范大学的转型[⑥]。温风媛（2007）探讨了转型背景下，地方师范大学的发展策略（包括坚持教师教育特色，正确处理师范性与学术性的关系，加强教育学科建设，合理增设非师范专业和优化课程结构等）[⑦]。

钟晨音（2008）总结分析了我国师范大学发展目标定位的一些共同的倾向，并从转型的必要性、目标定位的科学性、目标定位的支持系统三方面对师范大学的转型问题进行理性的思考[⑧]。贺祖斌（2009）分析了地方师范院校综合化转型的内涵与面临的困惑，并就师范院校在教师教育理论、培养模式、课程结构等方面的改革提出建议[⑨]。段兆兵（2010）分析了教师教育转型背景下，地方师范大学面临的挑战与机遇，并提出了相应的应对策略[⑩]。

钟启泉等（2012）从师范教育和教师教育各自的概念内涵入手，阐述了

---

① 刘湘溶. 师范大学发展战略几个重大问题的思考［J］. 湖南师范大学社会科学学报，2005（1）：82－86.

② 张弛. 转型时期高师院校学科建设策略研究［J］. 清华大学教育研究，2006（1）：90－95.

③ 王克勤，马建峰，盖立春，等. 师范教育的转型与教师教育发展［J］. 教育研究，2006（4）：76－79.

④ 刘旭，白解红. 我国教师教育转型期师范大学办学模式改革略论［J］. 教师教育研究，2006（3）：9－12.

⑤ 宋永忠. 师范大学转型不能丢掉教师教育特色［J］. 中国高等教育，2006（5）：57－58.

⑥ 张斌贤. 论高等师范院校的转型［J］. 教育研究，2007（5）：19－24.

⑦ 温风媛. 教师教育转型背景下地方师范大学的发展策略［J］. 辽宁教育研究，2007（5）：30－31.

⑧ 钟晨音. 师范大学转型过程中发展目标定位的解读与思考［J］. 高等教育研究，2008（2）：29－34.

⑨ 贺祖斌. 地方师范院校教师教育在转型中的困惑和对策［J］. 教师教育研究，2009（5）：61－65，69.

⑩ 段兆兵，王伦. 论地方师范大学面临的挑战、机遇及应对策略［J］. 教师教育研究，2010（3）：22－26.

师范教育走向教师教育所凸显的观念更新，以及推进教师教育课程体系整体变革的迫切性[①]。刘建银（2012）梳理了我国教师教育体系转型政策的基本走向，对转型的目标、结果、问题与争论进行反思，并对进一步完善我国教师教育体系提出政策建议[②]。余玲玲（2012）等从如何处理“综合化发展”和“突出教师教育特色”的关系入手，分析师范大学改革进程中面临的困境，并提出改革建议[③]。

第三，师范大学转型个案研究与经验介绍。以个案研究为主，结合理论探讨，重点介绍不同师范大学在转型背景下的战略思考与战略定位、具体的转型策略与措施、主要的经验与问题等。

如钟秉林（2001[④]、2002[⑤]）、檀传宝（2003）[⑥]、郑师渠（2006）[⑦] 等从不同角度探讨了北京师范大学转型的战略思考与改革实践。梅新林（2009）以浙江师范大学为例，探讨省属师范大学教师教育的转型问题[⑧]。李梅等（2010）以华东师范大学、西南大学为例，探讨大众化背景下师范大学的发展路径选择，认为转型期大学的路径选择是自身发展逻辑、社会经济需求逻辑和国家意志的交互影响的结果[⑨]。傅修延（2010）介绍了转型背景下江西师范大学通过加强“培养体系”、“协作体系”和“服务体系”建设，构建教师教育创新平台的思考与实践[⑩]。甘晖（2013）提出以学科综合化为基础推进师范大学综合化转型的发展策略，并以陕西师范大学为例，探讨学科综合化的三种发展模式（“内生”、“嫁接”与“移植”）[⑪]。劳凯声为首的课题组（2014）分析了国内外教师教育转型的主要趋势，重点从目标定位、课程

---

① 钟启泉，王艳玲. 从师范教育走向教师教育［J］. 全国教育展望，2012（6）：22－25.

② 刘建银. 大众化进程中我国教师教育体系转型的走向与反思［J］. 高教探索，2012（1）：141－147.

③ 余玲玲，华维勇. 师范大学持续改革的困境与出路［J］. 高教探索，2012（2）：24－26.

④ 钟秉林. 师范大学转型与高师教育走向［N］. 光明日报，2001－10－25（B01）.

⑤ 钟秉林. 探索有中国特色的教师教育之路：写在北京师范大学建校一百周年之际［J］. 求是杂志，2002（17）：46－52.

⑥ 檀传宝. 何谓与何为：关于北京师范大学转型的初步研究［J］. 教师教育研究，2003（6）：1－7.

⑦ 郑师渠，方增泉. 师范大学的特色发展战略和高师改革趋向［J］. 教师教育研究，2006（6）：7－9.

⑧ 梅新林. 省属师范大学教师教育的改革与创新：以浙江师范大学为例［J］. 国家教育行政学院学报，2009（3）：14－17.

⑨ 李梅，姚晓蒙. 大众化背景下师范大学的发展路径选择：以华东师范大学、西南大学为例［J］. 教师教育研究，2010（5）：18－21，47.

⑩ 傅修延. 坚守地方师范大学使命，构建教师教育创新平台［J］. 中国高等教育，2010（20）：27－29.

⑪ 甘晖. 学科综合化：高水平师范大学转型的战略选择：以陕西师范大学为例［J］. 高等教育研究，2013（4）：54－59.

内容、品牌优势、运行机制和办学模式等方面，分析了首都师范大学办学转型中存在的问题，并提出对策建议[①]。

2. **学位论文**

相对于期刊论文，学位论文的研究相对较少。这些论文有直接研究师范大学转型的，也有间接研究的，但均可以为本研究提供一定的参考：

于兴国（2002）的博士论文《转型期中国教师教育政策研究》，聚焦转型期我国教师教育政策问题，分析了转型期教师教育政策制定的历史基础、社会背景、理念与目标，探讨了“开放化”、“一体化”和“高端化”三大政策的缘起、内容、过程、成效与问题，并提出相应的政策建议[②]。胡玲翠（2014）的博士论文《教师教育开放背景下师范大学综合化转型研究》，梳理了我国师范大学发展的历程及现状，论述了我国师范大学综合化转型的必然性，在国外经验借鉴基础上，提出了我国师范大学综合化转型的具体思路与策略[③]。

李玮（2006）的硕士论文《试论高等师范院校的合理转型》，在分析我国师范教育的发展以及现实挑战基础上，从转型思路、教学改革、教育实习、教育学科发展等相对微观层面对师范院校的转型提出思路与建议[④]。陈克现（2010）的硕士论文《地方高师院校教师教育模式的转型研究：基于教师教育学科的视角》，从教师教育学科发展的视角，反思地方师范院校传统师范教育模式存在的问题，在此基础上提出了改革教师教育学科教学机构设置的构想[⑤]。王奕骄（2012）的硕士学位论文《我国“师范教育”向“教师教育”的转型研究：兼论N校个案》，回顾了“师范教育”向“教师教育”转型的背景，并从宏观层面和微观层面分析了转型的具体内容及其实施状况，在对个案高校进行微观层面分析基础上，对“转型”提出对策建议[⑥]。

李士萍（2006）的硕士论文《改革开放以来教师教育历史发展的研究》[⑦]、王芳（2007）的硕士论文《消退与重塑：我国师范大学的教师教育特色》[⑧] 和徐

---

① 2011首都教育发展协同创新中心课题组．教师教育模式的变革：关于首都师范大学办学转型的初步研究［J］．首都师范大学学报（社会科学版），2014（4）：1－10.

② 于兴国．转型期中国教师教育政策研究［D］．长春：东北师范大学，2002.

③ 胡玲翠．教师教育开放背景下师范大学综合化转型研究［D］．西安：陕西师范大学，2014.

④ 李玮．试论高等师范院校的合理转型［D］．上海：上海师范大学，2006.

⑤ 陈克现．地方高师院校教师教育模式的转型研究：基于教师教育学科的视角［D］．武汉：中南民族大学，2010.

⑥ 王奕骄．我国“师范教育”向“教师教育”的转型研究：兼论N校个案［D］．南京：南京师范大学，2012.

⑦ 李士萍．改革开放以来教师教育历史发展的研究［D］．保定：河北大学，2006.

⑧ 王芳．消退与重塑：我国师范大学的教师教育特色［D］．长沙：湖南师范大学，2007.

建华（2009）的硕士论文《从封闭走向开放：历史视野下的中国教师教育改革研究（1978—2008）》① 则从历史的视角来探讨我国教师教育的发展，其研究重点虽然并非师范大学转型，但对本研究仍然具有较好的参考价值。

3．“师范大学转型”研究现状小结

综上所述，目前关于师范大学（院校）转型问题的研究文献比较丰富，既有宏观层面的探讨（如对转型背景、趋势、制度、政策等方面的研究），也有中观层面（如对“大学”层面改革转型的探讨）和微观层面（如培养方案、课程、培养方法等）的探讨。但总体而言，已有文献基本是从教师教育改革和高等教育管理的角度来进行研究，研究视角相对单一狭窄，同时比较系统深入的个案研究还相对较少，更没有发现采用创业理论，从价值创造的视角来研究“转型”问题的比较系统的个案研究。

二、创业研究与公司创业理论发展现状

1．创业研究的发展阶段

如前所述，现代意义上的创业概念可追溯到 1775 年法国经济学家康替龙的定义。创业理论历经两个多世纪的发展，不断丰富。张玉利、李乾文将创业研究的发展阶段划分为如下三个阶段（创业研究历程图如图 1 所示）②。

第一阶段：古典经济学统治下的个别探索阶段。时间从 1775 年康替龙第一次将创业者的概念引入经济学开始，到 20 世纪 70 年代中期。这一时期的研究更多是从总体上展示创业者的重要性，分析层面主要是基于创业者个体的研究，尽管研究者人数不多且比较分散，但已经为后续的创业研究提供了许多的理论基础。代表人物有康替龙、萨伊（Say）、奈特（Knight）、熊彼特等。

第二阶段：创业研究“黄金期”的开端。时间从 20 世纪 70 年代中期到 20 世纪末。这一时期的主要特点是西方经济开始发生根本性变化，知识经济初现端倪，互联网出现并飞速发展，创业活动蓬勃发展，创业研究吸引了来自战略研究、组织行为学、金融学、经济学等不同学科的众多研究者的参与，创业研究与其他社会科学的联系日趋紧密，并逐步成为主流管理学的研究热点之一。创业研究的主题主要集中在个体创业、公司创业与创业型管理、创业型经济三方面，而每一方面都有自己的代表性人物或事件。

① 徐建华．从封闭走向开放：历史视野下的中国教师教育改革研究（1978—2008）［D］．金华：浙江师范大学，2009.

② 张玉利，李乾文．创业导向、公司创业与价值创造［M］．天津：南开大学出版社，2009：25－30.

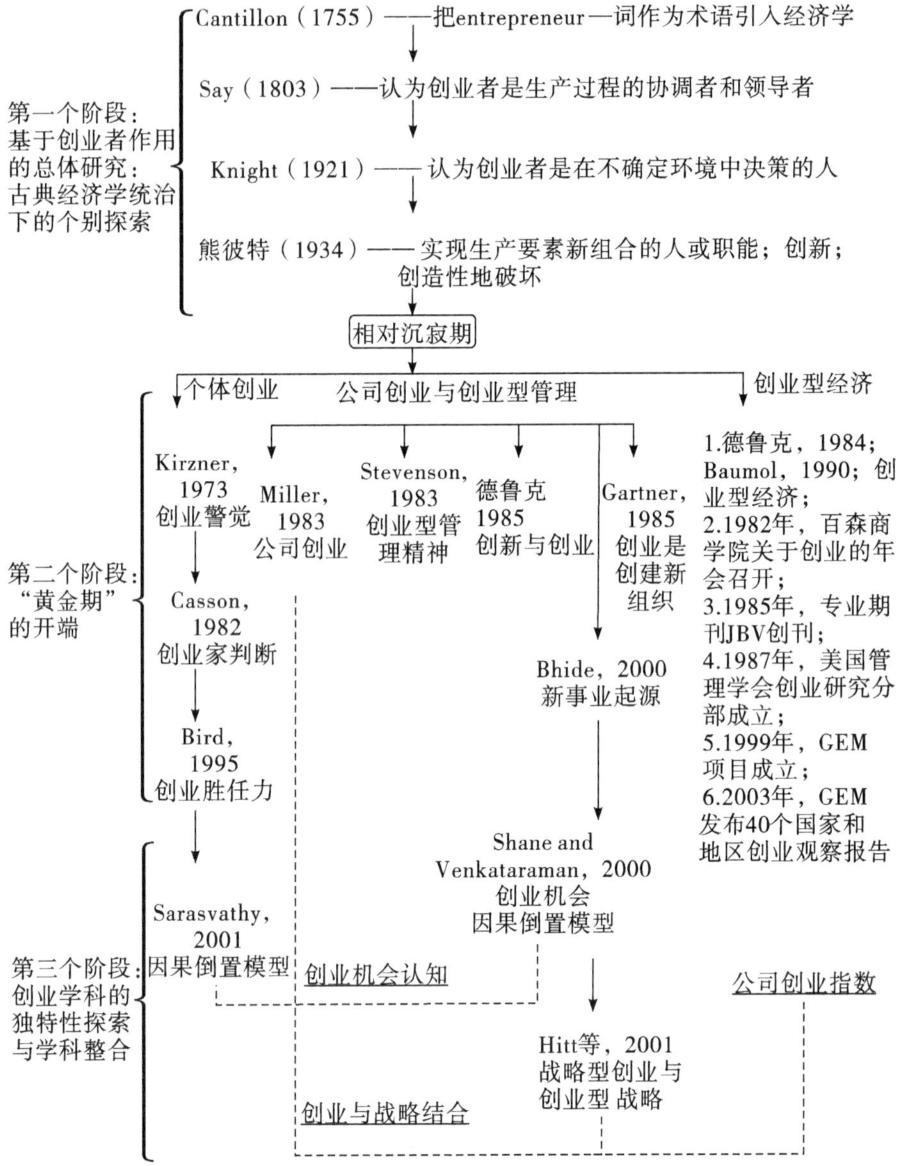

图 1　创业研究的历程图①

资料来源：张玉利，李乾文．创业导向、公司创业与价值创造［M］．天津：南开大学出版社，2009：30.

第三阶段：创业学科的独特性探索与学科整合。时间从 2000 年开始至

① 图中 GEM 是 Global Entrepreneurship Monitor（全球创业观察）的英文缩写。GEM 项目是当今最有影响的全球创业研究项目。

今，这一时期的特点是：以谢恩和文卡塔拉曼为首的许多研究者开始试图为创业领域构建统一的理论基础，并提出以创业机会为中心的理论框架；创业管理在管理学中的地位不断提高，创业精神的培育和发展成为管理学研究的重点之一；创业研究与其他视角的融合产生很多新的研究领域，如创业型战略（Entrepreneurial Strategy）和战略型创业（Strategic Entrepreneurship）、创业型营销（Entrepreneurial Marketing）、创业型认知（Entrepreneurial Cognitive）、创业型组织（Entrepreneurial Organization）、创业型领导（Entrepreneurial Leadership）等；创业学科的独特性正在逐渐呈现。

2. 创业研究的主要理论流派

创业研究目前还没有形成独立的理论体系。纵观创业研究的发展过程，可以发现，创业研究先后经历了从关注谁是创业者、创业者干什么，逐渐发展到研究创业活动的一般过程和行为规律；从关注个体创业到公司创业、社会创业；从关注创业活动本身，到关注影响创业活动的内外部环境要素[①]。随着创业研究的发展，形成了众多的理论研究视角。如朱仁宏等认为，创业研究的理论视角有，经济学观点、社会心理学观点、社会文化观点、资源观点、机会观和社会资本观等[②]。吴金法认为，创业研究的研究视角主要包括资源视角、社会文化视角、机会视角、社会资本视角（网络视角）、战略适应视角、认知视角和系统视角[③]。林强等则将不同角度的创业理论研究分成八大学派[④]：

"风险"学派——从创业者风险的角度研究创业，认为创业的本质是承担风险；代表人物有康替龙、奈特等。

"领导"学派——从创业者在企业组织中的领导职能来研究创业活动和创业者的行为；代表人物有法国经济学家让·巴蒂斯塔·赛伊（Jean Baptiste Say）、英国经济学大师马歇尔（Alfred Marshall）等。

"创新"学派——坚持从"创新"角度研究创业，认为创业的本质是创新；代表人物有熊彼特等。

"认知"学派——强调从创业者的心理特性，特别是认知特性角度来研究创业，并强调创业者的认知、想象力等主观因素；代表人物有卡森（Casson）、沙克尔（Shackle）、柯斯纳等。

"社会"学派——认为创业不是个性或个人背景的产物，强调从外部社

---

① 张玉利，李新春．创业管理［M］．北京：清华大学出版社，2006：24.
② 朱仁宏，陈灿．创业研究前沿理论发展动态［J］．当代经济管理，2005（1）：13－20，31.
③ 吴金法．创业理论：多元的研究视角［J］．温州职业技术学院学报，2006（4）：9－12.
④ 林强，姜彦福，张健．创业理论及其架构分析［J］．经济研究，2001（9）：85－94.

会来研究创业现象和创业问题；代表人物有萨克森宁（Saxenian）、伍德沃德（Woodward）等。

“管理”学派——反对从主观主义角度研究创业，认为任何敢于面对决策的人，都可能通过学习成为一个创业者；创业是一种行为，而不是个人性格特征；创业是一种可以组织且需要组织的系统性的工作，可以成为日常管理工作的一部分；创业是一种管理方法，可以从战略导向、把握机会、获取资源、控制资源、管理结构和报酬政策六方面实施管理；代表性人物有德鲁克、史蒂文森、罗伯茨（Roberts）和荷斯拜客（Grousbeck）等。

“战略”学派——采用战略管理的方法研究创业活动，把创业过程视为初创企业或者现有企业成长过程中的战略管理过程；代表人物有毕海德（Bhide）、希特（Hitt）、扎赫拉和迪斯（Zahra & Dess）等。

“机会”学派——强调从“存在有利可图的机会”和“存在有进取心的个人”两者相结合的角度去研究创业；代表人物有谢恩和文卡塔拉曼、辛格（Singh）等。

3. **公司创业理论研究现状**

公司创业理论产生于20世纪80年代，三十多年来不断发展完善。

第一，公司创业理论的形成与发展。公司创业理论是创业研究发展到一定阶段的产物。“公司创业”的概念由米勒（Miller）于1983年提出。早期的创业研究集中在研究创业者个体的心理性格特质上（通常被称为“特质研究”）。1983年，米勒研究了在不同类型的公司里决定创业的因素，他指出“最重要的不是谁是关键的行动者，而是创业过程本身，以及培育和阻碍它的因素”[①]。从米勒开始，创业研究的焦点开始从创业者个体转向公司层面。1985年，德鲁克在《创新与创业精神》一书中指出，从20世纪70年代中期开始，美国经济率先从“管理型”经济转向以“创新”为重要特征的“创业型经济”。他认为，在这种社会里，急需引入创业精神[②]。同时，20世纪80年代中后期发生在一些大企业的战略变革和创新实践（如3M公司、通用电气公司等）受到了学术界的高度关注，在已建公司里引入创业精神和创新实践，成为企业界和学术界共同感兴趣的热点话题，形成第一次研究热潮。此后，创业学的研究开始与战略管理研究融合，形成诸多新的研究领域和热点。许多战略管理学者关注创业研究，带来了战略管理的视角和研究范式，逐步形成了企业战略管理领域的一个新的研究分支——公司创业。1990年，

① MILLER D. The correlates of entrepreneurship in three types of firms [J]. Management Science, 1983, 29 (7): 770-791.

② 德鲁克. 创新与创业精神 [M]. 张炜，译. 上海：上海人民出版社，2002：1-10.

美国《战略管理月刊》（SMJ）杂志发表了关于公司创业的特刊，标志着公司创业正式成为战略管理研究中一个新兴的分支。到20世纪末期，理论界再次掀起公司创业研究的第二次热潮，公司创业研究已经成为创业研究文献中的一个完整的部分[①]。理论界和实践界逐渐认识到公司创业可以作为创造价值和创新的手段，用于提高公司的竞争地位，改变公司的经营状态并实现持续成长。

第二，公司创业理论的主要研究内容。公司创业理论虽然发展较晚，但发展迅速。姜彦福等认为，经过三十多年的发展，公司创业这个领域在理论和实践的双重推动下逐渐形成了三个主要的研究方向[②]：

方向一：公司创业过程——类别与阶段。采用了类别分析与阶段分析两种研究角度，形成了公司创业类型划分和公司创业阶段模型等研究成果。

在公司创业活动的类别方面，伯杰尔曼（Burgelman，1983）从其产生来源的角度，将其分为引致性战略行为和自主性战略行为[③]。按照管理者在公司创业过程中的不同作用，研究者将其分为核心过程和覆盖过程这两种相互关联的过程；其中核心过程又包括定义过程和推进过程，覆盖过程又包括结构框架的规定过程和战略框架的规定过程；这四个过程同时发生在公司高层、新业务管理部门和新业务团队三个组织层。依据公司创业在创新或者再造方面实际结果的不同，研究者区分出持续创新、组织再造、战略更新和领域重新定义四种公司创业类型。

在阶段分析方面，研究者致力于公司创业阶段模型的构建，体现企业层面创业行为在时间顺序上的演变逻辑。如伯克等（Block，1993）针对公司内部开创新事业的六个阶段（构想新业务、选择新业务、启动新业务、监控新业务、推进新业务和总结提升新业务），描述了扮演新业务倡导角色的高级管理层和作为新业务实践者的企业家在各阶段的责任、行为和活动，认为倡导者和实践者的配合和互动对公司创业至关重要[④]。多尔蒂和海勒（Dougherty & Heller，1994）研究组织成员在公司创业不同阶段需要解决的不同认知问题及其应对策略，将公司创业过程分为寻找新的市场机会、开发

---

① 张映红. 公司创业理论的演化背景及其理论综述［J］. 经济管理·新管理，2006（14）：4－10.

② 姜彦福，沈正宁，叶瑛. 公司创业理论：回顾、评述及展望［J］. 科学学与科学技术管理，2006（7）：107－115.

③ BURGELMAN R A. A model of the interaction of the strategic behavior, corporate context, and the concept of strategy［J］. Academy of Management Review, 1983, 8（1）：61－70.

④ BLOCK Z, MACMILLAN I C. Corporate venturing: creating new business within the firm［M］. Boston, MA: Harvard Business School Press, 1993.

新产品、将新业务融合到公司战略中三个阶段①。为了验证社会文化价值取向对创新倡导者作用发挥的影响，谢恩（Shane，1995）介绍了四种创新倡导者各自对特定的创业阶段的重要性，描述了倡导者类型与创业阶段的一一对应关系②。

方向二：公司创业强度（或创业导向）——测量、前因与后果。重点研究公司创业强度（或创业导向）的测量、它的影响因素，及其对企业绩效的贡献，即其前因和后果。

“创业强度”（Entrepreneurial Intensity）和创业导向（entrepreneurial orientation）是公司创业研究的重要概念，用于表征企业在“保守—创业”这一连续体中的具体位置。米勒（1983）③ 基于他所提出的公司创业所包含的创新性、风险承担、超前行动三个维度，构建了衡量公司创业导向的量表，后来成为学术界研究公司创业导向的经典量表。其奠基性工作以及科文和斯莱文（Covin & Slevin，1988）④ 其后的修正与扩展，使研究者定量分析并检验环境（外部变量）、战略（战略变量）、组织（内部变量）等方面变量与公司创业强度之间的关系成为可能。其后出现大量公司创业内外部影响因素的实证研究，如米勒等（1988）⑤⑥、巴林格和布鲁顿（Barringer & Bluedorn，1999）⑦ 等的代表性研究工作。

在外部环境变量方面，米勒（1983）对52家加拿大企业的研究发现，环境敌对性、动荡性和异质性与创业强度之间存在显著的正相关关系⑧。张健（2004）对262家中国企业的实证研究证实环境的敌对性和动荡性对公司创业强度有正向影响⑨。在内部变量方面，米勒（1983）指出，有机组织结

---

① DOUGHERTY D，HELLER T. The illegitimacy of successful product innovation in established firms [J]. Organization Science，1994，5（2）：200-218.

② SHANE S. Uncertainty avoidance and the preference for innovation championing roles [J]. Journal of International Business Studies，1995，26（1）：47-68.

③⑧ MILLER D. The correlates of entrepreneurship in three types of firms [J]. Management Science，1983，29（7）：770-791.

④ COVIN J G，SLEVIN D P. The influence of organization structure on the utility of an entrepreneurial top management style [J]. Journal of Management Studies，1988，25（3）：217-234.

⑤ MILLER D. Relating Porter ´s business strategies to environment and structure：analysis and performance implications [J]. Academy of Management Journal，1988，31（2）：280-308.

⑥ MILLER D，DROGE C，TOULOUSE J M. Strategic process and content as mediators between organizational context and structure [J]. Academy of Management Journal，1988，31（4）：544-569.

⑦ BARRINGER B R.，BLUEDORN A C. The relationship between corporate entrepreneurship and strategic management [J]. Strategic Management Journal，1999，20（5）：421-444.

⑨ 张健. 公司创业战略的概念发展与综合模型的实证研究 [D]. 北京：清华大学，2004：92-133.

构能够促进企业的创业行为①；汉斯·斯科哈莫尔（Schollhammer，1982）发现，机械的组织结构会阻碍公司创业②。张健（2004）研究发现，有机结构、差异化、机会搜索、组织支持和内部沟通等内部要素对公司创业强度产生正向影响③。在战略变量方面，巴林格和布鲁顿（Barringer & Bluedorn，1999）的实证研究发现，机会搜索强度、计划参与度、计划灵活性以及战略控制机制等战略管理程序与企业的创业强度呈现显著的正相关④。

而且，公司创业强度或创业导向的测量促进了公司创业与企业绩效之间关系的研究。一方面，学者们开始重视外部环境和内部组织变量对公司创业与企业绩效之间关系的调节作用；另一方面，开始探讨并验证公司创业对企业长期绩效，而不仅仅是短期绩效的影响。如科文和斯莱文（1986）通过实证研究发现，公司创业强度与企业绩效之间存在正相关关系⑤。扎赫拉（Zahra，1991）基于美国优秀大公司的实证研究，指出公司创业强度与利润率、成长等多方面的企业绩效存在正相关关系，而且在一两年内对企业绩效继续产生影响⑥。扎赫拉和科文（Zahra & Covin，1995）通过对1983—1990年69家美国企业数据的分析发现，公司创业与企业财务绩效正相关，而且具有长期的影响⑦。

在这方面，国内也有不少的研究，如张映红（2005）以中国转型经济环境为研究背景，研究公司创业战略与绩效的关系，探讨环境因素、组织结构、竞争战略对公司创业战略实施过程及其绩效的影响⑧。张玉利（2009）考察在中国转型背景下创业导向、组织能力中的双元能力、内部创业环境和环境不确定性等对公司创业导向与组织绩效之间关系的影响，并进一步探讨

---

① MILLER D. The correlates of entrepreneurship in three types of firms [J]. Management Science, 1983, 29 (7): 770-791.

② SCHOLLHAMMER H. Internal corporate entrepreneurship [M] // KENT C A, SEXTON D L, VESPER K H, et al. Encyclopedia of entrepreneurs. Englewood Cliffs, NJ: Prentice Hall, 1982: 209-223.

③ 张健. 公司创业战略的概念发展与综合模型的实证研究 [D]. 北京：清华大学，2004：92-133.

④ BARRINGER B R, BLUEDORN A C. The relationship between corporate entrepreneurship and strategic management [J]. Strategic Management Journal, 1999, 20 (5): 421-444.

⑤ COVIN J G, SLEVIN D P. The development and testing of an organizational-level entrepreneurship scale [M] //RONSTADT R, HORNADAY J A, PETERSON R, et al. Frontiers of Entrepreneurship Research-1986. Wellesley, MA: Babson College, 1986: 628-639.

⑥ ZAHRA S A. Predictors and financial outcomes of corporate entrepreneurship [J]. Journal of Business Venturing, 1991, (6): 259-285.

⑦ ZAHRA S A, COVIN J G. Contextual influences on the corporate entrepreneurship-performance relationship: A longitudinal analysis [J]. Journal of Business Venturing, 1995, (10): 43-58.

⑧ 张映红. 公司创业战略：基于中国转型经济环境的研究 [M]. 北京：清华大学出版社，2005.

公司创业活动到组织绩效的价值转化过程①。李晶（2010）探讨了组织创业气氛对创业绩效的影响机制②。

方向三：国际化公司创业——对绩效的影响。该方向的发展与经济全球化和企业普遍实施国际化战略密切相关，目前还相对年轻，尚未形成系统的理论框架，主要聚焦于国际化公司创业对企业绩效的影响。代表性研究如麦克杜格尔和奥维亚特（McDougall & Oviatt，1996）③、扎赫拉和佳维斯（Zahra & Garvis，2000）④ 分别对美国企业国际创业的研究。

第三，公司创业的主要理论模型。在公司创业理论发展的过程中，形成了许多理论模型。下面仅简要介绍其中的部分主要模型。

模型1：蒂蒙斯的创业成功三要素模型。该模型由蒂蒙斯于1990年提出，并于2004年改进。该模型已经成为创业研究的经典模型，可以用于新创企业创业和CE的研究。该模型的特点是将机会、资源和创业团队确立为创业的主要驱动要素，认为这三者的动态平衡决定创业的成败。蒂蒙斯认为，成功的创业离不开创业者的领导与指挥，创业者必须在机会、资源与团队三者之间维持平衡，并且在创业计划中反映机会、资源和团队三者的特点。创业团队在既有资本市场与不确定的环境下，通过创造力、领导力与沟通能力来缩小资源与机会之间的缺口⑤。

模型2：公司创业与战略管理的匹配模型。该模型由威廉·古斯（William Guth）和阿瑞·金斯博格（Ari Ginsberg）于1990年提出。该模型的特点是，首先把公司创业分成两类，一类是已有企业内部的创新与风险投资活动，一类是已有企业的战略更新活动。然后把影响创业的因素分为环境、战略性领导、组织行为或形态、组织绩效四类⑥。

模型3：莫里斯等的投入产出整合模型。该模型由莫里斯等人于1994年提出，其特点是反映出创业过程的投入和产出特征，并且用创业强度来描述创业现象。认为创业的输入成分包括环境机会、创业者个体、组织情境、独

---

① 张玉利，李乾文．创业导向、公司创业与价值创造［M］．天津：南开大学出版社，2009.

② 李晶．组织创业气氛机制研究［M］．北京：中国社会科学出版社，2010.

③ MCDOUGALL P P，OVIATT B M．New venture internationalization，strategic change，and performance：a follow-up study［J］．Journal of Business Venturing，1996，（11）：23－40.

④ ZAHRA S A，GARVIS D M．International corporate entrepreneurship and firm performance：the moderating-effect of international environmental hostility［J］．Journal of Business Venturing，2000（15）：469－492.

⑤ 蒂蒙斯，斯皮内利．创业学［M］．周伟民，吕长春，译．北京：人民邮电出版社，2005：31.

⑥ GUTH W D，GINSBERG A．Corporate entrepreneurship［J］．Strategic Management Journal，1990，11（Summer）：5－15.

特的商业概念和资源；输出成分包括所要达到的创业强度和创业活动的结果（包括价值创新、新产品与新服务、利润或个人利益、技术和收入增长等）①。

模型 4：霍恩斯毕等的 CE 互动模型。该模型由杰弗里·霍恩斯毕（Jeffrey Hornsby）等人于 1993 年提出。该模型的特点是基于公司创业的两大驱动因素——个体的因素和组织的因素，以及两者的互动。该模型反映出公司创业的基础特征是，它既离不开具有创业倾向的个体，也离不开具有创业文化倾向的组织文化的支持，但最终的体现是以公司这一整体形象出现的。他们强调组织因素和个体因素的相互作用，它受到突发事件的激发，导致成功的公司创业②。

模型 5：科文和斯莱文的战略态势与组织绩效的概念性框架。该模型于 1991 年提出，其特点在于，把影响创业活动与组织绩效的因素分为三类，即外部环境变量、内部战略变量和内部组织变量，并提出几组变量与创业活动和组织绩效的相关关系假设，三类变量的影响既可能是主调节变量，也可能是中介变量，反映出创业现象的复杂性③。

模型 6：拉普金和迪斯的创业导向与绩效的权变与构造模型。该模型由拉普金（Lumpkin）和迪斯于 1996 年提出。该模型与模型 2 有相似之处，提出了类似的两类构造变量，即环境因素（环境的动态性、宽容性、复杂性和产业特征）和组织因素（规模、结构、战略、战略决策过程、企业资源、文化、高层管理团队特征）。该模型采用组织的构造理论考察多变量的复杂关系。代表了一种更加精细和扩展的权变方法④。

第四，公司创业理论对大学创业的关注。虽然公司创业理论重点关注的是营利性商业组织的创业，但随着其不断地发展，已经被广泛应用于几乎所有类型的组织，“组织创业”的提法也逐渐被越来越多的学者所采纳。

在《公司创业——组织内创业发展》一书（莫里斯，2005）⑤ 中，莫里斯专门用一章探讨公共部门的创业问题。他认为，虽然创业这一术语长期以来几乎都与私有部门的活动联系在一起，但在过去 10 年中，创业在公共管

---

① MORRIS M H, LEWIS P S, SEXTON D L. Reconceptualizing entrepreneurship: an input-output perspective [J]. Sam Advanced Management Journal, 1994, 59 (1): 21 -31.

② HORNSBY J, NAFFZIGER D, KURATKO D, et al. An interactive model of the corporate entrepreneurship process [J]. Entrepreneurship Theory and Practice, 1993, (2): 31.

③ COVIN J G, SLEVIN D P. A conceptual model of entrepreneurship as firm behavior [J]. Entrepreneurship Theory and Practice, 1991, Fall: 10.

④ LUMPKIN T, DESS G. Clarifying the entrepreneurial orientation construct and linking it to performance [J]. Academy of Management Review, 1996, 21 (1) 135: 172.

⑤ 莫里斯，库拉特克. 公司创业：组织内创业发展 [M]. 杨燕绥，等译. 北京：清华大学出版社，2005.

理领域出现的频率越来越高；该术语使用的范围很宽泛，使用的形式也多种多样；创业是一个通用的模式，可以在公共部门组织内开展创业活动；虽然在实际的组织环境下，会有一些差别，但创业的定义、过程的性质和创业的几个根本方面基本与环境无关。根据他的整理，存在多个学术流派的研究工作涉及将“创业”应用于公共部门的管理创新、组织变革、战略更新与组织再造，如库柏（Cooper，1992）、赖特（Wright，1992）、米歇尔和斯科特（Mitchell & Scott，1987）、德鲁克（1995）、纳特（Nutt，1993），等等。同时，莫里斯还给出了“创业流程在公立大学中应用”的框图，以及“将创业格应用于公共部门组织”的示意图。根据该示意图，相对于公共运输部门、水利部门、社会保障部门、垃圾处理部门等，学校是属于“创业频度”和“创业程度”均较高的组织。可见，大学等学校组织的创业问题已经引起了创业研究者的关注。

此外，20世纪中期以来，特别是20世纪80年代以来，在全球化和知识经济来临的重要背景下，各国高等教育政策出现明显的转变，大学面对的内外部环境更加复杂多变，高等教育需求与供给能力的失衡促使越来越多的大学作出“创业型”的转变，从高等教育发展和管理的角度关注大学创业的研究也越来越多。但不得不承认，相对于企业创业的研究，目前创业理论界对于大学创业的关注仍然非常有限，更没有形成比较系统的理论体系，很多的研究只是直接借用企业创业研究的相关理论，所以研究的空间还很大。

三、关于大学创业的相关研究

目前，从高等教育发展与管理的角度关注和研究大学创业的相关文献较多，涉及创业型大学、创业教育与大学生创业等方面，根据本研究的内容与重点，与本研究最相关的是创业型大学的研究及其相关的理论。这里仅重点就此进行综述。

1. 国外代表性研究及其研究视角

根据对相关文献的初步分析，并参考多位研究者的前期工作[①②③]，发现亨利·埃兹科维茨（Henry Etzkowitz）、伯顿·克拉克、吉本斯（Gibbons M.）和希拉·斯劳特（Sheila Slaughter）被普遍认为是创业型大学研究和大学创业研究的代表性人物，他们的论著代表了这方面研究的主流理论。

---

① 易高峰. 崛起中的创业型大学：基于研究型大学模式变革的视角［M］. 上海：上海交通大学出版社，2011：32－49.

② 彭绪梅. 创业型大学的兴起与发展研究［D］. 大连：大连理工大学，2008：6－22.

③ 温正胞. 创业型大学：比较与启示［R］. 上海：华东师范大学. 2008：5－192.

第一，亨利·埃兹科维茨："三螺旋"理论的视角。作为大学创业问题研究的先驱之一，美国的亨利·埃兹科维茨（Henry Etzkowitz）教授很早就对大学的创业现象和创业型大学进行关注。对于大学创业问题的研究，他主要是从大学、产业、政府三者在国家创新战略中的地位及其相互关系的视角来进行的，并广泛涉及大学的第二次学术革命、知识资本化、创业型科学等内容。在多年研究的基础上，他提出并逐步完善了具有重要影响的大学—产业—政府创新"三螺旋"（Triple Helix）理论，被誉为"三螺旋之父"，其研究成果被后来的研究者大量引用。

早在1983年，埃兹科维茨就首次使用创业型大学的术语，研究了美国学术界的创业科学家与创业型大学及其相关问题①；1989年他以一所文科大学的转型为例，研究了研究型大学的职能转变和教授的角色变化，并对知识的"学术资本化现象"予以关注②；1995年他在《官产学关系的三螺旋：一个知识经济发展的实验室》一文首次提出"三螺旋"的概念③，并在其后的相关论著中逐步深化：如《大学与全球知识经济：大学—产业—政府关系的三重螺旋》（1997）④⑤、《资本化知识：工业与学术的新结合部》（1998）⑥、《MIT和创业型科学的兴起》（2002）⑦⑧、《国家创新模式：大学、产业、政府"三螺旋"创新战略》（2005）⑨ 等。

埃兹科维茨认为：创业型大学是指"经常得到政府政策鼓励的大学及其组成人员对从知识中收获资金的兴趣日益增强，这种兴趣和愿望又加速模糊

---

① ETZKOWITZ H. Entrepreneurial scientists and entrepreneurial universities in American academic science [J]. Minerva, 1983, 21 (2/3): 198-233.

② ETZKOWITZ H. Entrepreneurial science in the academy: A case of the transformation of norms [J]. Social Problems, 1989 (36): 14-29.

③ ETZKOWITZ H, LEYDESDORFF L. The triple helix of university-industry-government relation: a laboratory for knowledge-based economic development [J]. European society for the study of science and technology review, 1995, 14 (1): 14-19.

④ ETZKOWITZ H, LEYDESDORFF L. Universities and the Global Knowledge Economy: A Triple Helix of University-Industry-Government Relations [M]. London: Pinter Press, 1997.

⑤ 埃兹科维茨. 大学与全球知识经济：大学—产业—政府关系的三重螺旋 [M]. 夏道源，等译. 南昌：江西教育出版社，1999：228.

⑥ ETZKOWITZ H, WEBSTER A, HEALEY P. Capitalizing knowledge: new intersections of industry and academia [M]. State Univ. of New York Press, 1998.

⑦ ETZKOWITZ H. The second academic revolution: MIT and the rise of entrepreneurial science [M]. New York: Gordon & Breach Press, 2002.

⑧ 埃兹科维茨. 麻省理工学院与创业科学的兴起 [M]. 王孙禺，袁本涛，等译. 北京：清华大学出版社，2007.

⑨ 埃兹科维茨. 国家创新模式：大学、产业、政府"三螺旋"创新战略 [M]. 周春彦，译. 北京：东方出版社，2005：32.

了学术机构与公司的界限，公司这种组织对知识的兴趣总是与经济应用和回报紧密相连的”[①]。未来社会创新的组织机制将是大学—产业—政府三螺旋相互作用的机制；在三螺旋结构中，“大学、产业、政府都可以成为创新的领导机构范围，三者相互作用，实现动态平衡”；研究型大学向创业型大学的转变，是“从一个培养人才和生产科研成果的社会次要机构向领导性社会主要机构的转变”，而创业型大学是“作为一台引擎”为知识社会的经济和社会发展服务的[②]。创业型大学的标准包括：知识资本化、相互依存性（大学与其他机构的相互作用、联系与依存）、相对独立性、混合形成性（通过混成组织形式协调依存性与相对独立性之间的关系）和自我反应性（根据环境变化的持续更新与调适）[③]。

第二，伯顿·克拉克：组织转型的视角。创业型大学和大学创业问题研究的另一位代表人物伯顿·克拉克教授，从大学组织转型的视角来探讨创业型大学，即以整个大学作为研究的对象，从组织内部变革的角度，探讨大学如何适应外界的变化与要求，实现“创业型”转变（甘冒创业风险，承担创业职能，实现高校的自主、快速发展）。其研究成果主要集中在他的两本代表性著作上：《建立创业型大学：组织转型的途径》（1998 年，2003 年由王承绪教授翻译出版）和《大学里的持续变革：创业型大学新案例和新概念》（2004 年，2008 年由王承绪教授翻译出版）。

在《建立创业型大学：组织转型的途径》一书中，伯顿·克拉克以 5 所不同背景大学为例，探讨欧洲大学在竞争日益激烈、资金来源紧张、环境复杂性增加的高度不平衡条件下的生存、发展与转型问题，系统地分析了在欧洲高等教育系统中出现的市场导向的新型大学——创业型大学产生的背景，以及创业型大学适应社会的组织变化与途径。他认为：需求和反应的不平衡（现代大学面临需求的负担过重，而它们所配备的反应能力供应不足的不平衡问题）是大学产生创业型转型的重要原因；“一所创业型大学，凭它自己的力量，积极探索在如何干好它的事业中创新。它寻求在组织的特性上作出实质性的转变，以便将来取得更有前途的态势。创业型大学寻求成为‘站得住脚’的大学，能按自己的主张行事的重要的行动者”；大学实现“创业型

---

① 埃兹科维茨．大学与全球知识经济：大学—产业—政府关系的三重螺旋［M］．夏道源，等译．南昌：江西教育出版社，1999：228.

② 埃兹科维茨．国家创新模式：大学、产业、政府“三螺旋”创新战略［M］．周春彦，译．北京：东方出版社，2005：32.

③ 埃兹科维茨．国家创新模式：大学、产业、政府“三螺旋”创新战略［M］．周春彦，译．北京：东方出版社，2005：51－52.

反应”的途径至少包括五方面——强有力的领导核心、拓宽的发展外围、多元化的资助基地、激活的学术心脏地带、整合的创业文化。①

在《大学里的持续变革：个案研究与观念的持续》一书中，作者对创业型大学进行了更为深入和持久的研究，重点探讨大学的可持续变革问题，扩展和延续了早期对“转型途径”的研究，而研究的视野则不再局限于欧洲大学，而是扩展到非洲、拉美、澳大利亚和美国的多所创业型大学个案。②

显然，克拉克认为，在面对复杂多变的外部环境和需求与反应的不平衡问题时，高校应该将创业精神引入大学，通过组织转型与持续变革，寻求更好的生存与发展，成为“站得住脚”的、具有独立自主精神的创业型大学。他对大学组织转型及持续变革问题的深入研究，为大学创业研究提供了重要的视角和新的思路。

第三，吉本斯等：知识生产模式变化的视角。随着全球化和知识经济时代的来临，知识生产模式发生了明显的变化。吉本斯（Gibbons M.）等人对知识生产模式进行了深入的研究，识别和论述了“模式一”（Mode1）和“模式二”（Mode2）两种知识生产模式，形成了比较系统的知识生产模式理论。其后的许多学者以知识生产模式理论为支撑，从知识生产模式变化的视角来探讨高校的创业问题，阐述创业型大学发展的内在原因。

吉本斯认为，传统的知识生产模式（“模式一”）的特点是：建立在单一学科框架上，研究的问题由学科内部产生和界定，研究的成果也由学科内部的同行专家来评价；知识生产以学科导向为逻辑，并不重视满足学科外部的需求和知识的应用。而全球化和知识经济背景下新的知识生产模式（“模式二”）的特点是：以跨学科和应用为导向，研究问题来源于多个学科，研究的目的不仅在于学科知识的积累，更在于应用和现实问题的解决，因此其研究成果往往无法在单一学科内部进行评价。③ 可以说，模式二更好地适应了全球化和知识经济的特征与要求，促进了大学教师、学生的创业，也促进了大学的市场化行为或类市场行为，推动了学术人员身份的变化和学术劳动性质的变化，客观上拓展了大学的职能，因此被许多学者认为是大学创业和创业型大学产生发展的内在原因之一。

---

① 克拉克. 建立创业型大学：组织上转型的途径［M］. 王承绪，译. 北京：人民教育出版社，2003.

② 克拉克. 大学的持续变革：创业型大学新案例和新概念［M］. 王承绪，译. 北京：人民教育出版社，2008.

③ GIBBONS M，LIMOGES C，NOWOTNY H，et al. The new production of knowledge［M］. London：Sage，1994.

第四，斯劳特等：学术资本主义的视角。以希拉·斯劳特（Sheila Slaughter）等为首的学者，是从“学术资本主义”或“学术资本化”（Academic Capitalism）等核心概念入手来探讨大学创业和创业型大学的（“学术资本主义”被作为“学术创业主义”或“创业活动”的同义词使用）。

在《学术资本主义：政治、政策和创业型大学》（1997）一书中，希拉·斯劳特和拉里·莱斯利（Larry L. Leslie）以澳大利亚、加拿大、英国和美国四国公立大学的案例研究为基础，系统地论述“学术资本主义”的概念及其形成机制。他们认为，20世纪末以来的政治经济全球化和知识经济的来临，打破了过去一百多年发展起来的大学专业工作的模式，导致了学术资本主义的出现。学术资本主义是指院校及其教师为获取外部资金而进行的市场活动或类似市场的活动。其中，市场活动指大学直接的营利活动，包括专利申请以及随之而来的专利使用费和许可协议、开办大学科技园、创立衍生公司、知识入股、出售教育产品和服务等创收活动；类似市场的活动（具有市场特点的行为）指院校和教师为获得外部资金而展开的竞争，包括来自外部的拨款和项目合同、捐款、大学产业伙伴关系和来自学生的学杂费等。[①]

在《学术资本主义与新经济：市场、国家和高等教育》（2004）一书中，斯劳特和罗德斯（Rhoades G.）对学术资本主义的内涵作出新的理解，但其本质并没有变化，他们认为学术资本主义“就是一种知识生产和转化的方式，这一方式由大学和大学之外的团体共同组成，他们通过组建新机构、更新旧机构或重新定义大学的使命，以使大学能够更加紧密地适应外部环境的变革”。[②]

另一位研究者迪恩（Deem R.，2001）认为，学术资本主义“是指以公共资金资助为主的大学的学术群体，在一个竞争的环境当中，通过教学、科研、咨询技术或其他学术知识的应用来发展其学术资本，学术群体的行为与资本家并无二致，并且成为国家所奖励的企业家，因此，他们从好奇与探索奥秘为导向的学术转向了更为实际的工业研究”[③]。

诚然，“学术资本主义”一词宣示了知识成为“资本”，拥有知识的大学教师成为“资本家”的时代的来临。斯劳特等通过“学术资本主义”这

---

① 斯劳特，莱斯利. 学术资本主义：政治、政策和创业型大学［M］. 梁骁，黎丽，译. 北京：北京大学出版社，2008.

② 易高峰. 崛起中的创业型大学：基于研究型大学模式变革的视角［M］. 上海：上海交通大学出版社，2011：52.

③ DEEM R. Globalisation, new managerialism, academic capitalism and entrepreneurialism in universities: Is the local dimension still important [J]. Comparative Education, 2001, 37 (1): 7-20.

一核心概念，生动展现了20世纪末发生在西方多个发达国家中的学术劳动性质的变化，充分揭示这些变化的原因、性质、层次和对高等教育体系的冲击，以及在此背景下大学创业与创业型大学的产生。

2. 国内研究现状

与国外研究相比，国内关于创业型大学和学术资本主义的相关研究起步较晚，但在近年发展较快，文献逐年增加。如在中国知网上分别以“创业型大学”和“学术资本主义”为关键词进行“篇名”检索，分别检索到351条结果和66条结果（截至2015年1月，具体情况如表1所示）。通过对这些文献的分析，发现这些研究主要集中在如下几方面：国外经验与理论借鉴——立足于对国外经验、理论的介绍与借鉴；创业型大学理论构建与分析——重点探讨创业型大学的成因、演变、组织转型、构建对策、发展模式、运行机制和价值冲突等问题；“三螺旋”、产学研与大学创业——重点探讨“三螺旋”的概念、理论发展、内涵、具体形态，“三螺旋”、“产学研”与高校创业的关系，“三螺旋”与“产学研”在中国的具体实施与理论拓展等；学术资本主义与大学创业——重点关注学术资本主义与大学的“创业型”转变，以及由此引发的大学价值与文化冲突及其协调问题。

表1 国内关于“创业型大学”、“学术资本主义”研究的文献分布情况

年度	2002	2003	2004	2005	2006	2007	2008	2009	2010	2011	2012	2013	2014
创业型大学	2	2	1	4	4	10	25	36	45	44	72	60	45
学术资本主义	—	—	—	—	—	1	—	5	5	14	10	15	15

在众多的文献中，系统性研究成果主要体现在相关的8篇博士论文、1篇博士后研究报告、1部专著和19篇硕士论文上：

潘发勤的博士论文《西方学术资本主义和创业型大学研究——以英美澳为例》（2005）是国内关于创业型大学方面最早的系统性研究之一，着重探讨了学术资本主义的发展历程，以及在学术资本主义影响下，企业家精神在大学里的引入与创业型大学的发展[①]。王雁的博士论文《创业型大学：美国研究型大学变革模式的研究》（2006），主要以美国研究型大学发展模式的发展为基础，从官产学合作中的政府、产业、大学三者关系的角度，论述了美国研究型大学中的企业化策略和企业化机构，对创业型大学从历史、环境、

① 潘发勤．西方学术资本主义和创业型大学研究：以英美澳为例［D］．杭州：浙江大学，2005.

流程、机制、结构、功能等方面进行了比较系统的探讨[①]。彭绪梅的博士论文《创业型大学的兴起与发展研究》（2008）综合运用多学科的研究理论和方法，对创业型大学的兴起与发展进行了深入研究，是一项将理论研究与实证研究较好地结合起来的系统性成果[②]。温正胞的博士后研究报告《创业型大学：比较与启示》（2008）从比较研究的角度出发，对近年来在欧美国家中出现的创业型大学进行理论分析，并提出可供我国高等教育改革借鉴的启示[③]。刘叶的博士论文《建立创业型大学：管理上转型的路径》（2010）是一项关于华中科技大学的个案研究，重点探讨该校应对变化环境（学术资本主义）而进行的路径变革和成功经验，是目前国内关于创业型大学研究为数不多的比较系统、综合的个案研究，对我国高校创建创业型大学的实践具有较好的借鉴意义[④]。

罗泽意的博士论文《制度变迁视角下大学创业趋向研究：基于农业院校的案例》（2011），基于制度变迁理论的视角探讨了中国大学知识创新中的创业趋向问题[⑤]。易高峰的《崛起中的创业型大学：基于研究型大学模式变革的视角》（2011）一书以“变革的知识性质”为逻辑起点，通过理论演绎、定量分析、个案研究，剖析了创业型大学的内涵、基准与特点；揭示了向创业型大学变革的研究型大学在“理念、组织、职能”及“创新创业”方面展现的“新图景”；构建了创业型大学的发展模式并阐明了模式的运行平台与机制；在反思我国创业型大学建设问题的基础上，提出了相关的建议[⑥]。高明的博士论文《英美创业型大学管理模式比较及启示》（2012），在总结、比较英、美创业型大学管理模式的基础上，提出我国创业型大学的基本管理模式——“政府宏观调控下的大学自主管理模式”[⑦]。张森的博士论文《MIT创业型大学发展史研究》（2012），以创业型大学模式的形成、发展与完善为脉络，对MIT150年的办学历程进行纵向梳理，内容覆盖文化价值观、师生关系、授课方式、课程体系建设、社会关系、教学科研管理模式和教育管理战略等方面，力图为我国大学的发展提供一定的借鉴[⑧]。王军胜的博士论文

---

① 王雁．创业型大学：美国研究型大学变革模式的研究［D］．杭州：浙江大学，2006．

② 彭绪梅．创业型大学的兴起与发展研究［D］．大连：大连理工大学，2008．

③ 温正胞．创业型大学：比较与启示［R］．上海：华东师范大学，2008．

④ 刘叶．建立创业型大学：管理上转型的路径［D］．武汉：华中科技大学，2010．

⑤ 罗泽意．制度变迁视角下大学创业趋向研究：基于农业院校的案例［D］．南京：南京农业大学，2011．

⑥ 易高峰．崛起中的创业型大学：基于研究型大学模式变革的视角［M］．上海：上海交通大学出版社，2011．

⑦ 高明．英美创业型大学管理模式比较及启示［D］．沈阳：东北大学，2012．

⑧ 张森．MIT创业型大学发展史研究［D］．保定：河北大学，2012．

《创业型大学视角下民办本科高校转型路径研究》（2013），在分析借鉴国外创业型大学成功办学经验的基础上，结合案例研究，重点探讨我国民办本科高校向创业型大学转型的路径、问题与对策①。

在硕士论文方面，主要涉及两方面的研究：一是对国外相关理论与成功经验进行介绍和比较分析。如马志强的《西方创业型大学的兴起和发展》（2007）②；张金萍的《国外创业型大学的理论研究》（2008）③；李莉莉的《创业型大学：斯坦福大学办学模式变革研究》（2009）④；彭柳的《基于教育国际化背景下的创业型大学的理论与实践研究》（2009）⑤；许晓云的《国外创业型大学特征及成功因素分析：以麻省理工学院为例》（2010）⑥；王梅的《创业型大学：一个新的大学理念之践履》（2011）⑦；安文旭的《澳大利亚创业型大学发展策略研究：以莫纳什大学为个案》（2011）⑧；李威的《美国创业型大学与区域经济互动发展研究》（2012）⑨；王钟斌的《创业型大学发展的成功经验及启示》（2012）⑩；朱智怡的《美国创业型大学科研组织的个案研究：从组织行为学的角度》（2013）⑪ 等。二是实践探讨与个案研究。如陈静的《基于三螺旋理论的区域创新体系研究：兼论创业型大学的建设意义与途径》（2008）⑫；张静的《创业型大学组织特征探究》（2009）⑬；张伟的《我国创业型大学组织发展研究：以湖北经济学院为个案》（2009）⑭；刘

① 王军胜. 创业型大学视角下民办本科高校转型路径研究［D］. 天津：天津大学，2013.

② 马志强. 西方创业型大学的兴起和发展［D］. 开封：河南大学，2007.

③ 张金萍. 国外创业型大学的理论研究［D］. 北京：首都师范大学，2008.

④ 李莉莉. 创业型大学：斯坦福大学办学模式变革研究［D］. 长春：吉林大学，2009.

⑤ 彭柳. 基于教育国际化背景下的创业型大学的理论与实践研究［D］. 成都：西南交通大学，2009.

⑥ 许晓云. 国外创业型大学特征及成功因素分析：以麻省理工学院为例［D］. 武汉：华中师范大学，2010.

⑦ 王梅. 创业型大学：一个新的大学理念之践履［D］. 兰州：兰州大学，2011.

⑧ 安文旭. 澳大利亚创业型大学发展策略研究：以莫纳什大学为个案［D］. 沈阳：沈阳师范大学，2011.

⑨ 李威. 美国创业型大学与区域经济互动发展研究［D］. 天津：天津师范大学，2012.

⑩ 王钟斌. 创业型大学发展的成功经验及启示［D］. 杭州：浙江工业大学，2012.

⑪ 朱智怡. 美国创业型大学科研组织的个案研究：从组织行为学的角度［D］. 金华：浙江师范大学，2013.

⑫ 陈静. 基于三螺旋理论的区域创新体系研究：兼论创业型大学的建设意义与途径［D］. 北京：北京交通大学，2008.

⑬ 张静. 创业型大学组织特征探究［D］. 厦门：厦门大学，2009.

⑭ 张伟. 我国创业型大学组织发展研究：以湖北经济学院为个案［D］. 武汉：华中师范大学，2009.

芬《中国特色创业型大学建设研究：以重庆师范大学为例》（2011）①；成春燕的《我国省属重点工科大学发展研究：创业型大学的视角》（2011）②；翁默斯的《我国地方院校向创业型大学转型的多案例研究》（2012）③；杨茜的《创新创业型大学评价指标体系的研究》（2013）④；李福华的《中国创业型大学研究——基于三螺旋理论视角》（2013）⑤；梁镜源《中国创业型大学建设的基本模式及发展取向研究》（2013）⑥；等。

3. **“大学创业”研究现状小结**

综上所述，目前国内外从高等教育发展与管理的角度对大学创业问题进行研究的文献较多。国外关于大学创业的主流研究大多与创业型大学的研究紧密结合，研究的视角主要包括“三螺旋”结构理论的视角、组织转型的视角、知识生产模式转变的视角和学术资本主义的视角等，这些研究奠定了大学创业研究的重要理论基础。而国内的研究一方面是对国外研究的介绍、评价和借鉴，其最终的落脚点基本上都是中国大学的创业实践。另一方面则是对国外大学创业相关理论的进一步延伸发展，取得了许多有意义的成果，但总的来说，不论就理论视角来说，还是就理论深度而言，都没有明显超越国外的研究成果，独创性的研究成果相对较少。

总的来说，国内外已有研究具有几方面的特点：①研究更多立足于创业型大学的探讨，而对创业活动本身的关注较少；②从高等教育发展与管理角度探讨大学创业的较多，从创业理论出发研究大学创业的较少，暂时没有发现应用组织创业理论进行研究的文献，更没有发现从价值创造视角进行研究的系统性成果；③案例研究与经验总结的较多，理论提升与建构的较少；④由于是从高等教育市场化和创业型大学的视角来入手，许多研究对大学创业的理解过于狭隘，如将大学创业仅仅局限于“高校的市场化运营”、“学术或知识资本化”或“高校的创收行为”等，实际上就是沿用商业组织创业理念，将大学创业中所要创造的“价值”仅仅限定在“经济利益”和“商业价值”。这样的创业理念不仅不能很好适应大学作为非营利性组织的属

---

① 刘芬. 中国特色创业型大学建设研究：以重庆师范大学为例［D］. 重庆：重庆师范大学，2011.

② 成春燕. 我国省属重点工科大学发展研究：创业型大学的视角［D］. 南京：南京师范大学，2011.

③ 翁默斯. 我国地方院校向创业型大学转型的多案例研究［D］. 杭州：浙江工业大学，2012.

④ 杨茜. 创新创业型大学评价指标体系的研究［D］. 南京：南京工业大学，2013.

⑤ 李福华. 中国创业型大学研究：基于三螺旋理论视角［D］. 青岛：青岛大学，2013.

⑥ 梁镜源. 中国创业型大学建设的基本模式及发展取向研究［D］. 长春：东北师范大学，2013.

性，在实践中也容易带来一些负面的影响，因此需要在理论上有所突破。由此可见，目前国内外关于大学创业的已有研究存在许多进一步拓展的空间，而且从已有文献来看，目前尚未发现从价值创造视角来研究师范大学创业问题的相关文献，因此本研究具有较高的新颖性。

第四节 研究内容与方法

一、研究目的

本研究的目的在于，从价值创造的视角入手，综合运用多学科的理论和方法，研究转型期师范大学的创业问题，重点探讨师范大学转型的背景、价值目标与实质，以及转型期师范大学创业的要素、路径、特征与问题等。本研究关注的核心问题是转型期师范大学创业的价值目标是什么？师范大学是如何通过创业实现这些价值目标，推动学校顺利转型的？

二、研究内容

根据研究目的，本研究将重点探讨如下四方面的内容：

1. 转型：背景与目标

从多层面多角度分析师范大学转型的背景和动因，在此基础上从总目标和子目标入手分析转型期师范大学的价值目标，并构建比较系统的目标体系。

2. 创业：实质与要素

对创业与组织创业的内涵和本质进行分析，在此基础上从创业和价值创造的视角来探讨师范大学转型的实质；同时以经典创业要素模型为依据，论述师范大学创业的核心要素。

3. 路径：A 大学的实践

以转型期师范大学的价值目标体系为依据，采用个案研究法、调查研究法、历史研究法等多种方法，深入分析转型期 A 大学的创业路径。

4. 特征：分析与总结

采用问卷调查与访谈相结合的方法，研究转型期 A 大学的创业特征，并在实践总结基础上提出师范大学进一步改革创业的建议。

三、研究思路

本文从价值创造的视角来研究转型期师范大学的创业，将围绕价值创造的“背景—目标—手段—成效—特征”这一主线来展开研究工作。在论文的谋篇布局上，首先在转型背景与动因分析的基础上，构建转型期师范大学的价值目标体系；然后从创业和价值创造的视角来探讨师范大学转型的实质，并探讨师范大学创业过程涉及的核心要素；接着通过案例研究，探讨转型期师范大学价值创造的路径，并对比价值目标对创业成效（所创造的价值）进行分析；最后对创业过程的特征进行分析总结，并提出进一步改革的建议。

四、研究方法

本研究将综合运用创业学（特别是组织创业理论）、价值论、高等教育学和管理学等学科的相关理论与方法，从价值创造的视角研究师范大学的创业问题，研究中力图实现理论研究与实践分析的有机结合，具体实施中主要采用个案研究法、调查法和历史研究法三种研究方法。

1. **个案研究法**

个案研究法实质上是通过对一个或多个典型案例的研究，来达到对某一类事物或现象共性的较为深入、详细和全面的认识，包括对“为什么”（解释性个案研究）和“怎么样”（描述性个案研究）等问题类型的认识。在本研究中，选择A大学作为典型个案，采用多种调查研究方法，重点分析其在转型期的创业路径、创业特征与存在问题，力图从典型个案入手揭示师范大学转型创业过程中的一些共性规律和特征。

2. **调查法**

调查法是科学研究中最常用的基本研究方法之一。它是有目的、有计划、有系统地收集有关研究对象现实状况或历史状况材料的方法。在本书案例研究中，将重点采用历史资料收集分析、访谈和问卷调查等多种具体调查方法进行研究，在获取研究个案翔实资料的基础上进行理论分析。

历史资料收集分析：以时间为主线，通过大量收集、查阅和分析A大学的相关历史资料（包括校史、年鉴、文件、统计公报或各种报表、事业发展白皮书、发展规划、专题研究报告或总结报告、评估报告、质量报告、领导讲话、工作计划、工作总结、工作简报、研究文献、新闻通稿和官网资料等等），理清历史事件的先后顺序、前因后果，形成对案例比较全面的认识，并在此基础上形成初步的研究假设，同时利用该方法进一步优化研究的思路和框架。

访谈调查：访谈调查法是质性研究的重要方法，该方法通过研究者与被调查对象面对面直接交谈方式收集信息资料，具有较好的灵活性和适应性。在本研究中，在历史资料收集分析基础上，选取重点历史事件和需要进一步深入调查、核实的历史事件进行访谈调查。研究者利用学习工作之便，根据事件的不同性质，灵活采用正式访谈与非正式访谈相结合的办法收集资料。对重点事件的调查，重点选取 16 位受访者进行深度访谈，更加深入全面地了解事件的背景、人物、目的、过程、结果、态度和相关的细节，并对其他研究方法所获得的资料进行核对，对相关结论进行相互印证。

问卷调查：问卷调查法也称为“书面调查法”，是采用书面形式间接收集研究材料的一种调查手段。在创业特征分析部分，本文拟采用经过改进的“创业导向”量表进行问卷调查，从而获取关于 A 大学创业特征的定量研究结果，并与定性研究结果进行相互印证。

3. **历史研究法**

历史研究法是通过收集和运用历史资料，按照历史发展的顺序对过去事件进行研究，以探究研究对象本身的发展过程和规律的研究方法。本研究将采用历史研究法，通过历史文献资料的调查和分析，探讨师范大学转型的背景与动因；同时在案例研究中，通过大量历史资料的分析研究，探讨 A 大学转型的路径、特征与问题。

第一章　转型：背景与目标

20世纪90年代末期，我国师范大学面临着内外环境的急剧变化，要求其作出积极的应答。面对内外部的压力，甚至是生存危机，师范大学将何去何从，是逃避畏缩，使自己处于越来越不利的发展境况，还是积极应战，通过自身的主动转型，谋求更有利的发展态势，这是所有师范大学都面临的重要战略命题。

第一节　背景与动因

长期以来，包括学者和高等教育管理者在内的许多人，往往将上世纪末以来师范大学的转型简单归因于综合性大学对于师范大学传统领地——教师教育的“入侵”。但实际上，转型受到更加复杂的因素的影响，只有从更多层面和更加系统的角度来分析和思考，才能更加准确地把握转型的背景、动因与实质，更好地推动师范大学的转型。

一、高等教育变革

20世纪是世界政治、经济、文化、科技等发生巨大变革的时期，也是世界高等教育制度、组织、管理、规模、质量、结构和效益等发生巨大变化的时期。20世纪90年代末到21世纪初，世纪之交的我国高等教育正处在变革和发展的重要关头，高等教育呈现出大众化、市场化、终身化、国际化等发展趋势[①]。这些对我国师范大学都提出了新的发展要求和挑战，对于师范大学的改革、发展，以至于转型都带来明显的影响。它们不仅在一定程度上促进“转型”，而且也在一定程度上改变“转型”的内容与方向。比如高等教育大众化对于师范大学的生存环境和办学模式产生明显的影响，从而促进师

---

① 潘懋元. 现代高等教育思想的演变：从20世纪至21世纪初期［M］. 广州：广东高等教育出版社，2008：143－180.

范大学的转型；高等教育市场化对于师范大学的资源筹措渠道、生存方式和办学思路产生明显的影响，从而影响师范大学的转型；高等教育终身化对于“一体化”教师教育模式的建立和教育服务模式的转变等产生明显的影响；高等教育国际化则对于师范大学开放性的提高和办学质量的提升具有重要的意义，同样对转型产生重要的影响。但总的来说，大众化和市场化对于转型的影响相对更加直接。

1. **高等教育大众化**

大众化体现了高等教育民主化的理念和对教育公平的追求，高等教育从“精英教育”向“大众化教育”的过渡，不仅改变了高等教育的数量和供求关系，也改变了高等教育的办学模式。美国社会学家马丁·特罗（MartinTrow）于1973年首次提出高等教育大众化的概念。在《从精英向大众高等教育转变中的问题》一文①中，他从西方高等教育大众化的发展史实出发，阐述了高等教育发展的精英、大众和普及三个阶段。按照他的这一“高等教育发展阶段学说”，高等教育的毛入学率低于15%的属于精英教育阶段，毛入学率大于15%小于50%为大众化阶段，毛入学率大于50%的为普及化阶段。在大众化阶段，高等教育活动表现出不同于精英教育阶段和普及化阶段的许多特质，对高等院校自身及其办学模式产生明显的影响（比如高等学校表现出标准多样化和更具综合化的特点，学校与外界的界限相对模糊，开放性更强等），因此从某种意义上讲，从“精英教育”向“大众化教育”的过渡也可以说是高等学校办学模式的“转型”。

1999年以前，我国的高等教育规模相对较小（1990年，高等教育毛入学率为3.4%，1998年达到9.8%），远远不能满足社会经济发展对高素质专门人才的要求和广大人民群众接受高等教育的巨大需求。在此背景下，1999年，《中共中央 国务院关于深化教育改革全面推进素质教育的决定》和《面向21世纪教育振兴行动计划》都明确提出，到2010年，要使我国高等教育入学率接近15%，进入高等教育大众化阶段。在其推动下，我国高等教育从此进入了跨越式发展阶段。从1999年开始，我国开始实施史无前例的高等教育“扩招”政策。其后我国高等教育规模迅速扩大，1998—2007年，普通高校当年招生数从108万人增加到566万人；高等教育总规模从780万人增加到2 700万人，位居世界第一；高等教育毛入学率从1998年的9.8%，迅速提高到2002年的15%，2007年的23%，提前超额完成了原定的2010

---

① 特罗. 从精英向大众高等教育转变中的问题［J］. 王香丽，译. 外国高等教育资料，1999（1）：1-30.

年15%的目标①。

高校扩招是我国政府面对有限资源约束与高等教育发展这一长期矛盾，打破常规作出的一项跨世纪的重大战略决策，是在极其困难和各种矛盾交错中开拓的一条新路。高等教育扩招和大众化对师范大学转型的影响是直接且显而易见的。从时间点上来说，扩招政策出台与师范大学的转型几乎是同时发生的，1999年的《中共中央　国务院关于深化教育改革全面推进素质教育的决定》既是出台扩招政策的文件，也被普遍认为是国家实质性推动开放型教师教育体系建设、进而推动师范大学转型的重要文件。从彼此关系来看，扩招与转型并非两个完全独立的事件，扩招对推动师范大学的综合化转型起到了重要的作用。在扩招政策强力推行之际，所有高校都面临大幅度扩大培养规模的巨大压力，而师范大学为数不多的师范专业既难以满足经济社会发展对多样化、高素质人才培养的需求，也无法承受学生规模的大幅度增加。因此，扩展专业势在必行。但由于师范类专业自身特点限制，专业拓展空间非常有限，所以大力发展非师范专业自然成为必然选择，而这又必然带来学科、专业的综合化发展，从整体上改变师范大学办学的方向、路径和模式，是一种根本性的战略调整。与此同时，国家对开放型教师教育体系建设的推动也对师范大学的综合化转型起到了重要的推动作用（将在下文集中探讨）。可以说，两者的结合形成了推动师范大学综合化转型的强大合力。

同时，扩招也给师范大学带来新的机遇。随着开放型教师教育体系的建立，国家开始鼓励综合大学等非师范类高校参与教师教育，师范大学普遍感受到由于传统领地受到外来者侵入而产生的生存压力，特别是生源危机，而扩招后生源的大量增加则为其暂时缓解了这种生源危机，可以说是“上帝打开的另一扇窗子”。同时，长期以来，师范大学在发展非师范专业方面往往受到来自上级主管部门和内外部各个方面的阻力，而扩招的另一个影响是从政策上为师范大学发展非师范专业提供了一个“合理的”依据，从而在专业发展方面拥有更多的自由选择空间。

与此同时，从“精英教育”向“大众化教育”的过渡改变了高等学校的办学模式。扩招带来了高校相应的资源问题、质量问题、就业问题等，这些也在很大程度上改变了转型期师范大学的办学理念、办学思路、办学资源筹措与整合的模式和教育教学的内容与模式等。因此，其对转型的影响是全面和深远的。

---

① 卢晓中. 高等教育概论［M］. 北京：高等教育出版社，2009：267－268.

2. 高等教育市场化

20 世纪 80—90 年代，在高等教育中引入市场机制成为一种重要的改革潮流，对各国高等教育的管理体制和高等学校的办学模式等都产生明显的影响。80 年代以来，由美国教育家伯顿·克拉克（Burton Clark）提出的“协调三角形”理论成为人们分析高等教育政策的重要工具。伯顿·克拉克认为，高等教育的运作受到三股力量的共同作用，即国家权力、学术权威和市场力量，它们之间构成了协调三角关系。其中国家权力由各级政府部门代表，它通过为高等教育提供大部分必需的、来自纳税人的经费，以及保证教育公平和保障社会公共利益而获得影响力。学术权威由资深教授组成，其影响力源自于其对专业知识的掌握。市场力量则反映大量高等教育利益相关者的总体选择，它作为高等教育的购买者的意愿，获得对其所购买产品施加影响的理由①。不同的三角协调关系，体现为不同的高等教育模式，如苏联和我国 1978 年以前的“国家模式”、德国的“官僚—学术权威双元模式”和美国的“市场主导模式”等。

20 世纪 90 年代以来，各国高等教育的协调模式发生一系列趋同的现象：国家角色由控制者向监督者转变；伴随着高校走向自治，院校一级的行政管理权力增大；由于国家角色的变化，市场力量得到加强；学术影响力受到来自国家、院校组织、市场等方面更多的限制。伴随着这些变化，各国整体上呈现出“高等教育市场化”的趋势。从国家层面上来看，这种市场化体现为：削减国家对高等教育的投入，鼓励市场、个人和家庭等其他渠道对高等教育的投资，实现高等教育投资的多元化；放松对高等学校的管制，增加高等学校的办学自主权，使其成为“自我调节的系统”；通过绩效评估和问责制，加强高等教育的质量控制。从高等学校的层面来讲，市场化则体现为高校开始运用市场理念和市场策略来管理和运营高等教育，具体包括几方面：资金市场化，即为争夺教育经费而进行的市场化行为和学术创收活动（希拉·斯劳特将其称为“学术资本主义”，并从该概念入手对“创业型大学”进行深入的研究②）；经营市场化，即为了节约成本，提高效益和效率而进行的市场化行为；就业市场化，即为满足高等教育出口的劳动力需求的市场化行为；入学市场化，即为了争取优秀生源或入学人数的市场化行为。③

高等教育市场化对各国高等教育产生了不同程度和不同方式的影响，而

---

① 克拉克. 高等教育系统［M］. 王承绪，译. 杭州：杭州大学出版社，1994：180 - 181.

② 斯劳特，莱斯利. 学术资本主义：政治、政策和创业型大学［M］. 梁骁，黎丽，译. 北京：北京大学出版社，2008：11.

③ 卢晓中. 高等教育概论［M］. 北京：高等教育出版社，2009：271 - 286.

对于正在逐步建立与市场经济体制相适应的高等教育模式的中国来说，其影响是相当深远的。20 世纪 90 年代，国家推动了一系列的高等教育改革，在不同程度上都体现了“市场化”的思路：首先，政府通过宏观管理改革，逐步扩大地方政府在高等教育管理中的权限，逐步实行中央与省级政府两级管理、两级负责的管理体制；通过微观管理改革，逐步扩大高校的办学自主权。其次，通过改革高度集中的教育财政体制，逐步建立“以财政拨款为主，其他多种渠道筹措高等教育经费为辅的体制”。再次，积极推动高校内部管理体制改革和后勤社会化改革，提高高等教育的办学效益，更好满足社会需求。最后，推动毕业生就业制度改革，逐步建立以市场为导向、政府调控、学校推荐、学生与用人单位双向选择的机制。①

高等教育市场化背景下我国的一系列高等教育改革，对师范大学转型产生的影响是多方面的，既是挑战也是机遇：一方面，随着市场机制的引入，国家对师范院校原有的“特殊”保护政策必然被逐步取消，师范院校要生存发展，就必须提高自己的市场竞争力。政府财政拨款比例的下降，对于应用型学科较弱、筹资能力较差、长期习惯于由政府“统包”的传统师范大学来讲，无疑是一个巨大的难题。师范大学只有通过教学、科研、社会服务等方面的综合转型，为社会提供更好的服务，才能从市场获得足够的经费和资源的回报，促进自身的发展。因此如何面向市场拓展资源成为新形势下师范大学一项至关重要的任务，它不仅构成了师范大学转型的重要内容，也是能否实现其他转型目标的根本支撑，缺少必要的资源支持，转型根本无法实现。另一方面，办学自主权的扩大又为师范大学提供了自主改革、自主创业的机会，面对巨大的高等教育市场需求，师范大学通过战略调整和实施一系列的改革转型，不断挖掘自身的优势，完全可能在新的形势下获得更好的发展。同时，通过内部体制改革和后勤社会化改革等，师范大学能够更好激发办学的活力，提高办学的效益、质量和整体的实力。

二、大学职能拓展

大学发展的历史，是大学与外界不断相互作用、相互促进的历史，也是大学从封闭走向开放的历史，更是大学职能不断拓展，地位不断提高的历史。职能的拓展意味着大学角色的调整，也意味着办学方向与办学模式的调整，而办学方向与办学模式的转变正是“转型”的应有之义。因此对于师范大学职能与角色的时代呼唤，就可能成为其转型的重要推动力。

---

① 卢晓中. 高等教育概论［M］. 北京：高等教育出版社，2009：271－286.

1．**大学职能的演变与拓展**

大学职能的演变与时代发展紧密相关，在大学发展的不同时期，先后产生不同的职能。目前，关于现代大学的职能，除了获得世界范围内广泛认同的“教学、科研与社会服务”“三大职能说”① 外，还有其他的观点。

第一，大学的教学职能。现代高等教育的渊源最早可以追溯到十二三世纪的中世纪大学，如意大利的萨莱诺大学、波隆纳大学，法国的巴黎大学，英国的牛津大学和剑桥大学等。尽管由于各所大学产生的原因和背景不同，其办学目标也有差异，但在宗教神学统治下的中世纪大学是专业训练的中心，大学存在的根本目的是保存和传递专业知识，将学生培养成具有某一专业知识的人才（如法官、律师、牧师、医生、教师和官员等），教学内容比较局限（主要开设文科、法律、神学和医学四科），而不是为了追求知识或从事现代意义上的研究。16 世纪之后，神学的地位受到人文主义的挑战，古典人文教育取代宗教神学教育成为大学课程的核心内容，培养“理智的、具有文雅举止，以及高尚和谦恭生活行为”的绅士教育成为大学的理想目标。纵观中世纪大学产生到 18 世纪漫长的岁月，大学虽然培养人才的目标发生了变化，但无论是培养神职人员、官员，还是绅士阶层，培养人才一直是大学的唯一职能。

第二，大学的科研职能。长期坚持人才培养职能的唯一性，使大学远离科学研究，17—18 世纪自然科学的发展成果和新的科学知识未能进入大学的课堂，研究和发展科学的工作无法在大学中获得应有的地位，大学在国家和社会的知识创造中作用不大，因此备受诟病。进入 19 世纪后，传统大学的保守和落后促使人们开始反思和推动大学的改革。1809 年，威廉·冯·洪堡（Wilhelm von Humboldt）在德国创办了柏林大学，揭开了德国乃至世界大学历史的新一页。柏林大学明确以研究作为大学的首要使命，提出教学与科研相统一的思想，并据此建立了讲座制和研究所相结合的基层学术组织，以取代中世纪大学的学院制。柏林大学的建立宣告以教学作为大学唯一职能的时代的结束，科研被引入教学过程之中，开始成为大学的新职能。大学不再局限于固有知识的保存与传播，还包括知识的创新。继柏林大学之后，德国的许多大学开始将教学与科研结合起来，从而使大学发挥更加重要的作用。大学科研职能的确立，不仅使大学成为德国科学研究的中心，而且世界科学的中心也从 1803 年后转移到德国，并持续近一个世纪。德国的改革经验使其

---

① 下文中关于教学、科研与社会服务“三大职能”的内容参考了卢晓中教授、潘懋元与王伟廉教授在下列著作中的相关论述：卢晓中．高等教育概论［M］．北京：高等教育出版社，2009：12－15；潘懋元，王伟廉．高等教育学［M］．福州：福建教育出版社，2007：59－66．

成为世界各国大学仿效的对象，英、法、美、日等国家的大学开始将科研作为自己的新使命，从而使大学的科研职能在世界范围内逐步得到确认，极大地改变了世界高等教育的面貌。

第三，大学的社会服务职能。科研职能的确立，虽然改变了大学的面貌，提升了大学的地位，但柏林大学及其效仿者所坚持的教学与科研相结合的思想，是从人才培养的角度出发的，科学研究是为教学服务的，强调的是“纯粹的”科学研究，目的在于探求真理，通过纯理论的研究，训练学生的心智，培养学生的科学精神和科学研究方法，而非满足社会的现实需要，因此在价值取向上坚持的是“学术导向”而非“社会导向”，而在科研上则存在重“学”轻“术”的问题，科学研究往往与社会、经济的发展需要相脱节，这在很大程度上限制了大学的作用和自身的发展。19世纪中后期，奉行实用主义价值观的美国在学习德国大学经验过程中，从社会经济发展的需要出发，进一步提出将大学的教学、科研推广到社会中去，为社会经济发展服务的思想。以具有划时代意义的《莫里尔法案》颁布（1862年）为标志，美国大学被引导走上与社会相结合，为经济与社会发展服务的道路，从而引发高等学校第三大职能——社会服务职能的产生。《莫里尔法案》颁布后，一大批以服务地方农业与工业发展为目的的赠地院校，以及把自由教育和实用教育结合起来的综合性州立大学迅速发展。以威斯康星大学为代表的赠地院校和州立大学，突破了大学仅培养牧师、绅士、教师、律师和医生的形象，注重培养应用型人才，从而改变了高校与世隔绝的“象牙塔”形象，确立了大学为社会服务的新形象。“威斯康星思想”所代表的“直接为社会服务”的职能，也成了大学继“人才培养”、“科学研究”以外的第三个职能，并在二战之后得到广泛的重视，成为世界公认的现代大学的重要职能，将大学带进了崭新的发展阶段。

第四，关于大学职能的其他论述。除了上述经典的“三大职能说”，还有一些学者试图提出和论述大学的第四职能，比如赵沁平的“文化引领说”①；冯振业、杨鹤的“对外交流说”②；陈昌贵的“国际合作说”③；方展

① 赵沁平．发挥大学第四功能作用，引领社会创新文化发展［J］．中国高等教育，2006（15/16）：9－11.

② 冯振业，杨鹤．对大学第四职能：国际文化交流与合作的一些理解［J］．国家教育行政学院学报，2003（6）：61－66.

③ 陈昌贵．国际合作：高等学校的第四职能：兼论中国高等教育的国际化［J］．高等教育研究，1998（5）：11－15.

画的“技术创新说”[①]；朱国仁的“创造就业说”[②]、眭依凡的“改造社会说”[③] 和禹旭才的“社会批判说”[④] 等。王洪才则提出需在原有教学、科研、社会服务三大职能基础上补充“新三大职能”——“知识转化”、“促进就业”和“终身教育”[⑤]。而创业型大学研究的先驱亨利·埃兹科维茨[⑥]和伯顿·克拉克[⑦]等则认为，创业型大学的职能体系是教学、研究、创业三位一体的完整体系。

此外，2011 年 4 月 24 日，胡锦涛同志在庆祝清华大学建校 100 周年大会上的讲话，提出了全面提高高等教育质量需要坚持的四个“必须”，即：必须大力提升人才培养水平、必须大力增强科学研究能力、必须大力服务经济社会发展和必须大力推进文化传承创新。各界普遍认为，四个“必须”是我国国家领导人对于大学职能和使命的新界说，其中“文化传承创新”被认为是继“教学、科研与社会服务三大职能”之外，大学被赋予的新职能。按照报告中的表述，所谓“文化传承创新”，就是“掌握前人积累的文化成果，扬弃旧义，创立新知，传播到社会，延续至后代”。

2. 职能拓展对师范大学转型的影响

关于现代大学职能的论述，还有很多。尽管到目前为止，只有“三大职能说”获得最广泛认同，其他论述的科学性和认可度还有待时间的检验。但这些探讨和论述本身恰恰说明，随着现代社会的快速发展，特别是知识经济时代的来临和经济全球化进程的加快，大学的职能正在不断扩大，社会对大学寄予了越来越多的期望，要求大学发挥更加全面的功能。与此同时，地位与职能（责任）往往是同步发展和相对平衡的。随着知识在指导现代社会发展中处于越来越中心的地位，大学作为“知识的生产者、批发商和零售商”，其在各领域中的贡献越来越大，而地位也越来越高，大学正在从社会的边缘走向社会的中心。

大学职能随着时代发展的变化而不断扩展，从而体现出高等教育与社会

---

① 方展画．高等教育“第四职能”：技术创新［J］．教育研究，2000（11）：19－24.

② 朱国仁．知识经济时代高等学校的职能［J］．机械工业高教研究，1999（2）：6－10.

③ 眭依凡．改造社会：未来大学新职能［J］．上海高教研究，1999（3）：1－5.

④ 禹旭才．社会批判：大学必要的职能［J］．江苏高教，2007（6）：19－21.

⑤ 王洪才．大学“新三大职能”说的缘起与意蕴［J］．厦门大学学报（哲学社会科学版），2010（4）：5－12.

⑥ ETZKOWITZ H. The second academic revolution：MIT and the rise of entrepreneurial science［M］. New York：Gordon & Breach Press，2002.

⑦ 克拉克．建立创业型大学：组织上转型的途径［M］．王承绪，译．北京：人民教育出版社，2003.

经济发展需要相适应的属性。“大学职能变化是大学办学模式变迁的依据”①，而办学模式变迁往往意味着大学的“转型”，其办学的价值取向、办学思路、工作重点、运作模式、与外界的关系模式，以及大学文化与整体形象等都将发生明显的变化。因此在内外部需求的强力推动下所发生的职能定位的调整往往成为大学转型的重要动因。伯顿·克拉克则从另一个角度论述了职能（功能）扩展对于大学转型的推动作用。他认为，现代大学面临着严重的“不平衡”问题，其需求的负担过重，而它们所配备的反应能力供应严重不足，“对大学的需求超过它们作出反应的能力。来自各个方面的逃避不了的需求的洪流，雨水般降落在高等教育系统，而且衍生地降落在系统内部的特定的大学身上”，因此必须进行转型（指向创业型大学转型）才能有效应对不断增长的新需求②。

虽然，作为整体的大学的职能扩展，并不直接等同于某个个体的大学的职能增加。大学的“三大职能”甚至是“多重职能”，是就大学的整体而言的，每所大学不可能无差别地对待这些职能，在所有方面都表现优秀，而应该有所侧重，根据自身的实际情况确定自身的主导职能，并兼顾其他的职能。但不管如何，作为生活于现代的大学，谁都不可能专守某一种职能而不兼顾其他，从总体来讲，任何一所大学的功能都在不断扩大（哪怕表面上专守某一职能，实际上其内涵也已经得到不断丰富），师范大学也不例外。师范大学的转型，从某种意义上讲其实质正是其功能拓展的过程，在功能拓展的过程中寻找新的定位，实现新的发展，创造新的价值。

在转型期之前，我国大部分省属师范大学往往仅被定位于“基础教育师资的职前培养”上，坚持以教学为中心，人才培养成为它们主导的、甚至是唯一的职能，科研与社会服务得不到应有的重视，学术水平整体偏低，竞争力不强，而这又反过来影响人才培养的质量和社会服务的水平，很难适应新形势的发展需要，因此面临着职能调整和转型的压力（如以本书的研究个案A大学为例，在其八十多年的办学历程中，绝大部分时间是一所教学型大学，直到转型前期学校才提出建设教学研究型大学的目标）。而少数几所基础较好的部属师范大学，虽然坚持教学、科研并重，但与其他同一层次的院校、特别是综合性大学相比，其科研实力、社会服务水平和整体竞争力同样具有较大的差距，如果不进行职能调整和转型升级，同样不能摆脱发展的困

---

① 王洪才．大学“新三大职能”说的缘起与意蕴［J］．厦门大学学报（哲学社会科学版），2010（4）：5－12.

② 克拉克．建立创业型大学：组织上转型的途径［M］．王承绪，译．北京：人民教育出版社，2003.

境（如在转型期，几所部属师范大学均提出了从教学研究型大学向研究型大学转型的目标）。不仅职能种类上需要作出调整并进一步扩大，而且哪怕是最基本的教学职能，其要求也越来越高，其内涵则在不断扩充，师范大学同样需要根据形势的发展，不断对其进行丰富、提升，才能更好满足社会与经济发展的需要。比如随着社会经济的快速发展，新兴产业大量涌现，社会对包括师范大学在内的所有大学都提出了越来越多元化的人才培养需求，师范大学如果再专守师范教育而不敢越雷池一步，就有可能错失大量发展的良机、不能适应社会的发展而逐步走向萎缩。同样，随着社会的发展，师范大学的科研职能也在发生深刻的变化，不再局限于“纯粹的研究”“为科研而科研”，而是需要“学”“术”并重，更好地服务社会发展的需求。

三、教师教育创新

世纪之交，在世界经济社会快速发展与高等教育变革的大背景之下，以培养教师为己任的教师教育也在发生深刻的变化，教师教育的改革创新成为推动师范大学转型更加直接的动力。

1. 国际教师教育改革的借鉴与推动

20 世纪后半叶以来，世界科技、经济与社会快速发展，各国基础教育普及程度不断提高，高等教育也得到快速发展。科技、经济与社会的快速发展，既为教育发展提供了更好的条件，也对教育提出了更高的发展要求，教育的重要性得到前所未有的凸显，以培养教师为己任的“师范教育/教师教育”在世界范围内也受到了前所未有的重视，而传统独立、封闭、定向、单一的师范教育体系已经很难适应各国对大量多元化、高质量师资培养的需求。二战后，美、英、法、日等发达国家均先后对本国的教师培养体系进行了大幅度的改革，促进了教师教育机构的转型和教师培养层次的提升，逐步形成了教师教育大学化、综合化、开放化、专业化、终身化、高学历化等发展理念，以及与之相适应的教师教育体系和法律制度体系。在此过程中，传统封闭独立的师范教育体系被弱化，综合性大学在教师培养中发挥了越来越重要的作用，以至于成为教师培养的主体。通过允许其他大学和教育机构参与教师培养，以及建立教师资格证书制度等措施，各国教师教育更加走向开放化与多元化。与此同时，“师范教育”的概念也逐步被“教师教育”这一内涵更加丰富的新概念所取代。相对于以职前教师培养为主的“师范教育”

而言，“教师教育”更好体现了系统性、专业性、开放性和终身性的特点[①]。

比如，“美国教师教育发展的历史是从师范学校升格为师范学院最后发展为综合大学的过程”[②③]。美国于19世纪初仿照德国设立了第一批师范学校。到1898年，州立和私立师范学校分别增加到166所和165所；师范学校注册人数在1900年达到70 000人[④]。伴随着各州对教师要求的不断提升，自1900年起，州立师范学校开始升格为四年制的州立教师学院（Teachers College），到1940年“师范学校”已不复存在[⑤]。从20世纪50年代开始，州立教师学院逐步从培养目标单一的学院转变为综合性州立学院或大学教育学院的教师教育系。至20世纪70年代早期，单一培养目标的教师学院完成了它的历史使命，至此，美国教师教育进入了全面大学化时期[⑥]。到1984年，美国只剩下3所独立的师范学院，其他的都转化为州立学院、州立大学或成为大学的下设机构[⑦]。目前，美国已经基本没有独立体系的师范教育，几乎90%以上的中小学师资都由综合大学的教育学院或文理学院开设教育专业课程培养。[⑧] 日本于1873年建立起第一所师范学校，1878年政府规定每个县必须设立一所师范学校，培养小学教师，到1943年师范学校基本升格为高等教育学院；1949年起，日本实行新的教师培养制度，即由大学培养教师与多渠道培养教师相结合，这就导致了师范学校培养教师做法的废止。鉴于此，日本政府规定，每个都、道、府、县必须设立一所国立大学（或系），开设教师培养课程，而且也允许一般大学承担培养教师的任务。1990年日本高等教育机构设有师资培养课程的共有1 186个，其中大学408个，短期大学410个，研究生院225个，大学专科71个，指定的师资培养机构72个[⑨]。英国的师范教育转型始于20世纪70年代。20世纪70年代末，在师范教育生源不足的情况下，英国教师教育进行了一次大的改革。改革以改组和整顿

---

① 黄崴. 从“师范教育”到“教师教育”的转型［J］. 高等师范教育研究，2001（6）：14－16，7.

② 袁锐锷. 世界师范教育的过去和未来［J］. 高等师范教育研究，1997（1）：11－12.

③ 阎光才. 美国教师教育机构转型的历史经验及其启示［J］. 教师教育研究，2003（6）：73－74.

④⑦ 2011首都教育发展协同创新中心课题组. 教师教育模式的变革：关于首都师范大学办学转型的初步研究［J］. 首都师范大学学报（社会科学版），2014（4）：1－10.

⑤ 赵颖，郝德永. 当代英、美课程经营与课程思想的新冲突［J］. 外国教育研究，1997（2）：47－52.

⑥ 周钧，朱旭东. 美国教师教育大学化形成的路径研究［J］. 高等教育研究，2005（12）：60.

⑧ 盛子同. 论师范大学向综合性大学的转型［J］. 教育评论，2005（5）：27－30.

⑨ 韩清林. 积极推动师范教育转型，构建开放式教师教育体系［J］. 教育研究，2003（3）：54－60.

师范教育机构为中心，结果是单科性的地方教育学院让位于多科性的“高等教育学院”，单独建制的师范院校开始在英国消失。师资培训开始作为一种专业，以课程的形式出现在英国各高等院校中。改革后的体制基本上延续到今天。这次改革使英国教师教育基本结构向非定向化的方向发展，使教师教育体制更富有弹性，能够根据社会发展对师资的需求做出及时的应变①。法国的师范教育转型相对较晚。在 1986 年以前，法国小学教师的培养限于高中毕业会考通过后的三年师范教育。但从 1986 年秋季开学起，师范学校不再面向高中毕业会考合格者招生，而改成直接招收普通大学第一阶段毕业者。这些学生进入师范学校以后再学习两年。普通大学培养的初等教育师资也相应地提高了入学水平的标准，变为面向高中毕业后又接受过高等教育的人。从 1990 年起，设在综合大学里的“教师培训学院”取代了各类师范学校，承担起培养中小学师资的责任②。

各国教师教育的改革，不仅是教育思想的转变和办学体制机制的改革，实际上更是教师教育机构的转型。伴随着各国，特别是发达国家教师教育的改革和教师培养层次逐步向学士后发展，教师教育的机构逐步从师范学校，向师范学院/师范大学，再向综合性大学或综合性的文理学院转变，教师教育机构经历了“脱胎换骨”的转变。可以说，教师教育机构（师范学校/师范学院/师范大学）的综合大学化转型是发达国家教师教育改革的共同特点之一，并且成为一种普遍的发展趋势。“纵观国际高等教育发展的历史，转型可谓是国际高等师范教育发展过程中一个具有普遍意义的环节，它不仅反映教师教育发展的规律，而且也符合传统师范教育机构获得进一步发展的需要”③。虽然，我国的教师教育改革由于受到百年办学传统和国情的制约，无法也不能照搬国外的做法（比如我国具有近百年独立师范办学体系，不可能马上取消，师范院校不可能完全向综合性大学转变），但也要在条件允许后逐步与世界接轨，发达国家的改革经验显然可以为我们提供重要的借鉴，而这也是推动我国师范大学转型的重要因素之一。

2. 传统师范教育的反思与基础教育改革的新需求

除了国际教师教育改革带来的影响，我国传统师范教育自身存在的问题则是推动师范大学转型的更加重要的原因和动力。20 世纪 90 年代，随着我国改革开放的深入和经济社会的快速发展，教育的重要性日益凸显，被摆在

---

①② 韩清林. 积极推动师范教育转型，构建开放式教师教育体系［J］. 教育研究，2003（3）：54－60.

③ 钟秉林. 高等教育创新与教师教育和师范院校的转型［J］. 中国大学教学，2004（1）：15－16.

优先发展的重要战略位置上，而教师是决定教育成败的关键因素。1993年中共中央、国务院颁发的《中国教育改革和发展纲要》指出："振兴民族的希望在教育，振兴教育的希望在教师，建设一支具有良好政治业务素质、结构合理、相对稳定的教师队伍，是教育发展与改革的根本大计"。1995年，我国提出了"科教兴国"发展战略，科技和教育的重要性被提高到前所未有的高度，教育成为提高全民素质和综合国力的重要支撑，师范教育作为教育事业的"工作母机"受到了前所未有的重视，如何提高教师教育质量因此成为学术界和实践界关注的焦点。此后，关于传统师范教育体系的反思性研究大量涌现，而反思加深了人们对传统师范教育存在问题和改革方向的认识，无疑成为推动师范教育体系与师范大学改革转型的强大动力。

与此同时，为了适应新形势的发展需要，20世纪八九十年代，我国全面推进基础教育改革。在体制机制改革基础上，推进课程改革，全面实施九年义务教育和素质教育。1985年5月，《中共中央关于教育体制改革的决定》吹响了全面体制改革的号角，并首次作出"实行九年义务教育"的决定。1986年，《中华人民共和国义务教育法》正式以法律的形式提出"国家实行九年义务教育"。其后，国家教委先后颁布、印发了《义务教育全日制小学、初级中学教学计划（试行草案）》（1988年9月）及其修订稿、《九年义务教育全日制小学、初级中学课程方案（试行）》（1992年8月）和《全日制普通高中课程计划（试验稿）》（1996年），全面推进中小学课程改革，大力推进九年义务教育。同时，90年代末期，党中央、国务院立足于全面提高国民素质、提升综合国力，作出了全面实施素质教育的重大战略决策。1999年1月，在国务院批转教育部的《面向21世纪教育振兴行动计划》中提出实施"跨世纪素质教育工程"。1999年6月13日，《中共中央国务院关于深化教育改革全面推进素质教育的决定》颁布。素质教育成为统领基础教育新一轮改革的纲领，也是新世纪基础教育改革的方向。新世纪之初，我国又先后颁布了《国务院关于基础教育改革与发展的决定》（2001年5月）和教育部《基础教育课程改革纲要（试行）》（2001年6月）等，以实施素质教育为目标，全面启动新一轮的课程改革①。新的课程改革强化对学生主体性品质、创新精神和实践能力的培养，对基础教育课程的目标、结构、内容、实施及管理等方面进行了全面而深刻的整体改革，对教师的学历层次、综合素质、创新精神、实践能力和专业水平等都提出了更高的要求，对教师教育的质量

① 乔建中．基础教育"八次课改"的历史轨迹与研究脉络［J］．江苏教育研究，2012（3C）：18－22.

和培养的方式、方法等理所当然地也提出了更高的要求。这不仅需要师范大学通过改革大力提高师范生的培养质量，同时也需要其在教师的在职培养方面发挥更加重要的作用。因此，基础教育普及程度的提高、素质教育的全面实施，以及基础教育根据发展需要实施的一系列改革，都成为推动师范大学转型的重要力量。

总的来说，20 世纪末我国对师范教育体系及其办学模式的反思，一方面往往建立在国际比较与经验借鉴基础之上；另一方面则往往紧密结合我国基础教育改革的现实需要和新时期我国经济社会发展对教师的素质要求来进行，使实然性的历史与现实反思，走向“如何改革转型”的应然性的思考，这些均对师范大学的改革与转型提出了迫切的要求。通过反思，研究者普遍认为：第一，我国传统封闭定向的师范教育体系适应了计划经济时代（具有教育普及程度不高、教师需求量大、教师待遇较低、教师主要是接受职前培养等特点）我国亟须大量培养教师的需要，功不可没，但已经不能适应新形势发展的需要，必须通过改革逐步建立开放型的教师教育体系，促进教师来源的多元化；第二，我国师范教育体系改革的方向是从“师范教育”向“教师教育”的转型，以体现教师教育大学化、综合化、开放化、多元化、专业化、一体化和终身化等特点，以及教师教育高学历化、高素质化的时代要求；第三，传统师范大学（师范院校）的转型必须在保持教师教育优势的基础上走综合化发展之路，而师范院校的“综合化转型”应该根据自身实际确定自己的战略定位与发展策略，实现分层次、多样化发展。

3. 国家对教师教育改革与师范大学转型的强力推动

改革开放初期，面对穷国办大教育的现状和中小学教师严重不足的情况，我国除了大力办好定向型师范教育以外，对于其他高校毕业生进入教师队伍一直持鼓励态度。进入 20 世纪 80 年代，在国家颁布的相关文件中，开始鼓励有条件的综合大学和其他高校参与教师的培养与培训，如 1986 年原国家教委发布的《关于基础教育师资和师范教育规划的意见》中提出，综合大学和有条件的其他高校要把为中等教育培养师资作为重要任务之一；同年的《国务院办公厅转发国家教育委员会等部门关于实施义务教育法若干问题意见的通知》提出，有条件的高等院校应挖掘潜力，积极主动地承担培训中小学师资任务。但长期以来，由于教师收入待遇偏低，社会地位不高，师范专业属于冷门专业，非师范院校参与师范教育的积极性明显不足。

进入 90 年代，特别是 90 年代末期以后，鉴于国际教师教育发展的趋势、我国师范教育的现状和基础教育改革的现实需要，国家开始密集出台一系列政策，大力推进教师教育改革，力促传统定向封闭型师范教育体系向灵活、开放、多元的教师教育体系转型，客观上对师范大学的转型起到直接的推动作用：1993 年中共中央、国务院颁发的《中国教育改革和发展纲要》提出“除师范院校外，其他有条件的高等院校，也要积极承担培养中小学和职业技术学校师资的任务”。1995 年 3 月，《中华人民共和国教育法》颁布，规定“非师范院校应当承担培养和培训中小学教师的任务”，这为非师范院校参与教师教育提供了法律依据，从“应当”的表述来看，非师范院校承担教师培养和培训不仅是“鼓励”，而且是“义务”。同年 12 月，《教师资格条例》颁布，标志着我国教师资格证书制度的设立，为教师来源的多元化和开放型教师教育体系的建立奠定了基础。1996 年全国师范教育工作会议上通过的《关于师范教育改革和发展的若干意见》提出：健全和完善以独立设置的各级各类师范院校为主体，非师范类院校共同参与，培养和培训相沟通的师范教育体系，“国家对师范专业毕业生颁发相应的教师资格证书，并通过实施教师资格制度，吸收非师范专业学生和社会优秀人才从教”。这是政府首次从政策上提出向开放式师范教育体制过渡，并且提出了职前、职后一体化的思路。1998 年 12 月，教育部《面向 21 世纪教育振兴行动计划》提出，“实力较强的高等学校要在新师资培养以及教师培训中做出贡献”。1999 年 3 月，教育部印发的《关于师范院校布局结构调整的几点意见》提出，我国要坚持独立设置师范院校制度，同时进一步拓宽中小学教师来源渠道，鼓励一批高水平综合性大学参与培养中小学教师。

上述文件的出台，都在一定程度上促进了开放型教师教育体系的建立。但根据后来的实践和多数研究者的看法，真正起到实质性推动作用的是 1999 年 6 月颁布的《中共中央　国务院关于深化教育改革全面推进素质教育的决定》(以下简称《决定》)。《决定》提出：“调整师范学校的层次和布局，鼓励综合性高等学校和非师范类高等学校参与培养、培训中小学教师的工作，探索在有条件的综合性高等学校中试办师范学院”。目前大家普遍认为，《决定》的出台，对于改革师范教育办学体制具有突破性意义。随后，一大批综合性大学和非师范类高校相继参与师资的培养培训工作。同时，以此为起点，许多师范院校在面对内外部环境急剧变化和“开放化”可能带来的生存危机的情况下，开始了转型的历程。

不止于此，2000 年 3 月教育部印发的《中小学教师继续教育工程方案(1999—2002 年)》指出，“要积极鼓励各级师范院校、综合性大学参与中小学教师继续教育”。2001 年 6 月发布的《国务院关于基础教育改革与发展的决定》提出：“完善以现有师范院校为主体，其他高等学校共同参与，培养培训相衔接的开放的教师教育体系。……鼓励综合性大学和其他非师范类高等学校开办教育院系或开设获得教师资格所需课程”。这份文件正式以“教师教育”的概念取代“师范教育”，此后，“师范教育”在大部分情况下仅仅被狭义地限定于“教师的职前培养”。2002 年 2 月教育部印发的《关于“十五”期间教师教育改革与发展的意见》中明确将建立“开放的教师教育体系”作为“十五”期间的主要任务之一。2000 年 10 月北京大学率先成立教育学院，其后华中科技大学、黑龙江大学等综合性大学先后成立了教育科学学院或教育学院。2003 年 11 月 11—12 日，国内 100 多所举办教师教育的非师范院校在厦门召开“全国非师范院校教师教育工作研讨会”，并发表了《非师范院校积极参与教师教育的行动宣言》[①]（其时，已有 200 多所非师范院校参与教师教育，承担着全国大约 1/3 的教师教育任务，成为教师教育的一支重要力量）。以此为标志，我国初步形成了开放型的教师教育体系。其后在国家发布的一系列教育文件中，推进开放型教师教育体系建设和教师教育的内涵建设，继续被列入重点推进的目标，使教师教育的改革与转型不断推向深入：如《国家教育事业发展“十一五”规划纲要》（2007 年）、《国家中长期教育改革和发展规划纲要（2010—2020 年）》（2010 年）和《教师教育课程标准》（教育部，2011 年）等。

封闭定向型师范教育体系的打破，使师范院校在教师教育中的“专属”垄断地位被打破，师范院校深切感受到前所未有的竞争压力和生存危机。而“教师教育”概念对“师范教育”概念的取代，则反映了教师培养的新动向和新要求，要求师范院校作出全面的改革，以适应新形势的需要。面对内外部的多重变革压力，师范大学唯有实施全面的战略“转型”。于是，从新世纪开始，几乎所有的师范院校都在某种程度上实施“转型”，以便在社会经济发展的生态环境中追求自身更加有利的“生态位”[②]。

四、一流大学建设

20 世纪末，国内外发展形势、世界高等教育潮流与发展趋势增强了中国发展高等教育的紧迫感。“一流大学建设”作为国家高瞻远瞩的重大决策，集中体现了我国发展高等教育的这种紧迫感。在资源有限的情况下，20 世纪 90 年代，国家根据“集中资源，突出重点”的原则，相继启动了“211 工程”“985 工程”建设，有计划地建设一批基础条件较好的大学和学科，目

---

① 教育部. 2003 年教育大事记[EB/OL]. [2014-12-12]. http://www.moe.edu.cn/publicfiles/business/htmlfiles/moe/

② 贺祖斌. 地方师范院校教师教育在转型中的困惑和对策 [J]. 教师教育研究，2009 (5)：61-65，69.

标是使其逐步发展成为世界一流大学或高水平大学与学科。“211 工程”和“985 工程”是我国为落实科教兴国战略而实施的跨世纪的战略工程，标志着我国创建世界一流大学的开始，同时也标志着建设世界一流大学已成为国家高等教育的重要战略。

“211 工程”是中华人民共和国成立以来国家正式立项、在高等教育领域规模最大的重点建设工程之一，其建设的目的是“面向 21 世纪，重点建设一批高等学校和重点学科，并在此基础上经过若干年的努力，使 100 所左右的高等学校以及一批重点学科在教育质量、科学研究、管理水平和办学效益等方面有较大提高，在高等教育改革特别是管理体制改革方面有明显进展，成为立足国内培养高层次人才、解决经济建设和社会发展重大问题的基地”。“211 工程”于 1992 年获得国务院第 111 次常务会议通过，1993 年由原国家教委公布，1995 年 11 月正式实施。[①] 从 1995—2012 年，“211 工程”共建设三期，先后共有 112 所大学列入重点建设。“985 工程”是国家为建设若干所世界一流大学和一批国际知名的高水平研究型大学而实施的一项高等教育建设工程，主要内容包括机制创新、队伍建设、平台和基地建设、条件支撑和国际交流与合作五个方面。“985 工程”最早由江泽民同志在庆祝北大建校 100 周年大会上提出，在《面向 21 世纪教育振兴行动计划》中被列为我国高等教育的优先发展战略，1999 年 1 月 13 日，经国务院批准正式实施。[②]先后共有 39 所高校被列入“985 工程”重点建设行列。在一流大学和高水平大学建设推进期间，中央和地方投入大量资金用于“211”大学和“985”大学的建设，并在一系列政策上给予鼓励和支持，大大促进了这些高校的发展。“211 工程”和“985 工程”的实施，提高了我国知名大学的竞争力，缩小了与世界一流大学的差距，为国家经济社会发展培养了高层次人才，对增强我国高等教育的综合实力和国际竞争力具有重要的战略意义。

一流大学和高水平大学建设为部分实力较强、进入重点建设行列的师范大学提供了千载难逢的机遇，使这些大学在应对世纪之交一系列挑战和危机中多了一份从容，是在原有的多扇“机会窗口”逐渐关闭时新打开的一扇新的“机会之窗”。经过国家的重点建设和自身的努力，这些大学的实力都得到了明显的提升（比如，作为国家“211 工程”重点建设大学，A 大学正是通过自身的努力，很好地利用了“211 工程”建设的机会，实现了自身的跨越式发展）。同时，“一流大学建设”所提出的宏伟发展目标，对于被列入

①② 孟凡. 从“985 工程”、“211 工程”看我国世界一流大学建设的几对矛盾［J］. 黑龙江高教研究，2010（1）：29－32.

重点建设的高校而言，绝非“量变”性质的要求，而是“质变”性质的要求，需要这些高校确立更加远大的发展目标，通过重大的战略调整和创新性的改革，实现办学实力和办学声誉的大幅度提高与学校的跨越式发展，逐步实现“一流大学”或“高水平大学”的梦，并通过它们的带动作用，整体提升我国高等教育的实力。而这种重大的战略调整的实质同样是一种“转型”（比如，A大学通过“211工程”的建设，逐步实现了从教学型大学向教学研究型大学的转型）。因此，“一流大学建设”对于这些师范大学的转型具有明显的促进作用。

同时，对于没有列入“211工程”“985工程”建设的师范大学而言，“一流大学建设”或“高水平大学建设”同样对其转型产生了不同程度的影响：一方面，“一流大学建设”和“高水平大学建设”起到示范引领作用，成为师范大学学习和模仿的榜样，通过学术提升和模式转变，这些大学获得了快速的发展和顺利的转型。另一方面，许多师范大学在转型过程中，结合自身的实际，提出了各具特色的适合自身的“一流”或“高水平”目标，丰富了转型的内涵和办学的多样性。如在转型期许多师范大学的发展定位表述中，都可以见到“一流”或“高水平”的界定，这些表述体现了各师范大学希望提升办学水平、扩大社会影响力的强烈愿望[①]。

综上所述，师范大学转型是复杂的、多因素作用的结果，而这些角度各异、程度不同，又相互作用，甚至“难舍难分”的“多因素”必将在一定程度上反映到转型的目标、途径与策略的选择上。

第二节　价值目标

社会发展对师范大学各个层面提出的发展需求与师范大学满足需求能力不足之间的矛盾，是其转型期面临的根本性矛盾。这种矛盾成为促进转型发展的强大动力，师范大学只有主动实施战略转型，努力提高自身的需求供给能力，才能适应社会发展的需求，谋求自身更好的发展，而转型的过程本身就是发展的过程。

从转型的背景可以看到，转型的动因复杂，各种因素从不同的角度上对师范大学产生或同或异的影响，共同促进它的转型与升级。但这些影响对于

---

① 钟晨音．师范大学转型过程中发展目标定位的解读与思考［J］．高等教育研究，2008，(2)：29－34.

师范大学而言都只是外力，只有转化为其自身内在的价值追求，转型才会启动。正如“转型”概念所揭示的，转型是“以人的主动性为特征的”，是主体对于外界压力和对压力的认知而做出的主动选择。师范大学只有明确自己的转型目标和价值追求，才能顺利推动自身的转型。

一、总体目标

尽管各种动因对转型的作用不尽相同，但基本方向却是比较一致的。20世纪末期，面对来势汹汹的各种内外部压力，在思考和探索的过程中，理论界和实践界基本达成共识，师范大学转型的基本方向与总体目标是：在坚持教师教育办学特色的基础上实现自身的综合化发展。可见，转型的基本任务，一是如何更好保持和发挥师范大学的教师教育特色；二是如何提高自身办学的综合性，实现向综合性大学或综合性师范大学的转型。

1. 关于如何坚持和发挥教师教育特色问题

这个问题对于师范大学来讲，既“老”也“新”。师范大学因师范教育发展的需要而产生，而且教师培养长期以来几乎成为其唯一的主业。百年师范教育的探索与积淀，使师范大学形成了具有一定特色的人才培养模式，也为我国教师培养作出了举世瞩目的贡献。因此，从一般意义上来讲，师范大学本身就代表着教师教育的办学特色，两者显然是一脉相承的。因此，师范大学在转型期所要做的就是在向综合化转型的过程中，不要“丢掉”教师教育的办学特色。但正如前面所述，我国长期定向封闭型的师范教育在取得巨大成绩的同时，也积累了一系列的问题，难以适应新形势的需要，因此“坚持教师教育办学特色”显然并不应该被简单地理解为原原本本地保持和继承原来传统师范教育的一切东西，而是应该在传统师范教育的基础上进行进一步的改革创新。师范大学要根据教师教育综合化、开放化、专业化、终身化和高层次化等的新要求，改革原有的师范教育模式，实现向现代教师教育模式的转型，提高教师培养质量（特色从本质上体现为质量，没有质量就没有特色可言；当然随着社会的发展，质量观念和质量标准也要与时俱进）。只有这样，才能使“教师教育特色”既保持了历史的积淀，又体现时代的要求，体现出真正的“特色”。

2. 关于“综合化转型”问题

师范大学的综合化转型实质上是以综合性大学作为参照的（当然，并非完全照搬）。显然，“综合性”首先体现为学科专业门类的综合化程度。一般而言，学科门类越齐全说明大学的“综合性”程度越高，如张爱龙根据大学本科专业有效覆盖的学科门类的数量，将普通高等学校分为单科性大学、多科性大学和综合性大学。认为“本科专业有效覆盖6个及6个以上学科门类”的大学即为综合性大学①。

其次，学科门类的多寡并非“综合性”的唯一标准或者最核心的标准。“学科门类齐全不是综合性大学的真谛，真正意义上的综合性大学应该是多学科间的相互融合，这是综合性大学最本质的特征”；“综合性大学是指文理科兼备、基础研究显要、多学科有机融合、培养目标多元的大学”②。从国内外知名大学发展的事实看，社会公认的“综合性大学”，除了学科门类齐全外，还应该拥有较强的基础学科，而且学科力量的布局结构相对均衡；在人才培养上擅长多学科、跨学科的综合教育，能够为社会培养出综合素质高的优秀人才和杰出人才；在科研上既能承担学科前沿领域的研究课题，又能承担对国民经济有重要意义的应用研究课题，能够成为社会经济或区域性经济发展的主导力量；并且形成了自身的学术精神和治学风格，产生了自己的学术大师或各行各业的高素质拔尖人才。③ “综合性”并非仅仅指学科的大而全，从某种意义上看，其实也蕴涵着“高水平”的潜台词④。

因此，综合性大学实质上包含了“量”和“质”两个层面的要求，学科多样性和“高水平”（这种“高水平”实际上体现为多学科交叉融合所带来的发展优势）是综合性大学必不可少的两个方面。否则如果光从学科门类的多样性来看，许多师范大学早就满足综合性大学的条件，根本无须转型。就像有些学者指出的，师范大学从来就潜在地具有“综合性”⑤。所以整体来看，多数师范大学只能说具备了向综合化发展的学科基础，但离真正的“综合性”仍有较大的差距，因此实现综合化转型仍是转型期的核心任务和长期奋斗的目标。

既然“高水平”是综合性大学“质”的要求，那么综合化转型就必然涉及办学水平提升的问题（而且是更加核心和重要的目标），而“水平提升”从办学类型上主要体现为从教学型大学向教学研究型大学的转变或者从教学研究型大学向研究型大学的转变。因此，办学类型的“升级”就成为综合化转型的重要内容，而这又进一步影响到学校教学、科研与社会服务等基

---

① 张爱龙．我国高等学校的一种分类法［J］．中国高等教育，2001（3-4）：62．

② 林永柏，曾蜀云，姜平平．综合性大学的涵义及特征刍议［J］．现代教育科学，2009（1）：91-94，97．

③ 郭桂英，方洪锦．对多学科合并大学“综合性”的探讨［J］．武汉水利电力大学学报（社会科学版），1999（3）：59-61．

④ 钟晨音．师范大学转型过程中发展目标定位的解读与思考［J］．高等教育研究，2008（2）：29-34．

⑤ 宋永忠．师范大学转型不能丢掉教师教育特色［J］．中国高等教育，2006（5）：57-58．

本职能的重新定位等一系列的问题。在转型期，几乎所有师范大学都将办学类型的“升级”作为转型的重要目标。如北京师范大学等几所部属师范大学基本上都将建设目标定位于“研究型大学”，而省属师范大学基本上将发展目标定位于“教学研究型大学”①。

应该说，办学类型的“升级”与综合化转型既有区别，又有紧密的联系。虽然办学类型的“升级”并不等同于综合化转型或必然带来大学的综合化发展，两者是有区别的。但在转型期，办学类型的“升级”确实成为综合化转型的重要支撑，也就成为转型的重要目标之一；而反过来，大学综合化程度的提高，又促进办学类型的“升级”，两者相伴而行，相互促进。

二、子目标

从转型的总体目标来分析，转型实际上涉及三个核心的问题，它们相互联系，共同构成了转型的一级子目标，而这些子目标又可以分解为更具体的目标。从价值论的角度来看，这些目标就是师范大学亟待满足的价值。

1. 提升学术水平

学术性是大学区别于其他组织的根本属性，提高学术水平是所有大学的永恒价值追求和最重要的目标。对于身处转型压力的师范大学而言，提高学术水平既是永恒目标，也是迫切的现实需求。它不仅是师范大学拓展自身功能、服务经济社会发展的前提，也是人才培养模式转型的支撑和提高人才培养质量的保障，更是其提高核心竞争力的根本，因此成为转型的首要目标。在封闭定向的师范教育体系中，我国大部分师范大学的功能基本上仅被定位于为中小学培养师资，这使其缺乏科研发展的动力和条件，科研竞争力明显不足，学术水平偏低，严重制约了其办学水平、质量的提升和多种社会服务功能的发挥，已经不能适应新形势的发展需要。因此，提高学术水平成为“亟待满足的价值需求”。提高学术水平涉及学校发展的多个层面，并不局限于科学研究，也与人才培养和社会服务相关。具体而言，在提高学术水平方面，师范大学需要重点实现如下目标：

第一，提升学科实力。学科是大学发展的“龙头”和教学、科研发展的重要支撑，没有强大的学科就没有强大的科研和教学，也就不可能有高水平的大学。在综合化转型的大方向之下，努力提高学科的综合化程度是师范大学的迫切任务，而“综合化”的重点是学科的交叉融合和综合实力的提升。

---

① 钟晨音．师范大学转型过程中发展目标定位的解读与思考［J］．高等教育研究，2008（2）：29－34.

然而，在学科建设中，师范大学往往存在两方面的问题，亟待加以解决：

一是学科结构失衡，综合化程度偏低。学科的综合化水平是指在学科门类齐全、学科覆盖面广泛的前提下，各学科之间交叉、融合的实际程度，或者潜在的交叉、融合趋势的强弱程度。学科的综合化程度是衡量一所高校学科建设水平的重要指标之一，也是高校综合性程度的重要指标。在长期的办学历程中，师范大学往往形成相类似的学科体系和结构。如果光从覆盖的学科门类来看，它们往往具有多科性甚至综合性的特点，其学科设置似乎与综合性大学没有明显区别。但由于其学科设置基本以满足中小学教育需求的文理基础学科和教育心理学科为主体，学科结构比较单一，学科交叉融合度偏低，"学科间的壁垒比较森严，综而不合的特点比较明显"，这"与高师院校在学科布局和学科内部存在重基础、重正统、重主流的趋向不无关系"。[①] 由于过于偏重基础理论研究，忽视应用性研究和开发性研究，缺少适应社会与经济发展的新兴学科和交叉学科，与社会发展需求脱节，难以产生新的学科生长点，因此学科综合性和学科活力明显不足。

同时，由于长期以来对学科发展的重视不足，学科发展的定位偏低，研究力量整体薄弱，建设投入不足，不论学科之间还是学科内部各分支之间，都普遍存在发展失衡的问题，不利于相互之间的交叉融合与相互促进，难以形成团体优势，学科的整体发展水平受到明显制约。在许多师范大学，学科结构普遍存在"文强、理弱、医缺、工差"的"瘸腿型"发展问题。师范大学虽然在人文社会科学上排名相对靠前，但由于它们是"资源弱势学科"，其学科资源与理学、工学、医学等"资源优势学科"相比，根本无法同日而语，因此相对的"文强"无法为学校科研的发展带来资源的优势。缺少强大的理工科，师范大学在科研竞争上的劣势相当明显。如以 2001 年度全国大学排名为例（武书连大学评价体系），排在前几名的师范大学都明显存在"文强理弱"的现象，其自然科学研究排名明显落后于社会科学研究排名（如表 1 – 1 所示）。

---

① 张弛．转型时期高师院校学科建设策略研究［J］．清华大学教育研究，2006（1）：90 – 95.

表 1-1 2001 年排名前四位师范大学的科研排名情况

序号	大学名称	学校排名	科研排名	自然科学研究排名	社会科学研究排名
1	北京师范大学	13	12	17	3
2	华东师范大学	34	34	52	6
3	南京师范大学	51	51	77	10
4	东北师范大学	46	46	56	12

资料来源：根据武书连《2001 中国大学评价》整理。

二是学科实力不强，竞争力不足。师范大学由于自身的特点，往往在教育门类学科具有一定的优势（如以 2001 年评定的国家级重点学科为例，在教育门类的全部 19 个重点学科中，有 15 个分布在高师院校，占 78%；在 2003 年广东科学管理研究院公布的大学排行榜中，教育学门类的前 10 名中有 8 所为高师院校①），但由于学科结构明显失衡，大多数学科实力较低，学科整体实力与同一层次的综合性大学或工科大学等相比存在明显不足，竞争力明显偏弱：首先，从学位点拥有数量来看，师范院校明显低于同一水平的综合院校。如 20 世纪 90 年代中期第五次学位点评审后，全国共有 248 个博士学位授权单位和 586 个硕士学位授权单位，其中师范类院校分别仅有 13 个和 34 个；在全国 2 100 个博士点和 7 500 个硕士点中，师范院校仅分别拥有 110 个和 600 个，这与高师院校约占全国高校 1/4 的比例很不协调②。其次，从国家重点学科拥有量来看，师范院校的差距更加明显，全国高师院校的国家级重点学科的总和还比不上北京大学一所学校的数量③。再次，从重点科研机构（如国家级和省部各级设立的重点实验室、工程中心、研发中心、产学研基地/示范中心、文科基地等）的设置来看，师范大学更是明显处于劣势，由于偏重于基础性研究，绝大部分师范大学都没有获批设立国家级科研机构，省部级科研机构也非常少。

如以 A 大学为例，作为排名比较靠前的师范大学，1999 年，A 大学仅分别拥有 5 个博士点（二级学科）、44 个硕士点、1 个博士后流动站、8 个省级重点学科（二级学科）、2 个省级重点实验室和 2 个厅级重点科研机构，国家级重点学科、国家级和部委级重点科研机构都是零，学科建设水平明显

①③ 张弛．转型时期高师院校学科建设策略研究［J］．清华大学教育研究，2006（1）：90－95.

② 司晓宏．论高等师范院校的学科建设［J］．学位与研究生教育，1998（5）：46－49.

偏低，严重制约了学校的发展[①]。

第二，提升队伍实力。人是各种资源中唯一具有生命力的资源，也是最有创造性和稀缺性的资源，因此成为组织发展首要的资源。人本管理理论认为，组织是由人组成、为了人的需要而存在的，组织的发展必须依靠人并促进人的发展（组织即人、组织靠人和组织为人）。组织中的"人"不仅是实现组织目标的"工具人"，而且人的发展本身就是组织追求的目标与价值（且是更加终局的目标），因此更是"目的人"[②]。对高校而言，教师是大学办学最重要的资源和最根本的依托，师资队伍实力是大学学术水平最直接的体现，没有高水平的师资，就不可能有高水平的大学。提高学术水平最根本的途径在于加强队伍建设，提高师资队伍的学术水平与实力。而且按照人本管理理论的观点，促进教师（作为个体概念的"人"和作为集体概念的"人"）发展，提高队伍实力，不仅仅是提高学术水平、实现顺利转型的重要手段和途径，更是大学的"目的"和价值目标。然而，师范大学师资队伍由于存在如下多方面的问题，整体实力相对较弱，无法适应转型期功能拓展和长期发展的需要，亟待加以提高：

一是师资队伍结构不合理。在传统师范大学中，教师队伍基本以满足培养中小学师资为目的，整体定位不高，学历层次、职称层次偏低，开放性不足，学缘结构单一，近亲繁殖问题比较严重，国际化程度偏低，而且往往高层次中青年教师比例偏低，发展后劲不足。以 2003 年的相关统计为例，全国高校专任教师中具有教授、副教授职称的比例分别为 9.4% 和 30.3%，而高师院校的同样比例分别为 6.5% 和 28.3%，其他类型高校中的正教授比例几乎都高于高师院校；全国校均正教授 41.95 人，校均副教授 133.5 人，而在与其他非师范类高校生师比基本持平的情况下，高师院校相应的数据则分别是 26.15 人和 114.66 人[③]，说明师范院校高职称教师数量和比例均低于全国高校的平均水平。又以 A 大学为例，1999 年，该校具有正高职称的专任教师占 10.6%，具有博士学位的专任教师占 12.0%，45 周岁以下教授比例和 35 周岁以下副教授比例分别为 4.0% 和 8.8%，专任教师中最后学位是本校的占到 40%（学缘结构 60%）。具有留学或国外进修经历的专任教师比例不足 10%[④]。这些与 A 大学作为国家"211 工程"重点建设大学的身份很不相称，更不能满足转型升级的需要（而实际上，在 1996 年进入"211 工程"

① 根据《A 大学年鉴（1999—2001）》相关内容整理。

② 芮明杰，杜锦根．人本管理［M］．杭州：浙江人民出版社，1997.

③ 吴跃文．论高师院校转型［J］．浙江社会科学，2003（7）：96－100.

④ 根据 A 大学人事处提供资料整理。

建设行列后，A 大学的师资队伍已经有明显的改善，此前的情况更加不济）。

此外，与学科的不平衡发展相应的是，师资队伍结构不合理还表现出明显的不平衡发展现象。文理基础学科、教育学科师资队伍较强，而应用型学科、交叉学科等学科的力量明显偏弱，难以适应学校综合化转型的需要。

二是缺乏高层次领军人才和创新团队。领军人才和高水平创新团队不足是师范大学面临的普遍问题。在许多师范大学，能够冲击国家级重大课题、产出重大成果、在国内外具有重要影响力的领军人才和创新团队相当匮乏，严重制约学科建设和整体学术层次的提升。以 A 大学为例，在 1999 年以前，A 大学没有两院院士（1999 年首次入选中科院院士 1 名），也没有“长江学者”，国家杰出青年基金获得者仅有 1 名，连教育部跨世纪优秀人才也很少，每年能够争取国家级项目的教师比例很低，国家自然科学基金和社会科学基金获得数长期都维持在个位数，国家级重点、重大项目（如“863”项目、“973”项目、国家科技攻关项目和人文社科重大项目等）长期无法染指，国家级科研奖励也长期没有突破[①]。

三是科研力量分散化问题较为严重。科研力量分散化是师范大学普遍存在的问题，严重制约了学校科研工作的全面发展，使得本就不强的力量雪上加霜。笔者认为，造成高校科研力量分散化的原因既有管理因素，又有“人”的因素和“物”的因素，而“人”的分散化是最主要的表现和最根本的原因[②]。长期以来，师范大学由于系科分割，学科壁垒森严，团队建设滞后，科研体制机制和科研文化无法有效促进科研力量发挥团队作战的优势，师资队伍的“聚合度”明显不足，深度融合、相互支撑的学科群和高水平创新团队明显偏少，科研工作中各自为政、“个体经营”的现象比较普遍。因此，师范大学必须通过合理的规划、体制机制的改革、文化的建设等方面最大限度地克服“分散化”的负面影响，提高队伍的整体实力。

第三，提升科研实力。科研能力是大学学术水平的直观反映，往往体现为科研项目承担能力、科研成果产出能力和科研服务能力等方面，通过一系列的指标加以反映，如承担各类科研项目的数量与获得的研究经费数量、产出的各类研究成果的数量与质量、科研成果转化数量与合同金额等。传统上，师范院校由于其自身定位和学科构成的制约，科研动力不足，“科学研究基本围绕中等学校课程教学中的一些基本理论进行，标准低、范围窄”[③]，

---

① 根据对 A 大学科技处、社科处的访谈资料整理。

② 王楚鸿. 高校科研力量分散化问题的思考［J］. 高教探索，2003（4）：32－34，11.

③ 赵金保，张俊宗. 论传统师范大学的现代转型［J］. 西北师大学报（社会科学版），2000（3）：1－6.

学术研究始终处于低水平徘徊状态，在科研竞争中往往处于弱势地位，有人甚至用“低”“少”“散”“微”来概括师范院校科研的特点①。师范大学虽然在科研水平方面强于一般的师范学院，但与其他大学特别是同一层次的综合性大学相比，科研方面的弱势非常明显，竞争力明显不足，差距是全方位的。因此，大力提高科研实力对师范大学转型和长期发展而言都是非常迫切的。

如根据笔者对1992—2006年不同类别高校科技数据（依据教育部主编的历年《高等学校科技统计资料汇编》）的比较分析，师范院校在科技竞争中确实处于非常不利的地位：总体而言，在统计年度内，师范院校数量占列入统计高校总数的28.5%（历年平均值，下同），而科技经费投入和科技人员投入却分别只占总数的4.0%和7.3%，各项科技成果产出（包括论文，著作，专利申请、授权与出售，技术转让，省部级以上奖励等）所占比例平均只有4.3%；校均支出科技经费数和校均投入“全时人员”数都很低。与其形成鲜明对比的是，综合大学数量只占高校总数的9.9%，而科技经费投入和科技人员投入却分别占总数的23.9%和19.8%，各项科技成果产出所占比例平均达到19.3%；工科院校占高校总数的34.0%，科技经费投入和科技人员投入分别占总数的61.2%和44.0%，各项科技成果产出所占比例平均达到58.1%（如表1－2所示）②。可见师范院校在科技投入规模、科技产出能力和科技竞争力各方面都处于明显劣势。

表1－2　不同类别高校科技投入、产出所占比例（1992—2006年合计）

高校类别	学校数所占比例/%	支出经费所占比例/%	全时人员数所占比例/%	科技产出平均比例/%	校均支出科技经费/万元	校均全时人员/人·年
综合大学	9.9	23.9	19.8	19.3	68 504.8	6 075.5
工科院校	34.0	61.2	44.0	58.1	51 185.4	3 954.9
农林院校	7.4	5.0	7.7	6.4	19 258.3	3 200.4

① 龚廷泰．高等师范院校科研发展的目标方位及其实现［J］．南京师大学报（社会科学版），1996（1）：16－20．

② 王楚鸿．不同类别高校科技投入产出比较：基于近十五年（1992—2006）统计数据的分析［J］．广州大学学报（社会科学版），2009（1）：63－67．

续上表

高校类别	学校数所占比例/%	支出经费所占比例/%	全时人员数所占比例/%	科技产出平均比例/%	校均支出科技经费/万元	校均全时人员/人年
医药院校	13.7	5.3	20.2	11.2	10 869.0	4 496.7
师范院校	28.5	4.0	7.3	4.3	4 007.2	780.3
其他院校	6.5	0.6	1.0	0.8	2 404.9	477.1

注："全时人员数"指"全时人员"与"非全时折合全时人员"之和。"全时人员"是指在统计年度中，从事科技工作时间占本人全部工作时间90%及以上的人员。"非全时人员"是指在统计年度中，从事科技工作时间占本人全部工作时间10%—90%的人员。

又以A大学为例，在转型期之前，该校一直是一所以教学为主体的大学，无论从科研项目来看还是从科研成果来看，都存在明显的不足，科研实力明显偏低：科研项目数量少、档次低，全校每年纵向科研经费不超过1 000万元（1999年为976.9万元），横向经费很少（1999年为151.2万元），每年获得的国家级项目数长期维持在个位数（1999年为8项），国家级项目经费占纵向经费的比例很低（1999年只有6.6%），基本上以获取省、厅级一般项目为主，很少能够参与国家层面各级重点、重大项目的竞争。与之相对应，科研成果的数量和质量也不高，每年发表的学术论文不超过1 500篇（1999年为1 469篇），在国外发表的学术论文比例偏低（不到10%），被SCI、EI和ISTP三大检索系统收录的论文很少（1999年只有62篇），高影响因子的学术论文、有重要影响的学术著作和省部级以上获奖成果都很少，发明专利成果基本没有（1999年只获得3项实用新型专利），应用成果寥寥无几（每年经鉴定的应用成果保持在个位数），能够有效转化的科研成果更是少之又少，科研服务无论从系统性、影响力和回报率等方面来看都严重不足①。

第四，提升研究生培养能力。研究生教育是培养高层次专门人才的主要阵地，是衡量一所大学学术水平与办学实力的重要指标，也是区分"教学型大学"与"研究型大学"的重要观测点。研究生培养在"教学"和"科研"之间架起桥梁，既是高层次的人才培养，体现了学校的办学实力，也是科研发展的重要内容和重要支撑，研究生教育为科研工作源源不断地提供具有高

① 根据对A大学科技处、社科处的访谈资料整理。

度创新精神的生力军，对学校学术水平的提高意义重大。但长期以来，绝大部分师范大学偏重于本科及本科以下人才的培养，直接服务于中小学基础教育，研究生教育比较落后，学位点少、学生规模小、学科分布和培养类别相对单一，培养质量也有待提高，无法适应转型期师范大学大力提高学术水平的需要，亟待加以提高。

如前所述，师范院校校均学位点数量明显低于同一层次的综合院校，也低于全国高校的平均水平。而学位点数量直接影响研究生的办学规模，使师范院校在办学规模上也处于明显劣势。以 A 大学为例，一直到 1999 年，A 大学的学位点和研究生规模仍然很小，共有二级学科博士点 5 个，二级学科硕士点 44 个，专业学位硕士点 1 个；1999—2000 学年，在读研究生人数只有 814 人，授予学位的只有 110 人。其中全日制研究生（硕士和博士）招生人数、在校生人数、毕业生人数和授予学位人数分别只有 274 人、606 人、123 人和 110 人，在校研究生人数仅占全日制在校生人数的 4.5%。当年招收的博士生仅 21 名，授予博士学位的仅 7 人①。

2. **变革教育模式**

教育模式变革是师范大学转型的应有之义，也是其核心内容和亟须实现的目标。从广义上讲，“教育模式变革”的范围可以覆盖从教学、科研到社会服务等大学所有方面的重大改革。在这里，“教育模式变革”仅作狭义的理解，仅指大学人才培养方面的模式变革。当然，这里的“教育模式变革”又不局限于通常所讲的，仅仅涉及课程结构与教学方法为主要内容的具体的“人才培养模式改革”，甚至是“培养方案改革”，而是涉及更加广泛的一系列的问题，其中更多是结构性问题，如师范专业与非师范专业的关系与结构问题、本科教育与研究生教育的关系与结构问题、职前教育与职后教育的关系与结构问题、人才培养的具体方式方法问题（即通常理解的人才培养模式问题）等等。也就是说，本文所述的“教育模式变革”是师范大学面对新形势所作出的关于人才培养职能和人才培养工作的全方位的改革与调整，关系到人才培养的宏观、中观和微观的各个层面。从这一定义上来审视转型期师范大学的“教育模式变革”问题，其需要重点改革的问题包括：

（1）非师范专业发展与专业综合化问题。如前所述，面对来势汹汹的各种转型压力，理论界和实践界的基本共识是，师范大学应该在坚持教师教育特色的基础上实现综合化转型。显然，专业的综合化是“综合化转型”的必然要求，是师范大学能够在新形势下更好发展，并发挥更加多样化职能的前

---

① 根据 A 大学研究生处提供资料整理。

提，也可以说是师范大学在原有生存空间和市场（教育市场）地位受到挤压情况下，对新生存空间的拓展和对新教育市场的进入。同时，专业综合化也是学科综合化的基础，对于学科的综合化转型和学术水平的提高也有重要的促进作用。

在20世纪90年代以前，师范大学很少有非师范专业。进入90年代，师范大学开始根据社会发展的需要少量开设非师范专业，非师范专业学生比例也逐步提高。但在转型期之前，师范大学开设非师范专业，不论是在同行和社会公众眼里，还是在上级主管部门看来，似乎都有点不务正业之嫌，国家不提倡，或者是很少提倡师范大学举办与师范教育不相关的专业，专业建设与发展受到很大的限制。进入转型期之后，教师教育体系的开放和扩招政策的出台，大大增加了师范大学举办非师范专业的动力，受到的阻力也明显减少。然而，师范大学由于长期以师范教育为本，无论是其师资力量、资源条件、组织文化，还是其办学思路、人才培养的方式方法、办学特色等，都深深打上了“师范教育”的烙印，如何进入原本陌生的非师范专业领域，与其他院校竞争，将是其面临的难题，亟待其在师资队伍、资源条件、办学思路等方面进行系统性的建设和改革创新。

（2）人才培养的模式改革与质量提升问题。社会发展对人才需求的变化是人才培养模式改革的根本动力，其目的在于提供更加多样的人才培养服务并努力提高人才的培养质量，而不同的需求和质量观决定了改革的方向。随着师范大学的综合化转型，非师范专业的比例越来越高，人才培养模式的改革转型不再局限于教师教育领域。同时，随着转型过程中办学层次的同步提升，以及教师教育一体化的推进，培养模式转型并不局限于全日制本科生的培养模式改革，而是涉及全日制与非全日制、本科生与研究生等多个层面的各类学生的培养问题。但显然，作为师范大学人才培养的主体，本科人才培养改革仍然是人才培养模式改革的重点。

总的来说，在转型期，人才培养模式改革的重点在两方面，一是通过原有师范教育培养模式的改革，建立适应时代要求的教师教育培养模式，提高人才培养的质量；二是通过培养模式的改革，实现人才培养的多元化与综合化，适应社会对多样化人才的需求。

首先，教师教育培养模式改革。一般认为，在定向封闭型的传统师范教育体系中，师范大学的师范生培养普遍存在如下的特点和局限性：

一是封闭性培养。一方面由于师范教育体系是独立设置的，具有其固有的封闭性特点，对师范生普遍实行定向招生、定向培养、定向分配和免交学费等政策。由于片面强调教师的定向和计划培养，师范教育缺乏开放性与外部竞争，不利于培养质量的提高①。另一方面，这种封闭性体现在学生培养的过程，培养工作完全由大学主导来完成，作为用人单位的中小学在未来教师的培养中扮演的角色非常有限，大学与中小学之间缺少有效的协同，大学在一定程度上难以避免闭门造车的现象，罔顾中小学教学改革与实际需要，理论与实践脱节，大学所培养的毕业生常常难以适应中小学教育教学实践的需要。而与此相反的是，充分利用中小学的力量和资源，促进大学与中小学协同培养未来教师在国际上已经逐步成为一种通用的做法。在英、美等国，教师教育的“养成主体”已经走向开放化和多元化，由高校与中小学结合共同承担。②

二是终结性教育。我国传统师范教育主要局限于教师的职前培养，而且是一次性的、终结性的教育，师范大学较少参与教师的继续教育工作，教师的职前培养与职后培训长期相隔离，缺乏整体规划，难以适应教师专业发展终身性特点的需要，也难以满足日益增长的巨大的教师职后教育的需求。狭窄的师范性阻碍了高师院校的可持续发展③。

三是混合式培养。师范生培养采用并进式或混合式模式，即在本科四年中，采用专业教育与教师养成合二为一的人才培养体系和模式，将专业学科教育与教师职业教育结合起来，在进行学科教育的同时进行教师职业教育，人才培养模式比较单一。除教育学和心理学等教育类理论课程由教育学院或心理学院开设外，学生的培养基本放在各专业学科所在学院进行④，学生的教师职业教育很少得到教育学科的支撑。同时，由于各学科专业之间相互的隔离，学科与专业的综合性明显不足，培养口径过窄，毕业生往往暴露出综合素质不高、知识面偏窄、发展后劲不足等问题，难以满足中小学师资综合性与灵活性的需求。

四是学科本位严重。在并进式或混合式培养模式中，往往存在明显的学科本位现象，强调学科专业基础、学术能力培养，教育类课程课时比例低、门类少、内容陈旧、教法单一，普遍不受重视，教师教育的专业性得不到有效保障。从教学内容上看，师范教育主要侧重于所教学科的专业教育，教师职业培养主要依靠“三课一实践”，即教育原理、心理学和学科教育法“三

① 钟启泉，王艳玲．从师范教育走向教师教育［J］．全国教育展望，2012（6）：22－25.

② 沈有禄．国外教师教育模式转型及其启示［J］．现代教育科学，2010（4）：89－92.

③ 盛子同．论师范大学向综合性大学的转型［J］．教育评论，2005（5）：27－30.

④ 郑师渠．论高师院校转型［N］．北京师范大学校报，2004－07－09.

课”与教育实习，这些课程在整个课程设置中所占的比例明显偏低[①]（如许多国家教育类课程学分占师范教育课程总学分的比例均超过20%，而我国普遍只有7%～8%[②]）。同时，理论性课程由于偏重理论性、学理性，忽视与教学实践的有机结合，教学效果普遍较差，实践性课程则往往学分少、时间短（教育实习一般只有2个月），教学效果也不尽如人意，毕业生的教师专业技能明显不足，没有取得“非我莫属”的专业能力和“舍我其谁”的专业地位，“不可替代性”较差[③]。

五是专业性的“双薄弱”。师范教育培养的是复合型人才，既要具有“学科专业性”，又要具有“教师教育专业性”。在传统师范教育中，长期存在“学术性”与“师范性”之争，有人将师范教育中的学科本位归纳为“重学术性而轻师范性”，但其实，这是就两者的比较而言的，如果将其放在更大的范围来审视，则明显存在“学术性”与“师范性”双薄弱的现象，实际上是“学科专业性”和“教师教育专业性”的“两不高”[④]。从“学术性”或“学科专业性”来看，师范大学由于存在“双专业”的特点，学科专业的学习时间明显缩短，加上各专业由于缺少强大的综合性学科支撑，学术水平相对较低，学生的“学术性”与综合性大学同类专业学生相比普遍存在一定的差距，知识、能力和创新性等方面都存在不同程度的不足。而从“师范性”或“教师教育专业性”来看，如前所述，由于课程设置少、教学效果差，师范教育并没有体现明显的“师范性”。因此，师范毕业生两方面的专业性都亟待提高。

刘复兴认为，传统师范教育从培养目标来看，以培养经验型、教书匠型和技术型教师为主，职业发展性质属于非专业化或半专业化的断续发展历程，教育体制为定向型的教师教育体制，培养活动方式是以知识传授和技能训练为中心的被动接受式。这种培养模式难以适应新世纪教育发展对高素质、专业化和创造性教师的培养要求，传统师范教育亟待实现向现代教师教育模式的转变。而现代教师教育模式的特点是：以研究型或探究型教师为培养目标；职业发展性质为全面的、连续的、终身的专业化发展历程；教育体制为开放性的教师教育体制；培养活动方式为以问题研究为中心的参与和反

---

①④ 赵金保，张俊宗．论传统师范大学的现代转型［J］．西北师大学报（社会科学版），2000（3）：1－6．

② 顾明远，檀传宝．2004：中国教育发展报告：变革中的教师与教师教育［M］．北京：北京师范大学出版社，2004：110．

③ 段兆兵，王伦．论地方师范大学面临的挑战、机遇及应对策略［J］．教师教育研究，2010（3）：22－26．

思方式。①当然，这种转型不可能罔顾实际条件的制约，也不可能一蹴而就，而是应该在明确方向的基础上，创造条件逐步推进。

其次，多元化、综合性人才培养模式探索。多元化、综合性人才培养是综合性大学人才培养的基本特征，是师范大学综合化转型的基本要求，直接反映社会对多元化、综合性人才的需求，是其人才培养功能拓展的重要体现。“功能单一、目标单一、模式单一”是传统师范大学在人才培养方面的普遍特点，难以适应社会对多样化人才的培养需求，也难以满足学生的个性化自主发展。在转型期，师范大学的功能亟须进行大幅度的拓展，人才培养定位与培养模式的多元化就成为一种必然要求。通过人才培养的多元化探索，师范大学的培养目标和培养模式从总体上来看，将呈现更加综合化的特点。同时，综合化还体现为对学生综合素质的重视和培养。如何依托更加综合的学科专业体系，通过课程体系的综合化改革，打通学科专业壁垒，拓宽专业口径，构筑有利于学生综合素质提高的培养体系，将是师范大学改革的重点。

对于大部分师范大学而言，人才培养模式改革的重点显然是全日制本科教育。但必须明确的是，随着“转型”的深入推进，师范大学将在各方面得到极大的拓展，改革的着眼点显然应该超越本科教育或全日制教育的范畴，而应该着眼于所有学生的培养模式的改革问题，哪怕仅仅是全日制本科教育，其着眼点也不再局限于教师教育。因为随着非师范专业的发展和非师范生比例的大幅度提高（大多已经超过师范生），非师范生的培养模式改革和质量提升问题具有与师范生培养同等的重要性。既然开设非师范专业作为一种重大的战略转移，成为师范大学摆脱生存困境和拓展新领域、把握新机遇的重要手段，那么师范大学在非师范生的培养上就不可能采取“应付式”的或者“暂时性”的策略，而应该以追求卓越的态度保证人才培养的质量，确保在新的领域中成功立足并创造新的特色，否则，新的拓展不仅不可能为其转型添彩，而且可能成为转型的新的“负资产”。

在传统师范大学中，人才培养的主要目标是培养中小学教师，毕业生基本选择直接就业，进一步深造从事学术研究的比例很低，复合型应用型人才培养的特征很明显，因此长期形成“功能单一、目标单一、模式单一”的特点。随着转型的深入，师范大学将面临更加多元化的人才培养需求。首先，随着师范教育独立性、计划性、定向性、封闭性的消失和开放型教师教育体系的建立，师范专业毕业生不再受到各种政策的限制，并不必然选择到中小

① 刘复兴．我国教师教育的转型与政策导向［J］．高等师范教育研究，2002（4）：20－26.

学任教，做老师、转行、深造、自主创业等都可能成为选项；其次，非师范专业的大量增加使本科生结构发生根本性变化，学生的专业门类和对口行业更多样，毕业取向更复杂；最后，研究生教育、继续教育等将得到更快的发展，学生的构成将进一步走向多元化，而它们同样面临多样化发展和质量提升的问题。

多元的需求呼唤多元的人才培养。但人才培养模式的改革不应停留于“多元”上，其根本落脚点更在于“提高质量”上，即通过培养模式的改革，提供多元化、高质量的人才，满足社会多样化的人才需求。教师教育培养模式的改革必须有利于提高教师培养的质量，其他的人才培养也是一样，否则改革就会舍本逐末。“人才培养模式是教育质量的首要问题”①，因此，培养模式改革应该成为提升办学质量和实力的重要途径。

(3) 研究生教育发展与办学层次提升问题。师范大学转型的关键词不仅是“综合”而且是“提升”，提高教育层次就是其中的重要内容。研究生教育在“教学”和“科研”之间起到桥梁作用，无论是从提高学校学术水平和办学层次的角度，还是从为社会培养更多高层次人才（包括研究生层次各类师资的培养）的角度来看，大力发展研究生教育都是必然要求。大力发展研究生教育必然带来本科教育与研究生教育结构的变化，并由此推动大学发展战略、办学方向、资源流向、体制机制、培养模式等方面的转变，其教育的“重心”也相应上移，是大学教育模式的整体性变革。

总体来说，传统师范大学研究生教育起步较晚，整体办学实力不强。面对学位点少、学生规模小、学科分布与培养类别相对单一，以及培养质量有待提高等一系列问题，师范大学必须大力加强建设与发展才能扭转这种落后的局面。首先，需要在学科建设基础上大力进行学位点建设，为规模扩大创造条件；其次，需要在学位点建设基础上，努力争取教育主管部门的支持，大幅度增加研究生招生规模；再次是需要改革相对单一的研究生教育培养类别与培养模式，学术型与应用型并重，建立适应社会发展的更加多样化的研究生教育体系，并积极开展多种形式的非全日制研究生教育；最后还需要通过教育教学的全方位改革，努力提高研究生的培养质量。

(4) 继续教育发展与职前职后教育一体化问题。继续教育的发展与终身教育思想的影响密切相关。终身教育的概念最早产生于1956年的法国，在法国教育学家保罗·朗格朗（Paul Legrand）的努力下，逐步形成完整的、

① 王伟廉．人才培养模式：教育质量的首要问题［J］．中国高等教育，2009（8）：24－28.

系统的思想，并集中反映在其1970年出版的《终身教育引论》① 一书中。其后，终身教育思想得到联合国教科文组织的充分肯定和推崇，从而使其获得了世界范围的影响。到20世纪90年代，终身教育思想已经获得全球范围的广泛认同，并成为各国制定教育政策、构建教育体系的重要指导思想。20世纪70年代，终身教育思想被引入我国，并在90年代后获得国家层面上的重视。1993年的《中国教育改革和发展纲要》中正式提出“终身教育”的概念，并将其作为“一种新型的教育制度”。1995年的《中华人民共和国教育法》通过法律形式确立了终身教育在我国教育中的地位与作用，强调“建立和完善终身教育体系”，“为公民接受终身教育创造条件”。②

受到终身教育思想的影响，作为“教师职前预备教育”和“一次性终结性教育”的传统“师范教育”，正在逐步为“教师教育”所取代，走向职前、职后教育一体化。教育部《关于“十五”期间教师教育改革与发展的意见》指出“教师教育是在终身教育思想指导下，按照教师专业发展的不同阶段，对教师的职前培养、入职教育和在职培训的统称。”而从教师职业专业化的角度来看，“教师的专业发展贯穿于职前培养与职后进修的全过程，一体化是教师专业发展的必然要求。”③ 教师的继续教育和培训成了教师专业发展整个过程中的一个必要环节，而不仅仅是补充性的或者次要的。教师资格证书需要在多次继续教育和培训中不断加以确认。

显然，实现教师教育一体化是转型的重要内容之一，这不仅是理念的要求，更是现实的需要。根据教育部有关部门提供的信息，截至2000年，我国586万小学教师中，具有大专以上学历的只有20.4%；在324万初中教师中，获得大学本科以上学历的只有14.18%；而在75.68万高中教师中，学历合格的教师只有68.43%；在32万职业中学的教师中，本科以上学历的只有接近40%④。仅就学历补偿教育而言，教师的继续教育就是非常巨大的社会需求，更何况随着我国全面实施素质教育和基础教育课程改革的推进，大量中小学老师需要进行培训，教师的继续教育不仅是一个重大的政治任务，也是一个巨大的市场需求。师范大学作为教师教育的主体，不论从承担推进基础教育发展义务，还是从谋求自身更好发展的角度上来看，都理所当然地

---

① 朗格朗. 终身教育引论［M］. 周南照，陈树清，译. 北京：中国对外翻译出版社，1985.

② 潘懋元. 现代高等教育思想的演变：从20世纪至21世纪初期［M］. 广州：广东高等教育出版社，2008：166-167.

③ 瞿葆奎. 中国教育研究新进展·2000［M］. 上海：华东师范大学出版社，2001：351.

④ 谢维和. 我国教师培养模式的制度改革：兼评当前高等师范院校的改革与转型［N］. 中国教育报，2002-03-02（003）.

应该大力发展教师的继续教育工作，并通过改革，从体制机制和内容上实现职前教育与职后教育的一体化。

同时，随着师范大学大量开设非师范专业，逐步向综合化转型，继续教育不应再局限于教师教育领域，而应该更加紧密结合各行各业继续教育的需求，更好地为企事业单位和社会各界提供更加多元化的继续教育服务。而且，社会对人才的素质要求越来越高，继续教育也不再停留在本专科的层次上，而是逐渐上升到硕士甚至博士层次。随着终身教育理念的确立、知识经济的来临、学习型社会的形成和我国社会经济的快速发展，大量在职人员亟须进行知识和技能的更新，其中孕育的继续教育市场远远超过教师的继续教育。对此，正在走向综合化的师范大学，无论从服务功能拓展的角度来看，还是从把握市场机遇的角度来看，都没有理由袖手旁观，错失良机。与此同时，“终身教育无论作为一种理念，还是作为一种制度，正经历着从满足个人或社会对教育的功利取向的应急需要，转变为适应个人和社会对教育的多元取向的长远需求；从被动地选择教育，转变为自觉地追求教育的发展过程”①。对此，作为集“象牙塔”和“服务站”于一身的、正在走向社会中心的重要组织，师范大学就应该在实现人与社会的多元价值和促进人的终身发展中发挥重要的作用，体现教育对人的终身关怀。

因此，继续教育将成为转型期师范大学亟须加强的领域，而且不再局限于教师教育模式改革的范畴。相对于职前教育，继续教育更是一个复杂的体系（全日制与非全日制；学历与非学历；成人高考、自学考试、网络教育、短期培训等），学生的多样性和复杂性更加明显，而且规模庞大，对师范大学的整体办学必将产生巨大的影响。所以，大力发展继续教育本身就意味着教育模式的变革。

3. 拓展服务与资源

社会服务是教学、科研职能的延伸，转型期师范大学应该在教学、科研发展的基础上，更好地发挥服务社会的功能，促进社会的发展，这既是社会赋予大学的职责所在，也是大学生存发展的需要。显然，社会服务拓展和资源拓展是紧密结合的。在市场经济时代，贡献与回报是相对平衡的，没有贡献就不可能有回报。服务社会既是大学的价值追求和目的所在，也是大学拓展资源的手段和赖以生存的基石，“以服务求发展”是转型期师范大学必须坚持的重要发展理念。

---

① 潘懋元. 现代高等教育思想的演变：从20世纪至21世纪初期［M］. 广州：广东高等教育出版社，2008：11－12.

第一，师范大学亟须更好地发挥社会服务功能。在传统师范大学中，社会服务的职能发挥很不充分，不仅种类相对单一，而且很不深入。在人才培养服务方面，由于主要定位于教师的职前教育，师范大学对教师的入职教育和职后教育重视不够，涉足不深。教师的入职教育和职后教育主要在各类教育学院和教师进修学校中完成，造成职后教育层次低于职前教育的“倒置”现象。不仅如此，由于专守教师培养，非师范专业、应用型专业很少，师范大学对社会各行各业对各类专门人才的巨大需求基本充耳不闻，更缺乏提供相应服务的能力。同时，人才培养服务的不足也反过来影响人才培养的质量。脱离了与用人单位的紧密联系，缺乏对人才培养需求的准确把握，缺少业界某种程度的参与，任何人才培养都只能是瞎子摸象、闭门造车，其人才培养的质量显然是存疑的。因此，人才培养服务既是承担社会功能的需要，也是提高人才培养质量的需要。

在科研服务方面，由于师范大学传统上偏重于基础理论研究，应用研究和开发性研究很少，研究成果多以发表论文和出版著作为主（对教师的学术评价也多以理论性成果发表或出版为导向），应用性的鉴定成果、专利成果和软科学成果很少，更缺少成熟度较高、可以直接应用于产业的成果。而且由于长期自我封闭和自身存在的严重保守性，师范大学与社会各界特别是产业界没有建立密切的联系，产学研合作机制不健全，缺少成果中试、大试和大面积推广的基地，以及与此相关的经费支持和人才支持，许多成果都停留在实验室阶段，成果一经鉴定就算完成任务，有人甚至不无讽刺地将这种成果鉴定会比喻成“盖棺论定会”，其结果是造成本就不多的应用成果被束之高阁。同时，自我封闭也难以避免闭门造车的现象，不仅基础理论研究存在“为科研而科研”的现象，许多应用研究也存在类似的现象，严重脱离实际需要，针对性和实用性严重不足，成为部分高校科研人员的“自娱自乐”。因此其科研服务严重不足，亟待加强。

高校科研服务可以通过与其密切相关的很多指标体现出来，如科技服务课题（俗称横向课题）、鉴定成果、专利授权、专利出售和成果转让等。以1999年全国高校科技统计数据为例，师范院校在上述各项指标中的表现，均明显劣于全国高校的平均水平，其在各类指标上的占比明显低于学校数量的占比，有些指标（如专利出售）更是少得可怜（详见表1-3）。这说明，我国师范院校在科技服务方面确实还存在很严重的不足，亟待改善和提高。

表 1－3　1999 年全国师范院校部分科技指标

比较项	学校数/所	科技服务课题				鉴定成果数/项	授权专利/发明专利/项	专利出售		技术转让	
		课题数/项	占科技课题总数比例/%	当年投入/万元	占科技课题总数比例/%			合同数/项	合同金额/万元	合同数/项	合同金额/万元
师范学院	229	666	7.6	5 870	24.9	431	63/26	1	50	113	2 871
列入统计高校总数	753	21 280	16.6	245 655	28.9	7 380	1 273/405	298	11 187	3973	120 216

资料来源：根据教育部科学技术司编《2000 年高等学校科技统计资料汇编》（采用 1999 年数据）整理。

此外，在综合性社会服务方面，由于自身的保守性和封闭性，师范大学及其成员作为一个整体，与社会环境的互动明显不足，在主动融入国家、地方、社区建设，为各个层面提供综合性社会服务方面也明显不足，在政府决策、社会重大议题研讨、公共事业发展、社区服务等众多议题中常常缺少师范大学的身影，这实际上对其公众形象、品牌建设、美誉度等方面都有不同程度的影响。因此，师范大学在综合性社会服务方面同样亟待加强。

第二，师范大学亟须大力拓展办学资源。正如伯顿·克拉克所描述的那样，在转型期，师范大学面临着严重的“不平衡”状况。一方面，社会的发展要求师范大学承担越来越多的功能，发挥越来越大的作用，作出越来越多的贡献，所有这些都呼唤师范大学尽快实现转型升级，提高自身的办学实力和核心竞争力。而另一方面，师范大学由于内外部的各种原因，面临着巨大的经费与资源缺口，难以承担这种日益膨胀的功能需求，所以大力拓展资源势在必行。师范大学资源不足的原因主要体现在如下方面：

首先，财政性教育投入不足使高校不同程度地面临资源不足的问题。从财政性教育投入的整体水平来看，我国教育投入长期偏低。早在 1993 年，《中国教育改革和发展纲要》就已提出，到 2000 年要使我国财政性教育经费投入占 GDP 的比例达到 4.0%，但实际上该目标一直到 2012 年才实现。从表1－4 可见，1998—2010 年，我国财政性教育投入占 GDP 比例为 2.41%～3.69%，明显低于同期经合组织国家 4.80%—5.40% 的水平。财政性高等教育投入占 GDP 比例为 0.42% ~0.71%，也明显低于同期经合组织国家 1.00% ~1.10% 的水平。

从生均拨款来看，我国高等学校生均拨款增长缓慢。由表 1 – 4 数据可知，在 1998—2010 年，我国“财政性教育投入经费数”和“财政性高等教育投入经费数”从绝对值来看都有较快增长。由表 1 – 4 数据可计算其中“财政性高等教育投入经费数”增长了 7.13 倍，年均增长 19.09%，两者均高于同期本专科在校生的增长（学生数增长 5.55 倍，年均增长 16.95%），但如果将物价增长因素考虑进去，则两者的增长速度非常接近，也就是说，在扣除物价因素后，生均经费基本不变。在个别地区，生均拨款在扣除物价因素后甚至可能出现负增长。如以 A 大学所在的 B 省为例，在 2003—2012 年间，该省高等教育生均拨款一直没有进行调整，而物价却明显提高，实际上等于生均拨款不增反降。

财政性高等教育经费投入水平偏低、生均拨款增长缓慢，使包括师范大学在内的所有高校在资源保障方面长期处在“半饥饿”的状态，只能确保最基本的业务而无法进行更大的业务和功能拓展，而这又与社会越来越大的功能需求构成一对结构性的矛盾。

表 1 – 4 1998—2010 年中国教育投入情况

年度	财政性教育投入			财政性高等教育投入			其中本专科在校生/万人	毛入学率/%
	投入经费/万元	占 GDP 比例/%		投入经费/万元	占 GDP 比例/%			
		中国	经合组织国家		中国	经合组织国家		
1998	20 324 526	2.41	5.00	3 567 538	0.42	1.06	340.87	9.80
1999	22 871 756	2.55	4.90	4 431 601	0.49	1.00	413.42	10.50
2000	25 626 056	2.58	4.80	5 311 854	0.53	1.00	556.09	12.50
2001	30 570 100	2.79	5.00	6 328 004	0.57	1.10	719.07	13.30
2002	34 914 048	2.90	5.10	7 521 463	0.62	1.00	903.36	15.00
2003	38 506 237	2.84	5.20	8 405 779	0.62	1.10	1 108.56	17.00
2004	44 658 575	2.79	5.00	9 697 909	0.60	1.00	1 333.50	19.00
2005	51 610 759	2.82	5.00	10 908 369	0.59	1.10	1 561.78	21.00
2006	63 483 648	3.00	4.90	13 385 881	0.62	1.00	1 738.84	22.00
2007	82 802 142	3.22	4.80	15 983 187	0.60	1.00	1 884.90	23.00

续上表

年度	财政性教育投入			财政性高等教育投入			其中本专科在校生/万人	毛入学率/%
	投入经费/万元	占 GDP 比例/%		投入经费/万元	占 GDP 比例/%			
		中国	经合组织国家		中国	经合组织国家		
2008	104 496 296	3. 48	4. 90	20 035 116	0. 63	1. 00	2 021. 00	23. 30
2009	122 310 935	3. 12	5. 40	22 645 083	0. 66	1. 10	2 144. 66	24. 20
2010	146 700 670	3. 69	5. 40	29 018 026	0. 71	1. 10	2 231. 79	26. 50

数据来源：1. 中国“财政性教育投入经费数”和“财政性高等教育投入经费数”、“财政性高等教育投入占 GDP 比例”根据国家统计局网上公布数据整理；2. “财政性教育投入占 GDP 比例”和经合组织国家“财政性高等教育投入占 GDP 比例”参见马陆亭论文数据，保留小数点后两位①；3. “本专科在校生”和“毛入学率”（保留小数点后两位）参见阎凤桥论文数据②。

其次，扩招使大学面临更加巨大的资源缺口。随着 1999 年扩招政策的实施和大学办学规模的迅速、大幅度增加，许多大学面临办学空间、办学场地（教室、实验室、运动场所、实践场地等）、仪器设备和师资队伍的全面资源不足，这种不足是一种短期内大量增加需求造成的巨大的供给缺口，需要国家和社会在短时间内集中、大量地投入，绝非生均拨款的小幅度缓慢增长（甚至不增长或负增长）所能解决。因此大学的资源不足在扩招的背景下显得尤为突出，资源缺口更加巨大。在这种状况下，许多高校不得不举债进行基础条件建设或者扩建新校区，但这又带来很多新的问题，部分高校甚至因此出现严重的债务危机，面临恶性循环的发展困境。

再次，国家对师范大学转型缺少应有的资源支持。尽管师范大学转型在很大程度上是在国家的强力推动下进行的。但实际上，国家和地方政府并没有为“转型”投入应有的专门经费，转型的要求和功能需求的提高并没有得到资源的有效保障。从拨款和收费政策方面来看，以 A 大学所在的 B 省为例，在 2002 年以前，师范生享受国家学费减免政策照顾，免费上学（1997 年以前）或半费上学（1998—2002 年），当时的常规经费拨款是以学校教师编制数为基准的。从 2003 年后，该省开始对师范生实行全额缴费上学政策，

① 马陆亭，刘红宇. 高教财政投入和社会投入占 GDP 比例的政策价值［J］. 华中师范大学学报（人文社会科学版），2015（1）：150－160.

② 阎凤桥，毛丹. 中国高等教育规模扩张机制分析：一个制度学的解释［J］. 高等教育研究，2013（11）：25－35.

财政拨款开始以学生人数为基准。表面上看，对师范生收取学费似乎增加了师范大学的收入，但实际上由于拨款方式改变后，师范生和非师范生的生均财政拨款完全一样，学生收费部分实际上替代了原来由国家负担的部分，师范大学的生均经费并没有明显的增加，如果学生规模不变则总经费也基本不变。师范大学的战略性转型需要大量的资源作为支撑，转型期巨大的资金和资源缺口如果没办法从其他途径获得补充，转型将举步维艰。

最后，师范大学资源拓展能力亟待提高。众所周知，传统师范大学由于应用型学科偏少、办学观念相对保守、办学环境相对封闭、缺少与社会深度对接的体制机制和人才储备，难以有效满足国家与社会各种各样的现实需求，与社会经济建设的市场环境保持较大的距离，所以筹资渠道比较有限，筹资能力明显不高，其从各级政府和社会获取资源的能力与工科院校、综合性院校相比存在明显的差距。从服务对象来看，在计划经济时代，师范大学主要为中小学等事业单位提供无偿的服务，缺少从服务对象获取资金回报的基础。到20世纪90年代，随着市场经济的逐步发展，师范大学也开始通过各种途径拓展办学经费，但总的来说，经费渠道仍然比较单一。一方面由于应用型学科实力不强，科研服务水平偏低，既无法获得国家重大应用型攻关项目或技术推广项目的巨额经费支持，又无法从横向科研服务和成果转化中获得足够的经费补充。另一方面，由于传统师范大学以师范类专业为主体，且以职前教师培养为主，教育服务体系并不完善，服务的广度和深度都明显不足，从教育服务中获得经费与资源回报的能力仍然比较有限。此外，由于综合性社会服务不足、缺少与社会的紧密联系，师范大学从社会公益组织、企事业单位、校友中获取社会捐赠的能力也明显不高。目前我国社会还没有像国外一样形成为大学捐资助学的传统，而师范大学从社会捐赠获得的资金更是少之又少，在学校办学经费中所占比例很低（当然，这也与其校友大多是中小学教师，企业家较少不无关系）。因此，提高资源拓展能力非常迫切。

总之，转型期师范大学面临着严重的资源制约，只有全面提高自身的资源筹措能力，大力拓展办学资源，才能实现顺利转型和长期的发展。可以说，拓展办学资源既是转型期师范大学追求的重要价值目标，也是支撑其他目标实现的重要基础和途径。

三、体系建构

转型期师范大学所要实现的目标是复杂多样的，而它们又是相互作用和彼此紧密联系的，只有系统地考察，才能避免“只见树木不见森林”的问题，更好地认识、统筹和实现转型的目标。

1. 目标体系的构建

由上述分析可见，“在坚持教师教育办学特色基础上实现自身的综合化发展”是转型期师范大学的总体目标，而提升学术水平、变革教育模式和拓展服务与资源是其需要实现的一级子目标。一级子目标可以进一步分解为二级子目标、三级子目标等，由此形成多层次的目标体系（如表1－5所示，仅列出总体目标和前三级子目标）。根据本文的界定，“价值是指客体的存在、属性及其变化同主体的目的和需要是否相一致或相接近”，转型期师范大学所追求的目标实质上就是其所要实现的价值。

表1－5　转型期师范大学的价值目标体系

总体目标	一级子目标	二级子目标	三级子目标
在坚持教师教育办学特色基础上实现自身的综合化发展	1. 提升学术水平	1.1　提升学科实力	1.1.1　增加重点学科数量 1.1.2　增加学位点数量 1.1.3　拓展学科新领域 1.1.4　提高学科融合度 1.1.5　提高学科排名
		1.2　提升队伍实力	1.2.1　扩大教师队伍规模 1.2.2　优化教师队伍结构 1.2.3　扩大高层次人才规模 1.2.4　增加高层次创新团队数量 1.2.5　提高教师队伍学术竞争力
		1.3　提升科研实力	1.3.1　提高项目竞争力 1.3.2　提高成果产出能力 1.3.3　提高科研服务能力 1.3.4　增加科研机构数量 1.3.5　提高科研排名
		1.4　提升研究生培养能力	1.4.1　增加学位点数量 1.4.2　扩大研究生培养规模 1.4.3　提高研究生培养质量

续上表

总体目标	一级子目标	二级子目标	三级子目标
在坚持教师教育办学特色基础上实现自身的综合化转型	2. 变革教育模式	2.1 推进专业综合发展	2.1.1 增加非师范专业与非师范生数量 2.1.2 完善师范专业
		2.2 改革本科培养模式	2.2.1 改革师范教育模式 2.2.2 构建多元化、综合性人才培养模式 2.2.3 提高本科人才培养质量
		2.3 强化研究生教育	2.3.1 增加学位点数量 2.3.2 扩大研究生培养规模 2.3.3 提高研究生培养质量
		2.4 拓展继续教育	2.4.1 完善继续教育体系 2.4.2 拓展继续教育规模 2.4.3 提升继续教育质量
	3. 拓展服务与资源	3.1 提升服务能力	3.1.1 提升教育服务能力 3.1.2 提升科研服务能力 3.1.3 提升综合社会服务能力
		3.2 拓展办学资源	3.2.1 拓展办学空间 3.2.2 拓展办学经费

值得一提的是，如前所述，研究生教育在教学与科研之间架起桥梁，因此提升研究生培养能力和发展研究生教育，既是“提升学术水平”的子目标，也是“变革教育模式”的子目标，只不过角度不同而已。同理，“增加学位点数量”既是学科建设的需要，也是发展研究生教育的需要；“提升科研服务能力”既是“提升科研实力”的体现，也是“提升服务能力”的核心内容；“拓展继续教育”既是“变革教育模式”的重要内容，也是“提升教育服务能力”的重要内容；等等。因此，上述的“目标体系”仅仅是一个大致的划分，各个目标之间并非没有联系和交叉。在转型过程中，师范大学需要努力实现上述的这些目标，至于这些目标的划分和“位置”实际上仅仅是出于分析和论述的需要。在下文的相关论述中，笔者将根据便于分析和论述的原则处理相关的内容。

2. 目标体系中的“目的价值”与“手段价值”

面对内外部越来越多的价值需求，师范大学必须在转型中不断提高自身的价值创造能力，并不断创造各种价值，更好满足各种不同的需求。因此，“转型”是提高价值创造能力的过程（实际上，“提高价值创造能力”也是一种价值创造），也是直接进行创造价值的过程。价值创造是主体的主动作为，其主体性或主动性体现为价值选择的自由，价值选择是价值创造的重要环节。价值选择既包括“目的”（价值目标）的选择，也包括“手段”（价值创造手段）的选择。转型期师范大学价值目标体系的形成，实际上既包括“目的”的选择，也包括“手段”的选择。

价值论认为，价值目标是多种多样的，而且是具有层次性的，价值目标和实现目标的手段之间是相对而言的，某一层级的价值目标往往既是实现更高层级价值目标的“手段价值”，也同时是下一层级价值目标努力实现和追求的“目的价值”[①]。从上述的价值目标体系可见，总体目标是一级子目标的“目的价值”，而一级子目标则是总体目标的“手段价值”；一级子目标是二级子目标的“目的价值”，二级子目标是一级子目标的“手段价值”；其他依此类推。因此，对于某一层级的目标而言，它既可以是“目的价值”（相对于下一层级目标而言）也可以是“手段价值”（相对于上一层级目标而言）。从更广的视野来看，除了所谓的“终极价值”（如果有）以外，任何层级的价值都有更高一级的价值，也都可以分解为更下一级的价值，所以任何价值都同时承担“目的价值”和“手段价值”两种角色。显然，上述的目标体系只是列出了主要的几个层次，远远没有穷尽也很难穷尽。从广义上来讲，一切增加了价值的活动都可以看作价值创造。因此，实现任何层级的目标都代表了价值的创造，同时也代表了为实现更高层级的价值配备了更好的“手段”。

总之，转型期师范大学所要实现的目标，是一个多层次的庞大的价值体系，“转型”的过程就是不断实现这些目标、不断创造价值的过程。师范大学要想顺利实现转型，就必须在战略调整的基础上，从大处着眼，小处着手，充分调动学校各个层面的积极性和创造性，有效整合各种有用资源，积极利用各种有利机会，不断创造新的价值。

① 李德顺. 价值论［M］. 北京：中国人民大学出版社，2007：125－133.

第二章　创业：实质与要素

内外部环境的急剧变化，给师范大学带来巨大的转型压力，需要师范大学变压力为动力，化被动为主动，以巨大的勇气和创业的精神推动自身的变革，主动适应新的环境，在新的“生态位”中谋求新的发展，获得新的平衡。通过前文的分析，可以发现，环境的变化尽管形态多样，但其核心是价值需求的变化，师范大学要想在新的环境中获得新的发展，就必须有效回应和满足新的价值需求。因此，能否顺利实现转型，其关键在于师范大学能否准确把握环境需求的新变化，从变化中洞察新的机会，通过改革创新，整合各种资源与力量，利用新机会，积极创造满足环境合理需要的价值，并实现自身的发展。而“资源整合”“机会利用”和“价值创造”等正是创业理论的核心范畴。

第一节　创业本质与“转型”实质

从创业视角来审视、探讨师范大学的转型问题，首先必须准确把握创业的内涵和本质。在这方面，目前已有大量的研究积累。虽然这些研究观点不尽相同，但仍然能够为本研究提供重要的理论基础。

一、创业内涵与本质

在中文中，创业一词最早出现在《孟子·惠王下》：“君子创业垂统，为可继也。”这里创业的意思是指“开创基业”。又如诸葛亮《出师表》：“先帝创业未半而中道崩殂”，也是此意。所以在《辞海》中，创业被解释为“开创基业”。《现代汉语词典》认为创业是指“创办事业”。

在英语中，“创业”一词有多种表达，如表示创业企业的有 Venture 和 Start - up，表示创业者的用 Entrepreneur，表示创业行为、创业活动的有 Venturing 和 Entrepreneurship。作为专业研究术语的“创业”一词，普遍使用

Entrepreneurship。[1] 现代意义上的创业（Entrepreneurship）概念可追溯到200多年前的法国。1775年，法国的经济学家理查德·康替龙（Richard Cantillon）将创业者（Entrepreneur）和经济中承担的风险联系在一起，这是创业的第一次定义，即创业代表着承担风险。[2]

关于创业定义与内涵的论述众多，视角和观点各异。如熊彼特（Schumpeter，1934）认为，创业是“实现企业组织的新组合——新产品、新服务、新原材料来源、新生产方法、新市场和新的组织形式”[3]。加特纳（Gartner，1985）认为，创业是“新组织的创建”[4]。洛瓦（Low）和麦克米伦（Macmillan）认为“创业就是创办新企业”[5]。谢恩（Shane）和文卡塔拉曼（Venkataraman）认为“创业就是发现和利用有利可图的机会”[6]。创业学大师杰弗里·蒂蒙斯（Jeffry A. Timmons）和小斯蒂芬·斯皮内利（Stephen Spinelli，Jr）等认为“创业是一种思考、推理和行动的方法，它不仅要受机会的制约，还要求创业者有完整缜密的实施方法和讲求高度平衡技巧的领导艺术”[7]。马克·J·多林格（Marc J. Dollinger）认为，“创业就是在风险和不确定性条件下，为了获利或成长而创建创新型经济组织（或者经济网络）的过程”[8]。其他的论述还有很多。

因此，尽管“创业”一词已使用200多年，但目前还没有一个统一的定义。加特纳（Gartner，1990）采用德尔菲法，调查了36位学者和8位商界领袖，归纳出了90个创业属性，发现使用最多的是“新事业的创造、新风险企业的发展、新事业附加价值的创造、通过整合资源和机会的产品或服务创造、为了抓住感知机会的资源筹集、创新”等[9]。

莫里斯（Morris）等人（1994）对1982—1992年出版的管理类学术刊物

---

① 张玉利，李乾文．创业导向、公司创业与价值创造［M］．天津：南开大学出版社，2009：14．

② 胡萍，谢磊，沈键，等．国内外创业理论研究综述［J］．浙江树人大学学报，2008（6）：52-56．

③⑧ 多林格．创业学：战略与资源［M］．王任飞，译．北京：中国人民大学出版社，2003：6．

④ GARTNER W B. A conceptual framework for describing the phenomenon of new venture creation［J］. Academy of Management Review，1985，10（4）：696-706．

⑤ LOW M B，MACMILLAN I C. Entrepreneurship：past research and future challenges［J］. Journal of Management，1998，14（2）：139-161．

⑥ SHANE S，VENKATARAMAN S. The promise of entrepreneurship as a field of research［J］. Academy of Management Review，2000，25（1）：217-226．

⑦ 杰弗里·蒂蒙斯，小斯蒂芬·斯皮内利．创业学［M］．周伟民，吕长春，译．北京：人民邮电出版社，2005：23．

⑨ GARTNER W B. What are we talking about when we talk about entrepreneurship［J］. Journal of Business Venturing，1990，5（1）：15-28．

和教材出现的75个创业定义所做的内容分析发现，出现最多的定义是开始、创建、创造；新事业、新企业；创新、新产品、新市场；追逐机会；风险承担、风险管理、不确定性等。关于创业的本质，莫里斯概括为七大方面：财富的创造、企业的创造、创新的创造、变革的创造、雇佣的创造、价值的创造和成长的创造①。

张玉利、李乾文课题组（2009）在国内所做的调查研究发现，关于创业最多的含义分别是：①新事业、创办新企业等；②新创意、新思路、新理念等；③自我价值实现、独立创业、自己做老板等；④新市场、新方法、新手段、创新等；⑤新机会、机会开发、机会利用等；⑥新价值、创造价值等；⑦新资源、资源整合等；⑧创意的实现过程、机会的识别与实现过程等②。而创业活动的本质可以概括为机会导向、创造性地整合资源、价值创造、超前行动、创新与变革和顾客导向六方面③。

尽管创业定义众多，对其本质的理解各异，但史蒂文森（Stevenson）的定义似乎更加综合并被广为接受。他认为，创业是不拘泥于当前资源条件限制下的对机会的追寻，是“通过整合一系列的资源，利用机会来创造价值的过程”（史蒂文森等，1999）④。其定义包括四方面的内涵：第一，创业是一个过程；第二，创业者创造了新的价值；第三，创业者以独特的方式整合资源（而其中的资源并不局限于自身所有的资源）；第四，创业是机会驱动的过程。该定义侧重于从行为的角度研究追求机会的过程，张玉利认为它“体现了资源观与机会观结合的视角”⑤。而在笔者看来，该定义的重要意义还在于明确阐明创业的本质在于它是“一种价值创造的过程”，是一种充分体现人的主体性的价值追求。

在本文中，采用史蒂文森的“创业”定义，认为创业是主体通过整合一系列的资源，利用机会来创造价值的过程。而创业的主体就是创业者，可以是个体或群体，包括创业负责人（或称创始人、带头人、领导者、创业家等）和创业团队。

---

① 莫里斯，库拉特克．公司创业：组织内创业发展［M］．杨燕绥，等译．北京：清华大学出版社，2005：17.

② 张玉利，李乾文．创业导向、公司创业与价值创造［M］．天津：南开大学出版社，2009：17－18.

③ 张玉利，李乾文．创业导向、公司创业与价值创造［M］．天津：南开大学出版社，2009：22－24.

④ STEVENSON H H，GROUSBECK H I，ROBERTS M J，et al. New Business Ventures and Entrepreneur［M］. Homewood：Irwin. 1999.

⑤ 张玉利，李乾文．创业导向、公司创业与价值创造［M］．天津：南开大学出版社，2009：18.

二、组织创业及其特点

在创业理论产生的很长一段时间里，创业研究关注的重点是个体的创业和新组织的创建。对组织创业行为的关注始于20世纪80年代，公司创业（组织创业）理论的产生开辟了创业理论发展的新领域，可以为师范大学创业提供重要的理论基础。

1. 公司创业/组织创业的内涵

公司创业（Corporate Entrepreneurship，CE）的概念由米勒（Miller）于1983年提出①，用于描述在已定型（成熟）的组织内的创业行为，不同的学者采用不同的术语进行表述，如组织创业、内创业、公司内部创业、公司创意等，而“公司创业”是使用最为广泛的术语。虽然公司创业理论重点关注的是营利性商业组织的创业，但随着其不断地发展，它已经被广泛地应用于包括营利性组织和非营利性组织在内的各种各样的组织，所以也被称为“组织创业”。在本文中，主要利用公司创业的相关理论来研究师范大学的创业，采用“组织创业”显然更为合适。但由于目前大部分的文献仍然采用“公司创业”的术语，为避免使用上的不便，本文同时使用“公司创业”和“组织创业”两个术语或者将其混用，具体根据语境而定。

公司创业可以存在于各种组织中，强调的是在现有组织基础上的创新。由于使用术语的差异和视角的不同，不同学者对公司创业的定义有所差异，但大致相同。例如，科文（Covin）和斯莱文（Slevin）认为，公司创业就是公司内部通过创造新的资源组合途径，以扩展公司能力范围和机会（1991）。古兹（Guth）和金丝伯格（Ginsberg）认为公司创业包括两种基本类型：在已建公司中创建新业务、组织转型或战略更新（1990）。科文和迈尔斯（Miles）提出公司创业的四种类型：持续开发新产品或新市场、组织年轻化、战略更新、重新定义事业领域（1999）。平肖（Pinchot，1985）认为内创业（Intrapreneurship）是指发生在公司或独立的战略业务单位（SBU）内部的、以创建内部试验市场、改进管理和技术为目的的创新活动。②

沙玛和克里斯曼（Sharma & Chrisman，1999）认为，公司创业是指通过个体或群体，与已定型的公司联合，在当前组织内创造新机构或鼓励更新或创新的过程。根据该定义，公司创业最重要的部分包括战略更新（组织复

---

① 张玉利，李乾文．创业导向、公司创业与价值创造［M］．天津：南开大学出版社，2009：50.

② 张映红．公司创业战略：基于中国转型经济环境的研究［M］．北京：清华大学出版社，2005：34－36.

兴，包括重要的战略和/或结构变革）、创新（将新东西引入市场）和公司风险（公司组织内导致新业务机构产生的公司创业努力）。①

张映红在总结已有研究基础上，提出"公司创业就是与已建公司紧密联系的创业决策、过程及其结果。它是建立在识别市场机会和资源新组合基础之上，以创新和战略变革为核心的组织行为和组织特征"。而"创业型公司就是在公司的战略决策、经营管理哲学和经营实践中表现出创业风格的公司，即在产品和服务方面持续创新、具有冒险精神、先动或积极地发起变革、积极参与竞争、具有柔性、敏捷等组织特征的公司"②。

由此可见，公司创业是与"启动创业"③（由个体或团队创立新组织）相对应的，发生在已建组织身上的创业，目的在于通过主动创新和组织变革，保持组织活力，扩展组织能力，更好地把握机会，创造价值，并实现自身的持续成长。综合上述研究者的论述，并结合上文对创业的定义，本文认为：公司创业（或组织创业）是已建组织及其成员作为一个整体（创业主体），以创新和战略变革为核心手段，通过整合一系列的资源，利用机会来创造价值的过程。

公司创业至少包括几方面的内涵：首先，公司创业是创业的一种，同样是主体通过创造性整合一系列的资源，利用机会来创造价值的过程；从本质上来看，它与其他的创业形式并无不同。其次，公司创业是已建组织的创业（而不是创建一个新组织），即已建组织及其成员作为一个整体的创业；这种创业可能是战略层面上的，也可能是战术层面上的，范围可大可小，具体实施创业行为的可能是组织的全体成员、部分成员，也可能是组织中的少数个体，但是不论哪种情况，都是代表组织的创业行为，是已建组织及其成员作为一个整体的创业。最后，公司创业是一系列以创新和战略变革为核心的组织行为和组织特征，而创新和战略变革的最终目的都在于利用机会来创造价值。

值得一提的是，有学者将组织创业称为"内创业"，容易给人产生创业过程仅仅发生在组织内部的感觉。实际上，从不同的角度来解读，组织创业同时具有"内部性"和"外部性"。从表现形式上来看，组织创业往往由组

① 莫里斯，库拉特科．公司创业：组织内创业发展［M］．杨燕绥，等译．北京：清华大学出版社，2005：23.

② 张映红．公司创业战略：基于中国转型经济环境的研究［M］．北京：清华大学出版社，2005：50.

③ 莫里斯，库拉特科．公司创业：组织内创业发展［M］．杨燕绥，等译．北京：清华大学出版社，2005：41.

织内部的个体或者群体启动和实施创业项目，在很大程度上表现为组织自身的战略变革与创新，既可能是全面的改革创新，也可能仅仅是某些细小环节或某些方面的改革创新，更多利用组织自身内部的资源并受组织内部环境更大的影响，因此表现出明显的“内部性”。但另一方面，组织创业是组织及其成员作为一个整体（创业主体）的创业，本质上仍然是创业主体整合资源以利用机会创造价值的过程，不管经历怎样的内部过程（不论是组织战略的调整，产品、服务、技术和流程的更新，机构、制度、机制、管理手段的改革创新，还是资源的创造性组合），其最终的指向都是对外的，都在于“以组织的名义和整体对外形象”为组织的顾客创造价值（以新产品、新服务、新技术、新流程等价值形式输出），并从外界获取相应的回报，实现自身的成长（实现自身的成长同样是一种价值创造）。因此，它又具有明显的“外部性”。从这个角度来看，其“内部性”过程可以被看成其“外部性”完整过程的一个片段或者环节。

2. 组织创业与启动创业的主要区别

作为一种重要的创业形式，组织创业尽管具有创业所共有的本质特征，但相对于由个体或团队创立新组织的“启动创业”而言，它也具有一些不同的特点。莫里斯等从风险承担、创业环境等方面比较了它们的不同特点①（如表2－1）：

表2－1　组织创业与启动创业的主要区别

启动创业	组织创业
创业者承担风险	组织承担风险，除了与职业相关的风险
创业者拥有“概念”和业务	组织拥有“概念”，尤其以与“概念”相关的知识产权力为代表
创业者拥有全部或大部分业务	创业者在组织内可能没有股票，或者占非常小的百分比
创业者的潜在回报是无限的	创业者可以得到的回报有明显的限制
走错一步将意味着失败	宽容失败，组织能承担失败
对外部影响非常脆弱	对外部影响更为绝缘

① 莫里斯，库拉特科．公司创业：组织内创业发展［M］．杨燕绥，等译．北京：清华大学出版社，2005：43．

续上表

启动创业	组织创业
创业者的独立性（虽然成功的创业者通常有很强的团队支持）	许多支持者的相互依赖；也可能与许多人分享利益
在改变过程、试验或尝试新方向中具有弹性	规章、过程以及官僚主义阻碍组织的机动能力
决策的高速度	更长的批准周期
极少的安全感	工作安全
人少，没有人可以交流	广泛的思想冲击网
有限的规模和范围，至少在开始时	快速的大规模和范围潜能
严重的资源限制	实验时可以得到财务、研发和生产辅助，确定的销售力量，现存的品牌，现存的分销渠道，现存的数据库和市场研究资源以及现存的顾客基础

三、“转型”的实质

从转型的背景、动因和所要实现的价值目标来看，“转型”涉及师范大学从发展战略到具体发展策略的全方位的变革，任务非常艰巨。显然，要实现这些目标，按部就班、墨守成规、按照惯性继续往前发展肯定是不行的，师范大学只有以改革创新的精神，大胆创业，才能实现自身的顺利转型。而从创业的视角来看，组织转型本身就是组织创业的最重要形式，推动和实现转型的过程实质上就是创业的过程，其本质是价值的创造。

1. 组织转型是影响最深远的组织创业形式

转型是相关领域或相关事物发生的一种系统化的、大规模的和带有根本性的转变过程，往往与内外部环境的急剧变化密切相关。对于任何组织而言，组织转型都是组织的一次“再生”，不仅意味着组织发展战略的调整和变革，也意味着其原有模式和形态的根本性转变，其目的在于通过转型实现自身的优化提升，顺应环境的变化，维持组织自身与环境的动态平衡。具体来讲，组织转型往往包括管理理念、思维方式和价值观等方面的巨大变革，并伴随着组织使命、组织战略、组织结构、组织行为方式和运行机制等方面的全方位变化。任玉珊认为，大学组织转型是大学使命和特征的深层次变革；领导变革、资源变革、结构变革、流程变革和文化变革是大学组织转型最重要的五个方面①。

根据组织创业的概念，创新和战略变革是组织创业的核心，组织转型显然属于组织创业的范畴，而且是覆盖面最广、影响最深远的组织创业。

2. 师范大学转型涉及组织创业的所有层面

尽管不同学者对组织创业概念和内容的界定并不完全一致，但综合来看，组织创业至少包括如下几方面的内容：一是战略更新或组织转型，涉及市场、战略、策略、产品和组织内部各因素的整体性的调整更新与变革。二是创新，通过创新将新产品、新服务、新技术、新方法等“新东西”引入市场（“新东西”是相对而言的，可以是全新的产品、服务、技术与方法等，涉及新业务的拓展，也可以是对原有产品、服务、技术与方法的改进更新，是对原有业务的改进）。三是通过创立新业务部门或商业组织来开拓新业务（即沙玛和克里斯曼所称的“公司风险”，从表现形式上，它类似于创建新企业的创业，只不过是在组织创业的框架中进行的）。四是为了支撑上述三种创业形式、提高机会把握能力和资源整合能力而进行的各种组织内部的改革与创新，包括管理体制机制、业务流程、运作模式等的改革创新等。

师范大学转型是典型的战略性组织转型，从表面上看，它似乎仅仅是组织创业具体形式中的一种，但实际上，组织创业的各种形式之间并非处于同一个层级，战略更新与组织转型是层级最高、覆盖面最广、影响最深远的组织创业形式，转型实际上将涉及组织创业的所有层面和类型。显然，战略层面上的变革或者转型，对组织的影响是全方位和全局的，必然带来组织在发展战略（战略目标、战略思想和战略实施路径等）、市场定位、产品与服务、组织结构与组织模式等全方位的调整、更新与变革，新产品（或新服务、新技术等）或新市场的开发、新业务部门的创立、组织内部的改革创新等必然成为组织转型的重要内容和重要支撑，缺少这些内容，战略转型就是空的。从师范大学转型所要实现的价值目标（表1－5）可见，“转型”的总体目标必须由一系列具体的目标作为支撑，“转型”涉及所有的层面：战略更新，如从传统师范大学向综合性（师范）大学的转型，从教学型大学向教学研究型大学的转型等；“新产品”开发，如非师范生的培养，新的人才培养类型的推出，师范生的质量提升（为旧产品注入新的附加值）等；新业务部门或商业组织的创立，如高校为了转化科研成果而成立科技型公司或产业集团，

① 任玉珊．应用型工程大学的组织转型［J］．高等工程教育研究，2010（6）：150－153．

为了开拓网络教育新业务而成立网络教育学院等；组织内部改革创新，如学校管理体制机制改革、教学科研制度改革、人事制度改革等。

3．师范大学亟须以创业精神推动自身的转型升级

虽然并非所有的创业都可以取得成功，但已有大量研究表明，在大多数情况下，组织创业精神与组织业绩之间存在正相关关系。在当今世界，创业精神已经成为推动时代发展的重要精神，也是推动组织发展的强大精神动力。早期的创业研究重点从创业者个体的独特个性方面来理解和研究创业精神，而组织创业则主要从组织层面来理解和研究创业精神，但不论是从个人层面来讲，还是从组织层面上来讲，创业精神都至少包含有如下一些共同的精神特质：创新精神——创新精神是创业精神的核心，创业精神总体上代表了一种以创新为基础的思考和行动方式；机会意识与领先行动——保持对市场机遇的敏锐性，努力发掘和开发身边的机遇，时刻为机遇的出现做好准备，在机会出现时采取先发制人的竞争策略；冒险精神——具有风险承担精神，在面临环境不确定性时能采取大胆行动，接受挑战并勇于开拓未知世界；勇于担当——敢想敢做，敢于担当，勇于实践；成就渴望——拥有强烈的成就动机和使命意识，能为目标的实现激励自我并不懈努力，积极进取，艰苦奋斗；等等。

社会学的研究方法表明，当个人或组织处于不利的位置时，他们自我实现的欲望更加强烈，他们更加可能表现出“穷则思变、破釜沉舟”的创业精神。[①] 在转型期，师范大学面临着生存和发展的巨大困境，亟须以创新创业精神为动力，充分发挥自身的主体精神和主体意识，以积极进取的精神，推动学校的战略调整和全方位的改革创新，在高度复杂、高度不确定的环境中，抢抓内外部环境变化带来的新机遇，创造性整合各种内外部资源，创造各种满足社会需求的价值，并促进自身的成长，实现自身的价值。唯有如此，师范大学才能真正实现自身的转型和升级。在此过程中，因循守旧、墨守成规、瞻前顾后、不思进取等都将与这一巨大的变革格格不入，也必将断送改革发展的大好时机，顺利转型显然是不可能实现的。

4．师范大学转型创业的实质是寻求新机会创造新价值

价值需求是价值创造的前提。从转型的背景和动因可见，转型的根本原因是内外部环境变化所带来的社会需求的变化，以及与之相应的大学自身价值需求的变化。而这种需求的变化既意味着师范大学原来所创造的价值客体或价值“产品”的不适应，也意味着新的价值需求或新的价值“产品”创

---

① 多林格．创业学：战略与资源［M］．王任飞，译．北京：中国人民大学出版社，2003：41．

造的必要性，这种必要性正是推动转型的强大动力。除了必要性，新的价值创造还需要具备可能性，这种可能性就是创业的机会，往往表现为由内外部环境各因素相互作用而产生的有利条件，包括这种有利条件出现的时机。在转型过程中，师范大学必须及时把握和利用这种“可能性”，通过创造性的工作，有效整合各种内外部资源，创造新的价值客体，满足内外部价值主体的新需要，在服务社会的同时促进自身的发展。

因此，师范大学转型创业的实质是寻求新机会创造新价值。它所要实现的重点目标实际上包括两个层面：第一个层面是通过转型直接利用新机会、创造新价值，转型的过程就是新价值创造的过程；第二个层面是通过转型，提高自身把握新机会、创造新价值的能力，即转型的目标在于“价值创造能力提升”（当然从另一个角度来讲，“提升能力”本身也是一种价值创造）。在转型过程中，两者往往是相互交织在一起的，难分彼此。如以提高学术水平为例，提升学术水平既是社会的需求也是师范大学自身的价值需求，因此通过转型提升学术水平本身就意味着创造了满足社会与大学自身需要的价值。同时，学术水平提升又是“能力提升”的核心内容，学术水平提升意味着师范大学将有能力创造更多新的学术产品和学术价值。实际上，学术水平提升的过程与学术价值创造的过程往往是互为因果、相互支撑、难分彼此且同步进行的。

5. 转型期师范大学必须实现社会价值与自我价值的平衡

在转型期，师范大学既要创造社会价值，又要创造自我价值，而且需要实现社会价值与自我价值的协调与平衡。

首先，师范大学转型创业必须有利于其更好地创造社会价值。教育的外部关系规律告诉我们，教育必须与社会发展相适应，既受一定社会的经济、政治、文化等的制约，又对一定社会的经济、政治、文化等的发展起作用，以推动社会的进步。[①]“受制约”是前提，要求教育要遵循社会发展的规律，按规律办事。只有这样，教育才能更加有效地发挥社会服务的功能。“起作用”是目的，也是教育存在的合法性基础，教育如果不能为社会发展服务就将面临消亡的命运。在任何社会和任何国家中，高等教育都受到生产力发展水平、科技发展水平、社会制度、文化传统等的制约，也都为一定社会和国家的经济建设、社会制度建设、科技与文化建设作出贡献。大学的教学、科研、社会服务、文化传承与创新等职能，无不体现出大学的社会功能。因此，尽管在不同时期的不同大学中，社会服务的方式不尽相同，服务能力和

① 潘懋元，王伟廉. 高等教育学［M］. 福州：福建教育出版社，2007：37.

服务水平也有明显差异，但作为一个担负特定社会功能的社会组织，创造社会价值是大学与生俱来的使命，即使是在相对封闭的早期大学中，创造社会价值都是其不可分割的重要组成部分，不管这种价值创造是自觉的还是不自觉的。

显然，社会价值需求的变化和传统师范大学满足需求能力不足之间的矛盾，是推动转型的深层次原因。师范大学转型的根本出发点就在于通过组织变革，提高自身的价值创造能力，更好地满足社会的价值需求，并谋求自身更好地发展。因此，转型的成功与否，必须以是否有利于创造满足社会需要的价值为标准。

其次，师范大学转型创业必须有利于自我价值的实现。除了社会的价值需求，任何组织都还有自身的价值需求，这是“人”（组织是群体的“人”）的主体性的根本体现，师范大学也不例外。在服务社会的前提下，实现自身的成长是任何组织追求的核心目标和出发点。对于商业组织而言，获利和成长是组织创业的出发点。对于“不得以营利为目的”的我国公立大学而言，“获利”显然不是目的，而是手段，是促进大学“成长”和更好发挥社会服务功能的重要手段（当然，师范大学的创业并不排除“获利”，只是不能以“获利”为目的）。

因此，促进自身的成长是师范大学转型创业的自我价值的根本体现，是将自身的发展作为自己的价值客体，是“人”的自我对象化。① 对于商业组织而言，成长往往意味着拥有更多的职员、开展更多的业务、服务更多的顾客等。对于师范大学而言，成长意味着学术水平的提高、办学质量的提升、社会服务能力的提高、社会声誉和社会地位的提升、办学资源的拓展、办学规模的扩大、教师与学生的更好发展等，而学术提升显然是其中的关键。

作为一个价值的“群体主体”，师范大学的自身价值需求与自身的组织属性密切相关。作为一个学术性组织，发展学术显然成为师范大学最重要的价值需求，包括“转型”在内的一切改革与创新，都需要以是否有利于学术发展为基本取向。在世界高等教育的漫长发展历史中，大学形成了以学术精神为核心的大学精神，与之相应，学术自由成为大学的核心价值。教育的内部关系规律告诉我们，教育除了受到外部关系的影响制约，还受到内部关系的影响制约，必须同时遵循内部关系的规律。尽管对于教育内部关系规律的认识可以从不同角度和维度进行（如从教育功能的角度、从人的发展的角

① 李德顺. 价值论［M］. 北京：中国人民大学出版社，2007：158.

度、从教育过程的角度、从学校教育管理的角度等①)，但对于高等学校而言，遵循学术发展的自身规律是内部规律的核心。因此，师范大学转型必须遵循大学学术发展的规律，有利于实现自身的学术价值。

除了学术水平提升，办学质量的提升、社会服务能力的提高、社会声誉和社会地位的提升、办学资源的拓展、办学规模的扩大、教师与学生的发展等同样是大学追求的价值。虽然学术价值是大学的核心价值，但并非唯一价值，而且大学学术价值的实现，也需要一系列条件的保障，需要以一系列其他价值的实现为前提。只有大学在人、财、物等一系列资源条件得到有效保障的前提下，大学的学术价值才有更好实现的可能。因此，“转型”必须有利于师范大学创造一系列满足自身需要的价值，最终促进自身的成长。

同时，大学作为价值的主体，是一种“群体主体”，大学的“自我价值”实际上是大学成员价值的整体性反映，构成大学的师生个体、部门单位“小群体”和大学这个“大群体”之间的价值既有联系又有区别。师范大学在转型过程中必须在努力实现自身整体价值的基础上，尽量满足不同个体和“小群体”的价值需求，如学生对高质量教育和全面发展的需求，教师对自身发展和待遇提高的需求，学院对学术发展、地位提升和拥有更多自主权的需求，等等。没有这些价值需求的满足，学校的整体价值就不可能实现。当然，需要说明的是，由于本文所论述的重点是师范大学战略层面的转型创业，所以重点关注的是整个学校层面上的价值创造和实现问题，但并不说明，个体层面和“小群体”层面的价值创造和价值实现问题并不重要。

最后，转型期师范大学必须实现社会价值与自我价值的协调与平衡。作为非营利性的组织，大学办学以追求社会效益为主，师范大学的社会价值与自我价值总体而言是辩证统一的。在转型期，师范大学通过创业更好地创造社会价值，并在服务社会的过程中实现自身的成长，从这个角度来讲，服务社会是成长的必经“途径”，而成长是“目的”；而另一方面，师范大学成长的内容和目的总体上都在于更好地提高自身的社会服务能力（包括直接的服务与间接的服务），为社会创造更多的价值（实际上是将社会价值需求“内化”为自己的价值需求），从这个角度来讲，成长又是服务社会的“途径”，而服务社会是“目的”。因此，服务社会与自身成长互为因果，相互促进，自我价值与社会价值总体上是统一的。但不可否认，师范大学的自我价值与社会价值之间又是有区别的，在某些时候也可能并不一致。比如，当大学为了自身的成长而变得非常功利、唯利是图时，就会罔顾甚至侵害社会

① 潘懋元，王伟廉．高等教育学［M］．福州：福建教育出版社，2007：46.

的公共利益和社会价值；当大学与社会之间没有建立良性的回馈机制时，大学对社会超负额的奉献就可能以损害大学自身的发展和价值为前提。因此，在转型期，师范大学必须协调和平衡社会价值与自我价值之间的关系，实现社会价值与自我价值的双赢。

通过具体分析，我们可以发现，转型期师范大学的三大核心目标，无不体现出社会价值与自我价值的辩证统一：首先，“提升学术水平”是大学作为一个学术组织自身永恒的价值追求，是作为整体的大学和作为个体的大学成员的奋斗目标；同时，“提升学术水平”也是大学提高教学、科研服务能力和综合性社会服务能力的保证，并通过高水平的学术服务体现出来，是政府和社会的殷切期望，因此也是社会价值的体现。其次，“变革教育模式”是师范大学谋求自身更好成长的需要，体现了自身在办学规模扩大、办学结构优化、办学质量提升、业务范围扩展、人才培养服务多样化、办学声誉提高等方面的价值需求；另一方面，“变革教育模式”最根本的出发点就是为了适应社会对人才培养需求变化的需要，不论是非师范专业的建设和专业的综合化发展，还是对人才培养模式的改革优化、研究生教育和继续教育的发展，无不体现出社会的价值需求。最后，“拓展服务与资源”同样体现了社会价值与自我价值的统一，服务拓展提高了社会价值创造的能力，也提高了资源拓展的能力，服务拓展的过程往往同时就是资源拓展的过程，办学资源拓展既是师范大学成长的支撑和自我价值的体现，也通过自身的成长更好地创造社会价值。

值得一提的是，在历史和现实中，就高等教育的发展方向问题，一直存在社会导向和学术导向的争论，不同时期的不同大学也往往作出不同的选择。“社会导向”指以社会为本位，引导高等教育（和高等学校）朝满足社会政治、经济、文化等现实需要的方向发展；强调知识的工具需要和现实社会价值的实现。“学术导向”指以学术为本位，引导高等教育（和高等学校）朝满足人类理性精神需要的方向发展；崇尚“纯粹的学术”，强调增进人类科学文化知识和知识的理性需要，满足人类社会长远发展需求[①②③]。由于学术价值是大学的核心价值，因此，社会价值与大学自我价值的关系，就在很大程度上体现为“社会导向”与“学术导向”的关系。

应该说，社会导向和学术导向分别代表了高等教育发展的两种极端的价

① 王伟廉．试论高等教育思想中的基本理论问题［J］．教育研究，1994（7）：17－22.

② 黄亲国．高等教育的学术导向和社会导向［J］．现代教育科学，2004（3）：17－19.

③ 王德林．西方高等教育学术导向与社会导向的历史演变［J］．交通高教研究，2003（4）：38－42.

值取向，两者都既有自身的合理性和优势，也具有自身的局限性，只有坚持两者的辩证统一，实现两者的有机融合，才能确保大学的健康发展。在转型过程中，师范大学应该在社会导向与学术导向中寻找平衡点，从而实现社会价值与自我价值的平衡。一方面师范大学要积极融入社会，主动适应社会的发展，为社会经济、政治、文化等需要服务，创造社会需要的价值，并为自身的发展创造更好的条件。另一方面师范大学又要坚守自身的学术导向和学术品位，积极追求“学术自由”和“学术自治”，避免外界各种不良因素对学术研究与学术价值的过分干扰和侵害，确保学术的健康发展，实现自身的学术价值。为了实现两者的平衡发展，在科学研究中，师范大学应该在保持传统优势的前提下，改变以往过分偏重基础理论研究、忽视应用研究的问题（重“学”轻“术”），坚持“学”“术”并重（从“纯粹学术”向“新型学术”的转变），大力提高应用研究的能力和水平，更好地为经济建设与社会发展服务。在人才培养上，师范大学应该通过办学模式改革与办学水平的提升，既有效促进学生综合素质的提高和理性精神的发展，又有效促进学生实践能力的提高，为社会培养各种各样的有用之才；而在具体的操作上，则应该坚持多元化发展的策略，推进人才培养目标与培养模式的多元化发展，满足不同层次、不同需求学生的需要和学生的自主发展。

6. 转型期师范大学创业的基本框架

从创业和价值创造的视角来审视师范大学的转型，我们可以发现，转型起源于价值需求的变化，转型的出发点和归属都在于“价值创造”，转型的过程就是整合资源以利用机会创造价值的创业过程。以转型的核心目标之一人才培养转型——“变革教育模式”为例，在20世纪90年代末期，社会对人才需求的变化和教师教育开放带来的竞争环境的变化，导致师范大学原有机会窗口的萎缩，同时又为其开启新的机会窗口，师范大学通过组织转型更好地把握新的机会，以战略更新、持续创新和新业务拓展为主要手段，通过创造性整合资源，培养出更多符合社会需求的人才，在创造社会价值的同时促进了自身的发展，实现了自己的价值需求。转型期师范大学创业的基本框架如图2－1所示。

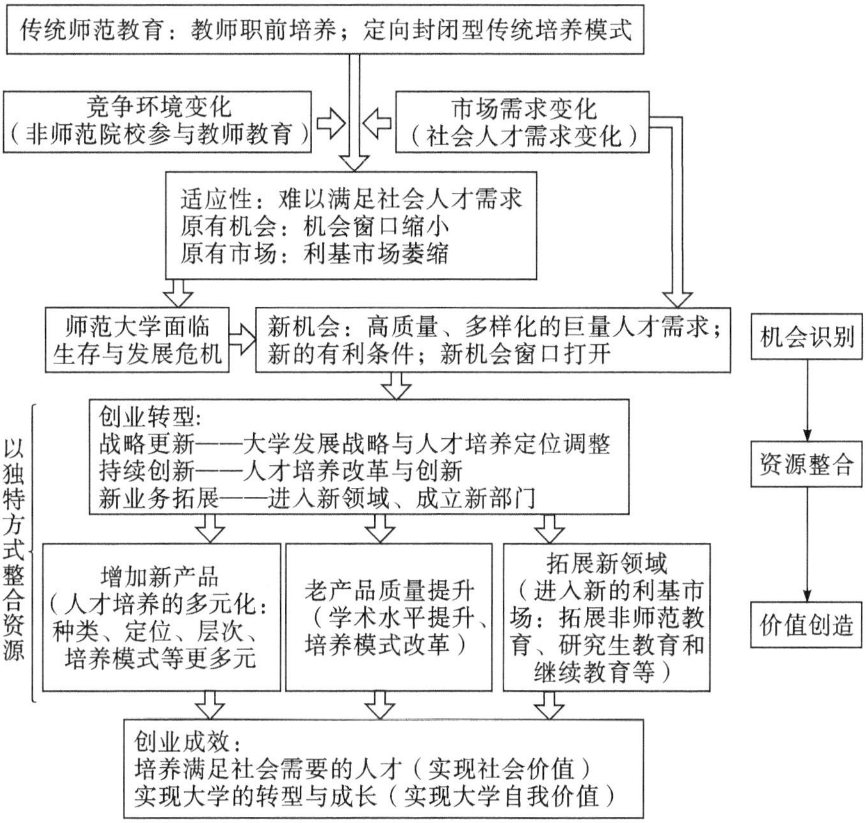

图2－1　转型期师范大学创业的基本框架图（以人才培养转型为例）

第二节　创业核心要素

在创业的过程中，涉及一系列的要素，它们对创业的成败产生重要的影响，发挥各自不同的作用。分析和把握创业的过程，首先必须明确创业的核心要素。

一、蒂蒙斯创业要素模型

经过长期的发展，创业研究逐步建立了自身的理论体系。通过对影响创业过程的各种因素的分析，西方学者提出了各种各样的创业理论模型，如蒂蒙斯（Timmons）的机会（商机）、资源和团队三要素模型；加特纳（Gartner）的个人、组织、环境与创业过程四要素模型；萨尔曼（Sahlman）的人与资源、机会、交易行为和环境四要素模型；威克姆（Wickham）基于学习过程的创业模型；克里斯蒂安（Christian）的创业者与新企业二元互动模型等。[①] 此外，还有一些专门适用于组织创业的模型，如前文提到的威廉·古斯等的公司创业与战略管理的匹配模型，莫里斯等的投入产出整合模型，霍恩斯毕等的 CE 互动模型，科文和斯莱文的战略态势与组织绩效的概念性框架，拉普金和迪斯的创业导向与绩效的权变与构造模型，等等。在众多的创业模型中，最具影响力的当属蒂蒙斯的机会、资源和团队三要素模型。该模型由于具有高度的概括性和解释力，既适用于新创企业创业，也可以适用于组织创业的研究；既适用于商业组织的创业，也适用于包括非营利性组织在内的其他组织的创业，因此已经成为创业研究的经典模型。

蒂蒙斯的创业成功三要素模型，又称为创业过程的蒂蒙斯模型。该模型由蒂蒙斯于 1999 年在 *New Venture Creation* 一书[②]中提出，并于 2004 年改进（该书第六版[③]）。该模型的特点是将创业机会（商机）、创业团队和创业资源确立为创业的最主要的驱动要素，认为这三者的动态平衡是创业成功的关键。蒂蒙斯认为，机会是创业过程的核心要素，创业的核心是发现和开发机会，并利用机会实施创业；资源是创业过程不可或缺的支撑要素，为了合理利用和控制资源，创业者必须具有较强的资源整合能力，并制定用资谨慎的创业战略；创业团队则是创业的关键组织要素，创业负责人和创业团队必须具备善于学习、从容应对逆境的品质，具有高超的创造、领导和沟通能力，并具有柔性和韧性，能够适应市场环境的变化。

蒂蒙斯认为，创业是以价值创造为目标、受诸多驱动力推动的“整体性”和“综合性”的过程。创业过程由机会所启动，在组成创业团队之后整合必要的资源，创业过程才能顺利开展。创业前期的关键是机会的发掘与选择，创业初期的重点在于组建创业团队，新事业启动后创业的重点是资源的整合。在创业过程中，由于机会模糊、市场不确定、资本市场风险以及外部环境变化等因素影响，创业过程往往充满风险。机会、团队和资源三个要素随着时空的变迁会不断发生变化而产生匹配失衡的问题。成功的创业离不开创业负责人的领导与指挥，创业负责人必须在机会、资源与团队三者之间维持动态的平衡，并且在创业计划中反映机会、资源和团队三者的特点。创业负责人在既有资本市场与不确定的动态环境下，通过创造力、领导力与沟

---

① 葛宝山，王立志，姚梅芳，等. 经典创业模型比较研究［J］. 管理现代化，2008（1）：10－12.

② TIMMONS J A. New venture creation：entrepreneurship for 21st century，5th edition［M］. New York：McGraw-Hill，1999.

③ 蒂蒙斯，斯皮内利. 创业学［M］. 周伟民，吕长春，译. 北京：人民邮电出版社，2005.

通能力来排除各种不确定性和风险，缩小资源、团队与机会之间的缺口，达到彼此间的匹配，从而推动事业的发展。

蒂蒙斯模型十分强调机会、资源和团队三要素之间的动态性、连续性和互动性。在该模型中，机会、资源和团队三个核心要素构成一个倒立三角形，团队位于这个倒立三角形的顶点。在创业初始阶段，商业机会较大，而资源较为稀缺，于是三角形向左边倾斜；随着新事业的发展，可支配的资源不断增多，而机会则可能会变得相对有限，从而导致另一种不均衡，三角形向右边倾斜。创业负责人必须不断寻求更大的机会，并合理使用和整合资源，以保证组织的平衡发展。机会、资源和团队三者必须不断动态调整，以实现相互间的动态均衡（见图 2－2）。①

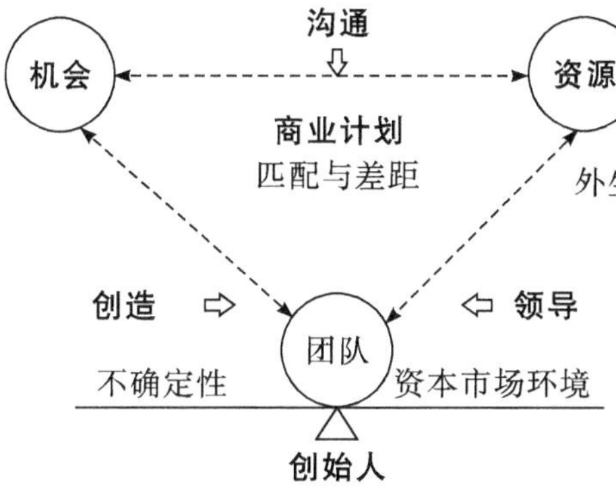

图 2－2　创业过程的蒂蒙斯模型

资料来源：蒂蒙斯，斯皮内利．创业学［M］．周伟民，吕长春，译．北京：人民邮电出版社，2005：31．

二、创业主体

在成功创业的所有因素中，创业主体（蒂蒙斯要素模型中的创始人和团队）起到关键的作用，尤其是他们中的发起者和领导者，他们常常因为既富有远见又富有行动力而被称为创业家。然而在创业中，光有创业家是不行的，创业尤其是组织创业，需要大量主体的参与，他们各自发挥自身独特的作用，共同推动创业的成功。

1．创业主体/创业者的概念

创业主体是指实施创业的人，即创业者。在不同的语境中，创业者一词

① 董保宝，葛宝山．经典创业模型回顾与比较［J］．外国经济与管理，2008（3）：19－28．

代表的范围不同，狭义的理解仅将创业者限定为创业的负责人（或称为创始人、带头人、创业领导、创业家等），是指创业的策划者、发起者和/或领导者。广义的创业者包括创业的负责人和创业团队，创业团队由创业负责人组建，并在创业过程中发展壮大。而创业团队也可以有不同的解读，狭义的创业团队仅仅指创业的核心团队，在创业策划、创业计划实施、创业资源整合等方面都发挥了重要作用；广义的创业团队则还包括外围团队，他们是创业过程中起到辅助和次要作用的参与者。在本文中，如无特殊说明或专门区分，创业者作广义的理解，包括创业负责人和创业团队（含核心团队和外围团队）。

2. **组织创业中的创业者**

组织创业具有不同于一般创业的特征，必须从组织整体层面和创业项目的具体层面来分析组织创业的创业者：

第一，组织作为整体意义的创业者。从整体上讲，组织作为“群体主体”，是组织创业的主体，即创业者。作为创业者的组织，往往具有一般组织所不同的特点，一般认为，创新、风险承担和超前行动是创业型组织典型的特征：创新是指为了满足当前或未来的市场需求，企业（组织）创造新产品或改进现有产品的能力；风险承担是指企业（组织）参与结果高度不确定性的商业冒险或战略的意愿；超前行动是指在向市场推广新产品、新服务或新技术方面采取先发制人策略以击败竞争对手的能力①。

第二，个体（或群体）作为具体创业项目的创业者。组织是组织创业的“创业者”，这是就整体意义对外而言的。就具体创业项目而言，由于组织创业涉及组织改革创新的不同层面，创业项目可大可小，涉及的人员可多可少，并非每个项目都由全体组织成员共同实施，组织创业最终需要落实到具体的“个体”或组织内部更小的“群体”身上，因此有需要对“组织”这个整体的创业者作进一步的细分。

作为个体层面上的创业者，同样具有一些不同的特征。关于创业者的特征，尽管不同的研究者得出许多相互矛盾的结论，但总体而言，在心理学方面，如下六方面获得了广泛的认可②：①成就动机——成就是创业者最大的激励因素，他们受到了任务、挑战和机会的驱动，去完成其他人所认为的不能够、不可能或不应该做的事情；②自我控制——创业者表现出强烈的自我控制，他们认为自己才是真正的主人，他们认为只要有足够的时间、精力和

---

① ZAHRA S A, COVIN J G. Contextual influences on the corporate entrepreneurship - performance relationship: a longitudinal analysis [J]. Journal of Business Venturing, 1995, 10 (1): 43 - 58.

② 莫里斯，库拉特克. 公司创业：组织内创业发展 [M]. 杨燕绥，等译. 北京：清华大学出版社，2005：55 - 57.

自身的参与，就能够改变他们的环境；③风险承担——创业者往往是精明的风险承担者，他们愿意承担风险，但并非不计后果的赌徒，而是通过精明的计算来评估风险，他们更愿意承担中等程度的风险；④容忍模糊概念——创业过程的本质就是朝着全新的、未知的方向前进，存在巨大的不确定性，创业者表现出高度的“容忍存在模糊概念”的能力，即对不确定性的忍受能力；⑤独立倾向——创业者都是自我激励、自力更生的，在完成一项任务时更喜欢有一定程度的自主权，他们希望拥有一定可改变自己命运的权力支配空间；⑥承诺/坚持/决心——创业者具有顽强、坚韧的意志。

第三，组织创业中的不同角色。与白手起家、创建新企业或新组织为目的的创业相比，组织创业是发生在已定型或相对成熟组织身上的创业，创业活动随时、随地可能发生，而且往往是持续性的创业，涉及的创业主体更加复杂，创业者的构成更加多样，如果加以细致分析，可以发现他们各自扮演着不同的角色（具体的某一个体往往可以承担其中的一项或多项角色）①：①发动者——发动一项新的创业活动，它既可以是通过发现外部的威胁或机会来确定内部需求，也可以进行创新活动；该角色可以由负责人或其他人担当。②资助者/促进者——赞助人或负责创新活动的高级管理人员，倡导创新，促进人们接受和完成创新活动，在活动中主要发挥指挥咨询或指导作用；这些高层人员充当了缓冲器、保护者、法规和政策修改人，并帮助风险项目获得所需资源。③负责人/经理——负责指导、检查和协调项目，在项目开展过程中适时做出各种调整、保证项目遇到障碍和机会时能继续开展，最终完成项目。④团队支持者——增加团队实力，并为项目提供相关专业知识、情报、分析、市场计划或项目。⑤反应者——提供市场情报和自己的见解，既能指出创业想法和方案中的微小缺点，也可以为是否应当实施某项创业活动提出自己的见解。

在上述的各种角色中，最重要的角色是负责人和资助者。任何创业活动的发起、实施并最终走向成功，其焦点都在负责人身上。组织环境的独特性要求负责人必须能在同一时间内担当多种角色，同时需要负责人建立良好的团队和强大的网络。资助者（促进者）的重要性不言而喻。身为高层管理者的资助者愿意为内部创业者创造一个安全的环境来保护他们，他们帮助创业者得到各种资源和信息，并充分信任创业者的眼光。资助者必须能够为创业者提供如下的资助：非财务资源——时间、设施、设备、建议、项目所需的

---

① 莫里斯，库拉特克．公司创业：组织内创业发展［M］．杨燕绥，等译．北京：清华大学出版社，2005：66－68．

各类人员；投资——保持项目正常运作以及避免不必要耽搁的资金；辩护——对于负责人和创业项目可能面临的对立意见，资助者必须愿意而且有能力为创业者辩护并阻止对方的批评。因此，在组织创业环境中，创业负责人与资助者之间建立牢固的信任关系至关重要。

3. **师范大学的创业者与创业层级**

如前所述，组织转型是组织战略层次的变革，是影响最深远的组织创业形式，转型期师范大学的创业必然涉及组织创业的所有层面。不同层面的创业必然涉及不同的创业主体。根据创业活动作用范围的不同、项目的大小和创业者的不同，大致可以将师范大学创业区分为几个层级：

第一，学校层创业。是最高层级的创业，往往涉及学校战略更新或者全校范围的重大改革、建设与投资，如师范大学的战略转型、投资建设新校区、内部管理体制的全面改革等。这种创业通常需要获得全体校领导的集体支持和上级部门的认可，由学校最高领导或指定领导作为创业负责人来发起和领导实施，核心团队往往由各职能部门和单位的领导组成，或者由特别成立的专门团队组成，参与的成员则往往涉及全校范围的各部门、各单位的师生，影响到学校的各个层面，必要时也可以吸收校外人员参与。

第二，职能层创业。往往涉及学校某个单一职能或少数职能范围内的改革、建设与投资，如学校教学、科研或人事等方面的改革、建设与投资等。这种创业往往需要得到学校领导的认可，尤其是主管校领导的大力支持（“资助”），由职能部门的领导担任创业负责人，核心团队往往由相应职能部门人员和有关单位的领导组成，或者由特别成立的专门团队组成，参与的成员可能涉及全校所有单位的师生，也可能仅仅涉及部分单位的师生，必要时可以吸收校外人员参与。

第三，学院层创业。往往仅仅涉及某一学院内部的改革、建设与投资，如学院自身的教学、科研改革，学科建设、平台建设、创收与资源拓展等。这种创业往往需要得到主管校领导或相关职能部门的认可、支持或资助，由学院领导担任创业负责人，核心团队往往由院内机构负责人或专门组建的团队构成，参与的成员往往是学院的教师和学生，必要时也可吸收校外或院外人员参与。

第四，师生层创业。往往仅仅涉及相关的教师与学生，如教师与学生个体或群体层面的教学改革、科研创新、技术研发与推广等。这种创业往往需要得到学院领导或相关职能部门的认可、支持或资助，由课题负责人、教研室主任或系主任等担任创业负责人，核心团队往往由课题组或特别组建的团队成员构成，参与的成员往往是相关的教师与学生，必要时也可吸收校外或院外人员参与。

值得注意的是，各个层级之间并非截然分开，而是紧密联系的。一般而言，较高层级的创业往往对较低层级的创业起到引领作用，而较低层级的创业往往对较高层级的创业起到支撑作用。只有不同层级的创业之间能够有机结合，相互促进，才能使师范大学的战略转型最终得以实现。当然，上面所描述的仅仅是几个基本的层级，在实际创业实践中，可能还可以作进一步的划分，而且可能有一些跨越不同层级的创业，要具体问题具体分析（见表2－2）。

表2－2　师范大学创业的创业层级与创业者

创业层级	团队负责人	核心团队	参与成员	资助者	影响范围	具体案例
学校层	学校领导	各单位领导或专门团队	全校所有单位和全体师生（必要时包括校外人员）	学校领导集体（及上级主管部门）	全校性	战略更新或涉及全校的改革、建设与投资等
职能层	职能部门领导	职能部门成员及相关单位领导，或专门团队	职能部门及相关单位师生（必要时包括校外人员）	主管校领导	全校性或局部	教学、科研或人事等方面的改革、建设与投资等
学院层	学院领导	院内机构负责人或专门团队	学院师生（必要时包括校外或院外人员）	主管校领导或职能部门	学院	学院内部的改革、建设与投资，如教学、科研改革，学科建设、平台建设、创收与资源拓展等
师生层	项目负责人、教研室主任、系主任等	课题组或团队核心成员	相关的教师与学生（必要时包括校外或院外人员）	学院领导或职能部门	学院内的个体或群体	教师与学生个体或群体层面的教学改革、科研创新、技术研发与推广等

三、创业机会

机会是创业中的另一个关键要素，在商业领域往往被称为商机。机会观的创业理论认为，创业是机会驱动的过程，创业机会应该成为创业研究的中心问题。

1．**创业机会的概念与内涵**

在汉语中，机会往往指“恰好的时候、有利的时机”。在创业学中，关于创业机会有大量的界定，观点不尽相同。根据王朝云的整理，对于创业机会的界定主要从静态和动态两个角度展开。静态观点认为，创业机会是未明确的市场需求或未得到充分利用的资源或能力（Kirzner，1997）；是供求关系的不同组合（Dollinger，2006）；是一组有利于创造新产品、新服务或新需求的环境因素（Barringer 和 Ireland，2006）；是各种通过创造性地整合资源来满足市场需求并创造价值的可能性（Schumpeter，1934）；是一些亟待满足且有利可图的市场需求（Hulbert，1997）；或者是一些关于创造目前市场所缺乏的物品或服务的创意、信念和行动（Shane 和 Venkataraman，2005）。而动态观点认为，创业机会是指在新的市场、新的产出或者两者关系的形成过程中，通过创造性地整合资源来满足市场需求并传递价值的可能性，是一个不断被发现或创造的动态发展过程（Casson，1982）；创业机会不但需要创业者去发现，更要求创业者去实施、参与、改进和创造（朱方明等，2008）。[①] 王朝云则认为，机会的本意是“从事某项活动的有利通道和恰当时机”，“创业机会是创建新企业或既有企业开创新事业的有利通道和恰当时机”。[②]

综合上述观点，结合本书对创业概念的界定，笔者认为，创业机会是通过创造性地整合资源来满足需求并创造价值的动态可能性。它至少包括如下三层内涵：

首先，机会是一种创造价值的可能性。这种“可能性”包含两方面不可或缺的条件：一是存在尚未得到满足的价值需求或潜在的价值需求。这是价值创造的前提，没有需求就不可能有价值创造，也就没有创业的市场空间和必要性。这种需求往往经历从模糊到清晰的过程，其来源包括外部环境（技术、市场和政策等）变化、信息不对称、市场均衡力量变化、发生意外事件、行业市场结构变化、社会人口变化、观念认识变化以及知识创新等引发的新需求或新问题，或者已经存在但还没有得到满足的需求或未得到解决的问题[③]。同时，笔者认为，真正有价值的创业机会不仅需要反映社会或市场的价值需求，也应该反映创业主体的价值追求，是社会价值需求与创业者自身价值需求协调统一的整体反映。只有既能给社会带来价值，又有利于创业者自身价值实现的“机会”才可能成为被开发利用的真正机会。社会价值需

①②③　王朝云．创业机会的内涵和外延辨析［J］．外国经济与管理，2010（6）：23－30.

求和主体价值需求的共鸣才能产生创业的动力。二是必须存在有利于创造价值的条件和时机。这种有利条件和时机往往是内外部环境因素相互作用的结果，如进入市场的有利通道和恰当的时机（需要通过分析进入壁垒、成本优势、技术优势、技术窗口、市场的成长性与性质等来把握）、获取创业资源的有利通道和恰当时机（需要通过分析创业内外部环境中的自然资源禀赋状况，资金、人才、信息、技术资源状况，社会资本状况，以及国家或地区创业政策情况等来把握）和促进创业者成长的有利通道和时机（包括有利于促成创业者成长的先天因素、后天因素和政治、经济、社会与文化等环境因素）等等①，缺少这些有利条件，价值创造就不可能实现。

其次，这种创造价值的可能性是一种动态的可能性。创业机会是在动态环境下产生的，并且是随着环境变化动态发展的。与汉语中用“恰好的时候、有利的时机”来定义机会相通，创业机会是一个与时间紧密相关的概念，此刻看起来可能成功的机会，在下一刻可能就会有完全不同的结果。“可能性”的大小和性质是随着时间不断变化发展的。创业机会具有持续性和实时性，持续性是指机会会持续一定的时间，从而使创业者有可能去发现、评价和开发利用，实时性是指机会必须在机会窗口（Window of Opportunity）存续期内加以开发利用。蒂蒙斯认为，机会窗口只在某个特定的时间打开，而且随着环境的变化而变化，终将关闭。机会窗口打开的时间长短是影响创业成败的重要因素之一。② 同时，创业机会也是与人的主观努力紧密结合的，是一个不断被发现或创造的动态发展过程，需要创业者去努力发现、实施、参与、改进和创造。

最后，价值创造的可能性必须建立在对资源的“创造性整合”基础之上。资源并不局限于创业者自身所拥有的资源，而是包括一切可以利用的内外部资源；资源的整合包括机会的识别、获取、配置和利用等③。

2. 创业机会的来源

创业机会是在动态的环境下产生并不断变化发展的。关于创业机会的来源，已有研究主要从外部环境变化和信息不对称两方面来进行，形成三种观点：第一种观点认为外部环境变化是创业机会的重要来源，主要的研究者有巴伦（Baron）、阿迪奇维立（Ardichvili）、熊彼特、多林格等，他们所提出的“变化”主要包括：创新变革、经济条件变化、政治与规制变革、社会与

① 王朝云. 创业机会的内涵和外延辨析［J］. 外国经济与管理，2010（6）：23－30.

② 蒂蒙斯，斯皮内利. 创业学［M］. 周伟民，吕长春，译. 北京：人民邮电出版社，2005.

③ 马鸿佳. 创业环境、资源整合能力与过程对新创企业绩效的影响研究［D］. 长春：吉林大学，2008：17.

人口变化、产业结构变化、市场失衡等。第二种观点认为信息不对称是创业机会的重要来源，因为信息不对称能够使掌握较多信息的人获得创业的先机，代表人物有柯兹纳（Kirzner）等。第三种观点称为整合观，认为外部环境变化和信息不对称都是创业机会的来源。如谢恩（Shane）和维卡塔拉曼（Venkataraman）、蒂蒙斯和小斯蒂芬斯皮内利（Spinelli）等[①]。而在机会来源的具体分类上，德鲁克（Peter Drucker）、欧丽曼（Olm）、蒂蒙斯、熊彼特、刘合强、陈震红和陈海涛等均从不同角度提出了不同的观点。目前，我国学者基本是将机会来源归纳为市场、技术、法规三方面[②]。

在各种观点中，管理学大师德鲁克认为，变化提供人们创造新颖事物的机会，系统的创新和创业存在于有目的、有组织地寻找变化，存在于对这些变化可能提供的经济或社会创新的机遇进行系统的分析中，绝大部分创新与创业都是利用变化而达成的。根据这一观点，他从“如何寻找变化”的角度提出了获取创业机会的七种途径[③④]：一是意外之事。包括意外的成功、意外的失败和意外的外在事件。不仅意外的成功能够提供大量创新创业的机遇，而且意外的失败也能够提供创业的机遇，因为意外失败往往揭示其中隐藏的变化，以及随变化而来的机遇。二是不协调。指事物的“实然”状态与“应然”状态之间，或者事物的状态与人们假想的状态之间的不一致、不合拍。不协调往往是创新机遇的一个征兆。三是程序需要。它始于需要完成的某项工作，以任务为中心，如完善一个业已存在的程序、替换薄弱的环节、用新知识重新设计一个旧程序等。四是产业与市场结构变化。市场和产业结构的变化同样也是一个重要的创新机遇，产业表面看似非常稳定，实际上却非常脆弱，受到一点点冲击，就可能会瓦解，而且速度很快。五是人口变化。人口变化是指人口规模、人口结构、就业情况、教育情况以及收入状况的变化等，通过预测这种变化可以发现创业的机遇。六是认知的变化。类似于“杯子是半满的”与“杯子是半空的”的情况，由于认知方式的不同，人们对同一事物往往产生不同的认知，并在商业上造成不同的结果。从一种认知向另一种认知的改变，可能存在着重大的创新机遇。七是新知识。新知识和新技术往往能够使所有者或掌握者获得一定程度的垄断地位和竞争优势，因此蕴含重要的创业机会。在创造历史的创新创业中，基于知识的创新

---

① 王朝云．创业机会的内涵和外延辨析［J］．外国经济与管理，2010（6）：23－30.

② 夏亮．关于创业机会来源观点的比较研究［J］．科技创业，2009（5）：28－29.

③ 张玉利、李新春．创业管理［M］．北京：清华大学出版社，2006：78－79.

④ 多林格．创业学：战略与资源［M］．王任飞，译．北京：中国人民大学出版社，2003：67－70.

往往占有很重要的分量。基于知识的创新并不局限于科技创新，还包括基于知识的社会创新，而且后者甚至更加重要。

尽管德鲁克提出的创业机会来源主要是针对商业组织提出的，但是对于师范大学的创业而言同样是适合的。比如：“意外之事”——师范大学可以从开展某项业务的意外事件（如某项教育服务项目的意外成功、某项科技开发项目的意外失败等）中洞察事物变化的规律，寻找创业的机会；“不协调”——师范大学可以通过实然状态与应然状态之间的不协调（如教育质量的实际情况与预期结果的明显差距）寻求改革、创业的方向与动力；“程序需要”——比如师范大学为了提高人才培养质量，就必须对人才培养模式进行改革创新，继而需要对课程、教材、教学方法、支撑教学方法的软硬件系统、教学管理制度和运作系统等进行全面的改革创新，而在这些一系列新的改革需求中，就往往蕴含着许多新的创业机会；“产业与市场结构变化”——如当师范教育市场的结构和竞争态势发生变化时，其中就有可能蕴含着有利于师范大学发展的新机会；“人口变化”——人口的变化往往带来教育需求的变化，通过分析这些变化就有可能使师范大学洞察到发展的机会；“认知的变化”——比如对于教师教育的开放，有些人可能看到的是师范大学在师范教育领域垄断地位的丧失，但有创业精神的高校可能看到的是师范大学可以向综合化发展的更加广阔的前景和巨大的机遇；“新知识”——大学是新知识、新技术创新的重要阵地，如何从新知识和新技术创新中获得创业机会是大学需要思考的重要问题，同样是转型期师范大学需要着力提高的内容。

3. **转型期师范大学的创业机会**

视变化为机遇是创业者的基本特质。转型期师范大学面临着一系列巨大的变化，而这种变化就可能孕育着难得的发展机遇。德鲁克实际上是从“如何寻找变化”的角度提出产生创业机会的七种可能通道，而没有论述机会本身。从内涵上来看，创业机会是一种价值创造的“可能性”，而“价值需求”和“有利条件”是这种“可能性”的两个要件和应有之义。从这两方面来进行宏观层面的分析，转型期师范大学的创业机会主要表现在如下几方面：

（1）市场需求扩大带来的创业机会。在市场经济条件下，市场需求是引领高等教育发展的强大动力，也是大学通过创业创造价值的前提。20 世纪 90 年代末期以来，随着知识经济的来临、经济全球化进程的加快、我国市场经济的确立和推进、国家与社会发展模式的逐步调整、社会经济的快速发展以及综合国力的迅速提升，社会对高等教育的需求快速增长，而且从规模、种类、质量、结构等方面都提出了更高的、更加多样的要求。这种巨大的需求客观上为大学整合资源、创造价值提供了巨大的“可能性”，带来巨大的创业机遇。

具体就转型期师范大学而言，在人才培养方面，其面临的需求发生了明显的变化，不仅面临着为社会培养适应新形势需要的高质量师资的需求，也面临着为社会培养其他各类亟需人才的更加巨大的需求；不仅面临着培养本科层次人才的需求，也面临着培养更多研究生层次人才的需求；不仅需要做好职前教育，而且需要肩负起职后教育的任务；不仅需要为地方和国家培养人才，而且需要以国际视野为海外、国外培养人才；等等。在科学研究方面，综合国力提升、科教兴国战略实施、创新型国家建设、社会发展模式变革、产业结构调整和一流大学建设等，都对师范大学科研工作提出了更高的要求，转型期人才培养模式的改革、培养质量与培养层次的提升同样也对提升学术水平提出了更高的要求，因此师范大学亟须在原有相对较弱的科研实力基础上，大力提高自身的科学研究水平和学术竞争力。在社会服务方面，社会的发展要求师范大学从封闭走向开放，不仅要通过教学、科研为社会提供间接的服务，而且要求其通过产学研合作深度参与社会与国家的各项建设，更加直接为经济与社会建设作出贡献，满足社会更加多样、更加复杂、更加综合的现实需求。所有这些需求，对师范大学而言，既是挑战，也是前进的方向（虽然并非不加鉴别地满足所有的需求），更是转型创业的前提和市场为其打开的更多的“机会窗口”。有效地利用这些机会之窗，师范大学就能在转型创业中创造各种各样的价值。

（2）加大投入带来的创业机会。尽管整体上我国教育、科研投入水平仍然偏低，与发达国家相比尚有较大差距，我国大学仍将面临功能拓展与资源、能力配置不足的长期矛盾。但总的来说，20 世纪 90 年代中后期以来，随着我国社会经济的快速发展和综合国力的提升，以及“科教兴国战略”和建设创新型国家战略等的推进，我国高等教育迎来了快速发展的大好时机。国家对高等教育的重视程度前所未有，与高等教育发展密切相关的财政性高等教育投入和科技投入等呈现快速增长趋势，而社会资本对高等教育和科技的投入热情也越来越高，投入规模迅速扩大，这些都为师范大学实施转型创业与快速发展创造了良好的条件。由表 2 - 3 数据可计算，在 1998—2011 年间，我国高等教育投入经费年均增长 20. 975%，其中高等教育财政投入年均增长 20. 487%，高等教育社会投入（包括学费和其他社会投入）年均增长 21. 679%；全国科技投入中 R&D 经费年均增长 23. 630%，其中高校 R&D 经费年均增长 21. 080%。

表 2－3 1998—2011 年我国高等教育投入与科技投入情况

年份	全国 GDP 经费 /亿元	高等教育投入						科技投入		
		合计		其中财政投入		其中社会投入		R&D 经费 /亿元	占 GDP /%	其中高校 R&D 经费 /亿元
		经费 /亿元	占 GDP /%	经费 /亿元	占 GDP /%	经费 /亿元	占 GDP /%			
1998	84 883.7	590.2	0.695	356.8	0.420	233.4	0.275	551.1	0.649	57.3
1999	90 187.7	753.4	0.835	443.2	0.491	310.2	0.344	678.9	0.753	63.5
2000	99 776.3	970.2	0.972	531.2	0.532	439.0	0.440	895.7	0.898	76.7
2001	110 270.4	1 217.2	1.104	632.8	0.574	584.4	0.530	1 042.5	0.945	102.4
2002	121 002.0	1 528.9	1.254	752.1	0.622	776.8	0.642	1287.6	1.064	130.5
2003	136 564.6	1 784.3	1.307	840.6	0.616	943.7	0.691	1 539.6	1.127	162.3
2004	160 714.4	2 056.2	1.279	969.8	0.603	1 086.4	0.676	1 966.3	1.223	200.9
2005	185 895.8	2 643.0	1.422	1 090.8	0.587	1 552.2	0.835	2 450.0	1.318	242.3
2006	217 656.6	3 140.8	1.443	1 338.6	0.615	180 2.2	0.828	3 003.1	1.380	276.8
2007	268 019.4	3 798.7	1.417	1 598.3	0.596	2 200.4	0.821	3 710.2	1.384	314.7
2008	316 751.7	4 410.8	1.393	2 003.5	0.633	2 407.3	0.760	4 616.0	1.457	390.2

续上表

年份	全国GDP经费/亿元	高等教育投入						科技投入		
		合计		其中财政投入		其中社会投入		R&D经费/亿元	占GDP/%	其中高校R&D经费/亿元
		经费/亿元	占GDP/%	经费/亿元	占GDP/%	经费/亿元	占GDP/%			
2009	345 629.2	4 618.2	1.336	2 264.5	0.655	2 353.7	0.681	5 802.1	1.679	468.2
2010	408 903.0	5 637.4	1.379	2 901.8	0.710	2 735.6	0.669	7 062.6	1.727	597.3
2011	484 123.5	7 015.4	1.449	4 023.5	0.831	2 991.9	0.618	8 687.0	1.794	688.8

数据来源：1. “高等教育社会投入占GDP比例”参见马陆亭论文数据①，“高等教育社会投入经费数”根据该比例和GDP经费数推算。2. 其他数据根据国家统计局网上公布数据整理。

① 马陆亭，刘红宇．高教财政投入和社会投入占GDP比例的政策价值［J］．华中师范大学学报（人文社会科学版），2015（1）：150－160.

除此之外，国家还以高层次“人才工程”等方式加大对高校的投入。20世纪90年代以来，人才战略成为国家和地方政府实施的重要战略，国家和地方政府以前所未有的力度投入人才队伍建设，出台了一系列鼓励高层次人才引进与培养的人才工程，如“百千万人才工程”、“千人计划”、“青年千人计划”、国家杰出青年基金、“长江学者”、“香江学者”，“领军人才”、“创新团队”以及其他各级各类的“人才工程”、“青年基金”、“启动基金”、“留学基金”等。这些人才工程或基金一方面为高层次人才的引进和培养提供政策支持，扫清各方面的政策障碍；另一方面则为人才的引进和培养提供实实在在的经费支持，如科研经费支持、安家费支持、岗位津贴支持、进修与学术交流机会支持等。这些对于亟待提升队伍实力和提升整体学术水平的师范大学来说，显然也是难得的机遇。

（3）高等教育体制改革带来的创业机会。创业行为是创业者主体性的充分体现，缺少足够的自主性，创业就很难发生。对于高校而言，获得足够的办学自主权是其实施创业的前提条件。但在计划经济体制下，我国高等教育管理体制长期存在严重的政府职能不清、政事不分、政府权力过于集中、包得过多、统得过死的情况，大大压缩了高校自主办学的空间，高校实际上成了政府的附属机构，高校的自主创业根本无从谈起。在20世纪90年代之前，我国虽然进行过多次的高等教育管理体制改革，但这些改革往往集中在政府部门之间高等教育领导权的分配调整上（权力的“下放”或者“上收”），并没有将改革的重点放在理顺政府与高校的权责关系，提高高校的办学自主权上，因此高校的办学自主权一直没有得到有效落实。

20世纪90年代，随着我国改革开放的深入推进和党的十四大以后市场经济体制的确立，建立与社会主义市场经济体制相适应的高等教育体制势在必行。在1992年全国高等教育工作会议和《中国教育改革和发展纲要》（1993年）等系列文件的推动下，国家对高等教育体制进行了全面、深刻的变革。改革内容主要包括：解决部门办学体制而产生的“条块分割”问题；解决中央与地方的关系，扩大省级政府发展高等教育的自主权和决策权；理顺政府与学校的关系，扩大和落实高校的办学自主权；深化高校内部管理体制的改革等。经过十年左右的努力，体制改革取得了一系列“突破性的进展”，我国基本解决了高等教育宏观管理中“条块分割，多头管理”等问题，破除了部门办学，形成了中央和省两级管理，以省为主统筹管理的新体制，初步建立了适应社会主义市场经济体制的高等教育管理体制，为新世纪高等教育的发展奠定了基础①。尽管有学者认为，在世纪之交的这次高等教

① 纪宝成．世纪之交中国高等教育管理体制改革的历史回顾［J］．中国高教研究，2013（8）：6－13.

育管理体制改革中，“两级管理、条块结合”的改革才是真正的重点，而政校关系改革虽然有所触及，但在转变政府职能、扩大高校办学自主权方面还有很长的路要走①②，但客观上来讲，通过体制改革和政府职能转变，高校的办学自主权还是获得了明显的扩大，这为高校办学注入了活力，并为大学的自主创业创造了条件和机遇，特别是对于即将进入转型期的师范大学而言，办学自主权的扩大弥足珍贵。

在扩大高校办学自主权方面，其实早在1985年的《中共中央关于教育体制改革的决定》中，国家就已意识到“政府部门对高等学校统得过死，使学校缺乏应有的活力”，要“坚决实行简政放权，扩大学校的办学自主权”。1993年的《中国教育改革和发展纲要》更是明确指出：要改革政府与高校之间的关系，“逐步建立政府宏观管理、学校面向社会自主办学的体制”；“要按照政事分开的原则，通过立法，明确高等学校的权利和义务，使高等学校真正成为面向社会自主办学的法人实体。要在招生、专业调整、机构设置、干部任免、经费使用、职称评定、工资分配和国际合作交流等方面，分别不同情况，进一步扩大高等学校的办学自主权。学校要善于行使自己的权力，承担应负的责任，建立起主动适应经济建设和社会发展需要的自我发展、自我约束的运行机制”；“政府要转变职能，由对学校的直接行政管理，转变为运用立法、拨款、规划、信息服务、政策指导和必要的行政手段，进行宏观管理”。为了使高校真正能够面向社会自主办学，1995年颁布的《中华人民共和国教育法》和1998年颁布的《中华人民共和国高等教育法》均从法律上确立了高校的法人地位，规定“高等学校自批准设立之日起取得法人资格”。1999年颁布的《中共中央　国务院关于深化教育改革全面推进素质教育的决定》也提出要“切实落实和扩大高等学校的办学自主权”。可以说，系列改革的推进，特别是高校法人地位的确立，明显扩大了高校的办学自主权，主要体现在教师聘用、职称评定、干部任免、教育教学改革、科学研究、学术交流与合作、社会服务、收入分配和经费管理等方面，这些都为大学创业创造了更好的条件。

值得注意的是，作为体制改革的一部分，高等教育投资体制改革在扩大高校办学自主权方面发挥着重要的作用。从20世纪80年代中期到整个90年代，国家大力进行高等教育投资体制的改革，如政府拨款模式的变革（从“基数加发展”拨付模式向“综合定额加专项补助”模式转变）、高等教育成本补偿制度的确立与发展（逐步建立高等教育成本的私人补偿制度）和高

① 纪宝成．世纪之交中国高等教育管理体制改革的历史回顾［J］．中国高教研究，2013（8）：6－13．

② 周川．中国高等教育管理体制改革的政策分析［J］．高等教育研究，2009（8）：49－54．

校自筹资金的拓展（鼓励高校通过自身优势自筹资金）等①。通过改革逐步建立了多元化的高等教育投资体系，改变了过去高校经济上主要依赖财政、办学上过于依赖政府的状况，为高校注入了新的活力，使高校面向社会自主办学具备了经济基础和激励机制。在市场经济环境下，高校成为创业、融资的主体，开始主动面向社会开放办学，积极参与市场竞争，以更加灵活、主动、高效的方式整合各种资源来把握市场机遇，提高办学的质量和效益，最大限度满足社会的需求。因此，高等教育投资体制改革为转型期师范大学创业提供了可能性并创造了有利的政策环境。

同时，国家对教师教育改革的强力推动，实际上也为师范大学创业提供了强大的推力。通过一系列政策文件的出台，推动开放型教师教育体系的建立，它至少对师范大学产生了几方面的推动力：一是推动其改革原有的人才培养模式，提高教师培养的质量；二是推动其从更加广阔的视野来谋划自身的发展道路，不再固守原有的“一亩三分地”，从职能定位、办学目标、办学类型、发展思路等方面实现实质性的拓展和转型；三是推动其真正走入市场，面向社会自主办学，在新的生存环境下，通过主动把握市场机遇，积极创业谋求自身的更好发展。

（4）内部有利因素带来的创业机会。在师范大学内部，同样存在有利于创业的因素，这些因素既来自于原有的办学基础和特有的资源禀赋带来的有利性，也来自于外部环境作用下内部发展需求的明显变化，主要体现为：

首先，良好的办学积淀与办学条件为转型创业奠定了良好的基础。在我国传统的师范教育“三级体系”中，师范大学处于最高层级，除了几所教育部直属重点师范大学以外，其他师范大学基本都是省属的重点大学，是全国或者本省师范教育的“龙头”。这些大学一般都具有数十年的办学历史，历史积淀比较雄厚，基础条件良好，社会关系（关系资本）丰富，办学声誉较高，已形成自身的办学特色和办学品牌。良好的历史积淀、办学条件和办学品牌为其转型创业奠定了良好的基础，使其在争取政府支持、面向社会筹措办学资源、整合自身已有资源、招生、就业、人才引进、学科发展、科研合作、社会服务等方面都处于更加有利的地位，特别是那些列入“211 工程”和“985 工程”建设的师范大学更是凭借良好的品牌、额外的投入和一系列的政策支持获得了得天独厚的发展基础和创业机遇。

以 A 大学为例，该校创办于 1933 年，经过数十年的探索和建设，到 20 世纪 90 年代，该校在教学、科研和社会服务等方面已经得到较好的发展，师资力量较强、办学条件较好、学科门类比较齐全，为社会培养了大量的人

---

① 丁小浩，李锋亮，孙毓泽．我国高等教育投资体制改革 30 年：成就与经验、挑战与完善［J］．中国高教研究，2008（6）：1－5．

才，毕业生广受好评，成为本省师范教育的龙头老大，是该省唯一的省属重点大学，并进而成为该省以省属高校名义进入“211 工程”建设的唯一一所大学。良好的办学基础、办学声誉，较高的办学地位和 211 大学的品牌优势为该大学带来了前所未有的发展机遇，使其在各方面都能够获得更好的发展条件和更多的选择机会，在面对转型期急剧变化的内外部环境、激烈的竞争和巨大的挑战时，能够更加从容地加以应对。同时，在漫长的发展历程中，A 大学形成了“艰苦奋斗、严谨治学、求实创新、为人师表”的校训，创新和创业精神成为其大学精神的重要内核，为新时期该校的转型创业提供了强大的精神动力。此外，良好的区位条件也为 A 大学转型创业提供了独特的优势。地处发达地区省会城市和改革开放前沿地区、毗邻港澳、市场经济发达、社会观念开放等，都在文化、观念、制度、人才、技术、经费、物资等多层面上为其创业提供了有利条件，而这种条件很多是竞争对手无法复制的独特的优势。

其次，相对齐全的学科门类为师范大学的综合化转型提供了良好的条件。师范大学具有门类相对齐全的基础性学科，天然具有“综合性”的潜质，尽管在相当部分师范大学中，由于它们过于固守“传统”和“基础”而使学科缺乏活力，竞争力受到影响。但如果能够扬长避短，它们完全可以成为师范大学的优势所在。相对齐全的文理基础学科为师范大学的“综合化转型”提供了得天独厚的基础条件，为不同学科的交叉融合、优势互补，新学科、新专业的成长提供了良好的条件，对师范大学在教学、科研和社会服务等方面的“转型”都可能提供重要的支撑作用。以 A 大学为例，在转型初期，A 大学的本科专业就已经覆盖历史学、文学、法学、经济学、管理学、教育学、理学和工学 8 个学科门类；硕士点已经覆盖除农学、医学、军事学以外的 9 个学科门类；博士点覆盖 3 个学科门类（经济学、教育学、理学）。凭借这些学科基础，进入转型期后，A 大学学科、专业都获得了快速的发展，到 2013 年本科专业覆盖 9 个学科门类、硕士点覆盖 12 个学科门类、博士点覆盖 9 个学科门类。

最后，广泛的改革共识为师范大学创业提供了强大的动力。内外部环境的快速变化，使师范大学不论是领导层、管理层，还是普通的老师，都感受到了巨大的生存发展危机和明显的竞争压力。面对上世纪末汹涌澎湃的高等教育体制改革、教师教育改革、国家对一流大学和高水平大学建设的殷切期望、社会对大学提出的越来越高的要求，以及兄弟单位的快速发展，师范大学普遍认识到，如果再固守原有的“一亩三分地”和传统的发展模式，自身终将被时代所淘汰，在新的环境下，只有进行大胆的改革创新，以积极进取、创新创业的精神抢抓机遇才能使自身适应新的时代、获得持续发展的动力。因此，“改革、创新、转型、创业、提升”成为师范大学各个层面上的广泛共识，而这种共识凝聚成了改革创业的强大动力，也成为激励内部各个层面创业者的重要文化因素。同时，这种共识也大大减少了转型创业过程中可能遇到的阻力。转型涉及一系列重大的、根本性的变革，对组织成员的影响是全面和深刻的，在转型过程中，必然涉及一系列利益的调整，也涉及传统观念与传统行为方式的改变，如果缺乏广泛的共识，就可能面临巨大的阻力，就会大大降低创业的“可能性”。

四、创业资源

利用机会创造价值需要资源（resource）的支撑，资源是创业过程必不可少的要素。成功创业需要擅于把握资源的特性，进行有效的资源整合。

1. 资源及师范大学的创业资源

经济学一般认为，资源是“为了创造财富而投入生产活动中的一切要素”[①]。温特（S. Winter）认为，资源是任何有益的东西或才能[②]，其所述的“资源”同时包含有“技能”和“能力”寓意。资源基础理论（resource-based theory）是战略管理和创业管理的重要理论。资源基础理论认为，“资源”是由企业所掌控并能使企业通过战略实施提高效率与效果的所有资产、能力、组织流程和知识[③]。在本书中，创业资源泛指创业过程中创业者能够获得并投入使用、促进价值创造的所有有形资产与无形资产的总和。关于资源的种类，不同学者提出了各自不同的观点，代表性的观点如表 2－4 所示。

表 2－4　资源分类代表性观点

作者	分类观点
Wernerfelt（1984），Jay Barney（1991）	物质资本资源、人力资本资源和组织资本资源
Kummon（1992），Koberg（1996）；张玉利、薛红志、杨俊，（2003）	外部网络资源和内部组织资源
Amit & Schoemaker（1993）	生产性资源和工具性资源

① HOSKISSON, et al. Strategy in emerging economy [J]. The Academy of Management Journal, 2000 (3): 249－267.

② WINTER S. Knowledge and competence in strategic assets [M] //TEECE D, ed al. The Competitive Challenge. Cambridge, MA: Ballinger, 1987: 159－184.

③ 马鸿佳. 创业环境、资源整合能力与过程对新创企业绩效的影响研究 [D]. 长春：吉林大学，2008：13.

续上表

作者	分类观点
Hall（1992）； Michael D. Michalisin（1997）	有形资源和无形资源
Grant（1991）	财务资源、物质资源、人力资源、技术资源、声誉资源和组织资源
Black & Boal（1994）	内聚资源和系统资源
Miller & Shamsie（1996）	权利资源和知识资源
Brush 等人（2001）	人力、物质、财务、社会、技术和组织
张乃平和程承坪（2001）	异质性资源和同质性资源

资料来源：马鸿佳. 创业环境、资源整合能力与过程对新创企业绩效的影响研究[D]. 长春：吉林大学，2008：15.

在组织创业领域，格朗特（Grant）的六分法得到广泛的认可，物质资源（physical）、声誉资源（reputational）、组织资源（organizational）、财务资源（financial）、智力与人力资源（intellectual/human）、技术资源（technological），合称为 PROFIT 因素①。它们基本上包括了创业组织所有的资产、能力、组织流程、组织特征、信息和知识等。下面将从这六方面分析师范大学创业的主要资源②：

（1）物质资源。这是指组织在生产和管理过程中使用的有形资产，如建筑物、仪器设备、土地、矿产、能源等。物质资源往往是组织创业最基础的资源。对于师范大学而言，物质资源主要包括校有土地、校舍场馆、教学科研设施与办公设施、仪器设备和各类有形物资等。

（2）声誉资源。这是组织环境中的人群对于组织的感觉。声誉资源体现为不同的层面，如品牌忠诚度、外部形象等。用公共关系学的术语来讲，声誉资源的大小体现为组织的知名度和美誉度的高低。对于企业来说，声誉资源主要通过如下 8 个指标体现：管理水平；公司资产的使用情况；企业的财务健康程度；企业的投资价值观；产品或服务的质量；创新性；吸引、培养和留住最优秀人才的能力；对于社会和环境的责任感程度。其中最重要的是产品的质量、管理的完整性和财务的健康程度。声誉资源是一种持久的资源，并且超出个人关系的范畴，不因与创建声誉中直接相关的人的离开而消

① 多林格. 创业学：战略与资源［M］. 王任飞，译. 北京：中国人民大学出版社，2003：33.

② 多林格. 创业学：战略与资源［M］. 王任飞，译. 北京：中国人民大学出版社，2003：33－38.

失，但它往往需要经过长期的积累才能获得。

声誉资源是大学赖以生存发展的重要资源，办学声誉的好坏在很大程度上决定高校的生死存亡。师范大学的声誉资源主要通过人才培养质量（招生质量、毕业生质量与社会声誉、校友影响力等）、科研水平、社会服务能力、管理水平、财务健康状况、大学排名、学术地位与社会影响力，以及吸引人才能力、获取和动员社会资源能力等方面体现。

（3）组织资源。这是指组织的正式汇报体系、信息加工和决策体系，以及正式或非正式的计划体系，包括组织的结构、流程和体系。组织结构是一种能够使组织区别于其他组织的无形资源。一个能催发快速行动、有利于创新的组织结构可以成为创业最有价值的资源。同时，组织的历史（故事、档案资料）与组织文化为组织现在和未来的行动提供规则、规范、政策和指导，也属于组织资源的范畴。组织资源在组织创业中往往处于主导地位。

对于师范大学而言，组织资源主要是指大学的管理体制和文化，重点包括组织结构、制度、运行机制、大学文化等。在师范大学的创业过程中，改革已有的不能适应转型创业需要的管理体制，加强创新创业型大学文化建设，使其成为创业需要的组织资源非常重要，它既是资源建设与整合的重要手段，也是创业需要实现的目标之一。

（4）财务资源。是指组织的货币资产。对于企业而言，一般包括企业的举债总量、发行新股的总量和进行内部运营所能筹集到的现金的数量①。财务资源往往以货币资金形态存在。对于师范大学而言，其财务资源的表现形式包括现金、银行存款、其他类别的货币资金以及股票、债券等。财务资源是维持高校办学与创业的重要资源，而且往往可以转化为其他资源，如通过购买固定资产而物化为物质资源或者用于引进人才而转化为人力资源等等。

（5）智力与人力资源。这是指创业者及其团队和雇员的知识、能力、经验及其社会资本。它涵盖组织中每个个体的判断力、洞察力、创造力以及视野和才智，甚至包括创业者的社交技能②。值得注意的是，除了传统理解的知识、能力和经验，关系资本（relationship capital）也是人力资本的一个重要组成部分。关系资本并非指组织成员所认知的东西，而是组织成员认识谁，以及认识的这些人掌握什么信息。通过关系资本的开发利用，创业者可以使用一些不被自己控制的资源，减少拥有这些资源的风险，也可以降低成本。随着网络社会的建立，关系资本成为一种越来越重要的战略资源。在创业研究的各种理论视角中，社会资本视角（或网络视角）的创业研究对关系资本给予了最多的关注和重视，他们认为社会网络结构和关系性资源能对创

① 多林格．创业学：战略与资源［M］．王任飞，译．北京：中国人民大学出版社，2003：34．
② 多林格．创业学：战略与资源［M］．王任飞，译．北京：中国人民大学出版社，2003：36．

业活动产生重要的影响，比如提高识别和把握机会的能力、提高创业和创业成功的可能性等[①]。

在组织的各种因素中，人是最具有创造性、能动性和稀缺性的资源。在知识经济时代，智力与人力资源的重要性与日俱增，“人力资源是第一资源”已经成为人们的普遍共识。对于迄今为止人类社会最重要的知识型组织之一，大学最核心、最重要的资源就是智力与人力资源。在师范大学创业过程中，智力与人力资源作为创业资源主要包括校内教师、学生和管理人员以及外聘人员（被整合到创业项目中，能对高校创业做出贡献的校外人员）的知识、能力、经验与社会资本。在创业过程中，创业负责人及其创业团队就是最重要和最有价值的资源，“人”既是创业的主体，又是创业的“资源”，因此应该从主体性与客体性辩证统一的角度来理解“创业者”。

（6）技术资源。技术资源由工艺、系统或实物转化方法组成。大体包括实验室、研究与开发设备、测试与监控技术和经研发产生的知识产权等，其中知识产权的内容非常广泛，主要包括专利（包括发明、实用新型和外观设计）、技术秘密、专有工艺、版权（如著作、软件、音像制品、教案等）、商标、特许经营权等。技术资源与智力资源不同。智力资源依附于人身上，会随着人的离开而离开。而技术资源的所有权归于组织，而且大多属于组织的无形资产且得到法律的保护。

对于大学而言，“技术资源”并不应被局限于“技术”的狭义理解上，其本意应该是指能够给大学带来积极效益的无形资产，以及与这些无形资产紧密结合的有形资产，是大学师生员工智慧的结晶。随着知识产权制度的建立、完善和知识经济的深入发展，无形资产的重要性越来越高，有时甚至超过有形资产。对于师范大学而言，“技术资源”不断产生且随处可见，在师生员工的教学（如有独创性的人才培养方案、教材、教案、音像制品、教学训练方法等）、科研（如大量以专利技术、技术秘密、软件成果、著作、论文等形式产生的知识产权）、管理（如特有的管理运作模式、独创性的制度文件等）和社会服务（如特有的市场运作模式、服务商标与标记等）的过程中，都在大量产生“技术资源”。“技术资源”能够成为师范大学创业的重要资源。但长期以来，我国大学对于无形资产的重视、保护和运营都不尽如人意，没有给其带来应有的回报，因此在创业过程中，师范大学尤其要加以重视。

值得注意的是，上面仅仅从师范大学自有资源的角度论述师范大学的创业资源，但实际上，创业者“获得并投入使用”的创业资源并不局限于自身所拥有或控制的资源，还包括通过一定的方法整合和利用的外部资源。正如

---

① 朱仁宏，陈灿. 创业研究前沿理论发展动态［J］. 当代经济管理，2005（1）：13－20，31.

史蒂文森所言，创业是不拘泥于当前资源条件限制下的对机会的追寻。因此，充分整合利用外部资源同样重要。当然，从资源分类的角度来看，外部资源与内部资源并没有什么不同，关键是如何有效地整合这些资源。

2. **创业资源的特性**

上述的六种资源都是师范大学创业的重要资源，但它们的特点和所发挥的作用并非完全一致，而且在不同的时间和不同的状况下，其作用也会发生变化。资源基础理论认为，只有掌握了有价值的、稀缺的、不可模仿和替代的资源，才能够保持持久的竞争优势。价值性、稀缺性、不完全模仿性（难以复制性）和不可替代性是组织战略性资源的重要特征（Barney，1991）①。价值性是指资源能够使组织制订和执行提高其效率和效果的战略。稀缺性是指该资源不能被竞争对手广泛获取。不完全模仿性是指该资源不能轻易或廉价地被模仿（该资源所带来的优势根本不能模仿，或者虽可模仿但成本极高，模仿变得没有价值）。不可替代性是指该资源不存在战略替代物，即不能被普通资源所替代。据此，可以分析判断各种资源的特点和重要性（如表2－5所示），并且在创业资源的整合中根据具体情况进行分析并加以合理利用。

表2－5 创业资源的“四性”分析

资源类别	价值性	稀缺性	难以复制性	不可替代性
物质资源	有	有时	很少	有时
声誉资源	有	是	是	是
组织资源	有	是	是	是
财务资源	有	有时	否	否
智力与人力资源	有	是	经常	有时
技术资源	有	有时	有时	有时

资料来源：多林格．创业学：战略与资源［M］．王任飞，译．北京：中国人民大学出版社，2003：38.

3. **资源整合与师范大学的资源整合**

能否进行有效的资源整合是决定创业者能否把握和利用机会，并创造价值的关键。资源整合既是创业的必经之路，也是提升组织战略优势与竞争力的重要手段。

---

① BARNEY J B. Firm resource and sustained competitive advantage［J］. Journal of Management，1991，17（1）：99－120.

(1)资源整合的概念。资源整合是一个复杂的动态过程，是指企业对不同来源、不同层次、不同结构、不同内容的资源进行选择、汲取、配置、激活和有机融合，使之具有更强的柔性、条理性、系统性和价值性，并对原有的资源体系进行重构，摒弃无价值的资源，以形成新的核心资源体系①。其中，柔性是指企业的资源整体对其所处生产经营环境具有较强的灵活性和适应性；条理性是指构成资源整体的元素排列具有层次性和秩序性；系统性则是指其资源整体由多个相互联系、互相作用但又相互区别的资源元素所构成，而且具有一定的目的和功能；价值性则是指其资源整体能够为企业和顾客创造超额价值。而“重构”则是指当企业原来资源体系的结构已经不符合公司发展的要求时，需要对公司的资源体系结构进行重新的调整②。对于组织创业而言，资源整合实际上就是创业组织及其成员（创业主体）通过识别创业所需（与创业机会相匹配）的资源，获取这些必要的资源并加以配置形成必要的资源束，并利用这些资源形成竞争优势以创造价值的过程③。资源整合涉及创业所需全部资源的整体性整合，往往是在动态的环境下进行的，需要根据环境的变化作出相应的调整，资源整合具有激活作用和价值增值作用，通过对已有资源的激活，发挥其效益和效能，通过不同资源的有机组合和相互作用发挥综合作用，起到“1+1>2”的效果。

(2)资源整合的内容。从资源整合的内容来看，资源整合主要包括个体资源与组织资源的整合、内部资源与外部资源的整合、新资源与传统资源的整合、横向资源与纵向资源的整合四方面④：

第一，个体资源与组织资源的整合。一方面通过对零散的个体资源进行系统化、组织化，使其转化为组织资源；另一方面通过促进组织资源融入个体资源的载体之中，激发个体资源载体的潜能，提高个体资源的价值⑤。如在师范大学创业过程中，通过一定的组织方式，教师利用自己的智力与人力资源，将自身的知识、能力、经验等转化为教案、课件、教材、著作、论文、专利成果、非专利技术、软件成果、音像作品、商标等等，成为所有权归学校拥有的知识产权——技术资源，实际上就实现了个体资源向组织资源的转化；同理，教师通过利用自身的社会关系资本为学校建立教学、科研合作关系，拓展学校办学资源，实际上就将个体的社会资本转化为组织的社会资本和其他资源。又如，师范大学中的创业者个体或群体，通过有效利用学

① HITT M A, BIERMAN L, SHIMIZU K, et al. Direct and moderating effects of human capital on strategy and performance in professional service firms: a resource-based perspective [J]. Academy of Management Journal, 2001, 44 (1): 13-28.

②④⑤ 饶扬德. 企业资源整合过程与能力分析 [J]. 工业技术经济, 2006 (9): 72-74.

③ 马鸿佳. 创业环境、资源整合能力与过程对新创企业绩效的影响研究 [D]. 长春: 吉林大学, 2008: 18.

校的知名度和品牌效应，提高自身的身价，并在创业过程中获取由此带来的各种便利和竞争优势，并进而激发自身的潜能，提高自身人力资源的价值，这实际上就是组织资源对个体资源的渗透和转化作用。而教师利用学校的教学、科研平台，专业、学科基础，团队资源支撑等，实现自身的学术发展和个体资源的增值，并反过来促进学校资源能力的提升和教学、科研各项事业的发展，则是个体资源与组织资源有效整合的充分体现。

第二，内部资源与外部资源的整合。一方面通过识别、选择、汲取有价值的，与内部资源相适应的外部稀缺资源，将其纳入到自身资源体系之中；另一方面通过内外部资源之间的融合对接，激活内外资源，充分发挥内外资源的效率和效能①。如在师范大学教育模式改革和质量提升的创业过程中，通过与地方教育局、中小学、同类师范院校、企事业单位、校外办学机构等建立广泛的协同育人机制（如战略协作关系、战略联盟等），就可以有效地吸纳或者调动外部的资源，将其整合到自身的资源体系中，并通过内外部资源的有机结合和相互激活，提升自身的整体资源能力。而在学科建设和科研工作中，师范大学通过物色和引进高层次的稀缺人才，或者通过与其他科研机构、产业组织等建立人财物共享的合作机制，同样能够使自身的创业资源得到明显的提升和扩充。

第三，新资源与传统资源的整合。传统资源是指自然资源、物质资源和一般人力资源，它仅提供组织比较竞争优势；而新资源是指传统资源之外的呈边际收益递增的诸如知识、信息和教育等资源②，它具有许多传统资源所不具备的优势，是组织持续竞争优势的源泉。在新资源与传统资源的整合过程中，一方面要通过引入和使用新资源，提高传统资源的使用效率和效能，另一方面要通过合理利用传统资源反过来激活新资源，促进隐性技术知识等新资源的不断涌现③。如师范大学在教育模式改革创业过程中，通过网络化信息资源与传统教学资源的有效整合和合理使用，不仅可以大大提高教学的效率与效能，并且可以利用信息化教学资源具有便于形成知识产权、可以低成本无数次复制和消费、能够跨越地域与时空限制，以及在应用过程中能够产生大量再生资源等方面的优势，促进新老资源的全面扩展与增效。

第四，纵向资源与横向资源的整合。纵向资源整合是指某一门类资源内不同广度和深度的资源之间的整合，横向资源整合是指某一类资源与其他相关资源之间的整合。纵向与横向资源的整合对于建立资源的立体架构具有重要意义④。在师范大学创业中，纵、横向资源的整合随时都在发生，而且往往相互交织在一起，以此形成多维度、纵横交错的资源网络。不论是教育模

---

①③④ 饶扬德．企业资源整合过程与能力分析［J］．工业技术经济，2006（9）：72－74．

② 吕立志．论新资源在新经济中的地位和作用［J］．中国软科学，2001（9）：21－25．

式的变革，学科与科研的提升，还是社会服务的拓展与资源开发，都可能同时涉及纵向和横向的资源整合。比如，在学科建设中，师范大学不仅需要对上述六类不同资源进行横向的整合优化，还需要对同一类资源中不同表现形态的资源进行有机整合（如对不同层次、不同能力结构和不同心理特征的人力资源进行整合，对不同表现形式、不同成熟程度的技术资源进行整合等）。

值得注意的是，在资源的整合过程中，人力资源起到非常关键的作用，是资源整合过程中的“灵魂”。这是由人力资源的特殊性所决定的。在创业过程中，人既是创业的主体，又是创业的“资源”，是主体性与客体性的辩证统一。人力资源是所有资源中唯一具有生命和最具创造力的因素，人力资源的聚合程度往往决定其他资源的聚合程度。谢尔比（Shelby）和罗伯特（Robert）认为，人力资源是资源整合过程中的核心因素；人力资源中的个人是资源整合的执行者，而团队是资源整合的协作者[①]。可以说，没有人的参与，资源的整合就不可能实现。

（3）资源整合的过程。资源的整合过程一般包括四个紧密衔接的阶段，即资源识别（Resources identification）、资源获取（Resources acquisition）、资源配置（Resources allocation）和资源利用（Resource leverage）[②]：

资源识别，是指创业者根据自身资源禀赋，对创业所需资源进行分析、确认，并最终确定所需资源的过程[③]。资源识别是资源整合的起点，资源识别通过明确资源间的关联促进资源价值链的重组，从而促进资源协同效应的形成。资源的识别包括内生维度和外生维度。内生维度主要是指创业者需要认识到自己本身所拥有的各种资源以及资源库中的资源，并能够明确理解这些资源对实现创业目标的作用和意义。外生维度是指创业者对外部资源的确认和识别。在资源识别过程中，创业者需要通过分析清晰了解自己的资源禀赋以及组织拥有的基础资源，再经过分类比较，评价当前资源与创业机会之间的差距，确定需要拓展的资源，并列出所需资源的清单（包括资源的类型、数量、质量、使用时间及使用顺序等），同时还需要对资源获取的渠道进行识别（如可能的供应商等）。值得注意的是，相比于创建新企业或新组织为目的的创业，包括师范大学创业在内的组织创业发生在相对成熟的组织中，这时的组织已经具备比较良好的资源基础，创业负责人和创业团队更多是从组织内部获取资源（当然获取外部资源仍然是非常必要的），因此识别

---

① HUNT S D, MORGAN R. The resource-advantage theory of competition: Dynamics, path dependencies, and evolutionary dimensions [J]. Journal of Marketing, 1996, (4): 107 – 114.

② 马鸿佳. 创业环境、资源整合能力与过程对新创企业绩效的影响研究 [D]. 长春：吉林大学，2008: 16 – 30.

③ 葛宝山，董保宝. 基于动态能力中介作用的资源开发过程与新创企业绩效关系研究 [J]. 管理学报，2009 (4): 520 – 526.

组织中可以为创业所用的资源以及资源的“资助者”显得至关重要。

资源获取，是指在确认并识别资源的基础上，利用其他资源或途径得到所需资源并使之为创业组织服务的过程①。资源的获取是资源整合不可或缺的重要环节。在资源获取中，创业者需要根据创业的需要，以自身已有资源为基础，采用合适的方式获取资源。资源获取的方式可以选择购买、联盟或者并购等，其中资源购买主要是通过市场购入所需的资源，但一般很难获取到知识尤其是隐性知识等新资源；资源联盟是指通过与其他组织建立联盟关系，共享彼此的资源或者共同开发新的资源，这种方式不仅可以获取传统资源，也能获得隐性资源等新资源，其前提是双方的资源和能力互补且有共同的利益；资源并购是通过股权收购或资产收购，将企业外部资源内部化的一种交易方式，其前提是并购双方的资源尤其是知识等新资源具有比较高的关联度②。其实，获取资源的方式还有很多，对于非营利性的师范大学而言，政府是其最大的资助者，通过有效途径争取政府经费与资源支持是其获取资源的重要手段，而通过市场化行为拓展办学资源和争取社会捐赠也成为其重要的获取资源的渠道。

资源配置，是指企业或组织在获取了必要的资源之后，对资源进行调整，使它们互相匹配、相互补充并获得独特竞争力的过程③。资源配置是资源整合的中心环节，获取的资源是否有价值，关键在于如何搭配使用。在资源配置过程中，创业者首先应该对资源做出科学的评价鉴别，明确资源的种类、特长、不足及与其他资源的关系。然后在此基础上通过剥离（Shedding）、增加（Adding）、绑定（Bundling）三个步骤对资源进行合理配置④。其中，“剥离”是指剥离对组织无用的资源，因为无用资源的无限堆积反而会降低组织的竞争优势，剥离无用资源不仅可以释放财务资源，也可以减少成本，使资源达到新的平衡；“增加”是指根据资源的特性和组织的战略目标，从组织内部资源库中增加必要的有用资源；“绑定”是指以组织目标为导向，把所有的资源整合在一起，进行互补性配对，使其相互匹配。通过有效配置，对资源进行综合、集成和激活，可以提高资源的匹配度、协调性、共享度和使用效率，资源的柔性、条理性、系统性和价值性都得到明显增强。

资源利用，是指使用所获取并经过匹配的资源，在市场上形成一定的能

---

①③ 葛宝山，董保宝．基于动态能力中介作用的资源开发过程与新创企业绩效关系研究［J］．管理学报，2009（4）：520－526.

② 饶扬德．企业资源整合过程与能力分析［J］．工业技术经济，2006（9）：72－74.

④ SIRMON D G，HITT M A．Managing Resources：Linking Unique Resources，Management，and Wealth Creation in Family Firms［J］．Entrepreneurship Theory & Practice，2010，27（4）：339－358.

力，通过发挥资源与能力的作用生产出产品或服务为客户创造价值的过程[①]。资源利用是资源整合过程的最后环节，是创业资源的价值实现过程，也是组织的资源整合能力转化为组织绩效的关键过程。通过利用经由识别、获取以及配置而形成的新的资源能力或者说竞争优势资源，组织不仅可以为客户创造价值，也可以使组织获得相应的回报，提高组织的能力，促进组织的成长。资源的利用，不仅在于利用资源以产品或服务的形式为客户创造价值，也在于实现组织进一步的资源拓展，即在实现资源价值的基础上拓展组织的资源库，进一步开拓资源的范围和功能，为新一轮的资源整合过程奠定坚实的基础，这也是组织持续竞争优势的根本来源。在具体表现上就是创业负责人、创业团队和组织利用自身的资源禀赋，发挥资源的杠杆功能，撬动、吸引更多的资源为其所用。

资源整合的四个阶段相互衔接、相互促进，但并非完全具有线性关系，各阶段其实是相互交叉的，如在获取资源的过程中伴随资源的整合和配置过程，在利用资源的过程可以同时进行资源的进一步配置等。在创业过程中，师范大学要善于以自身资源禀赋为基础，通过有效识别、获取、配置和利用资源，促进价值创造与自身的成长。

---

① 葛宝山，董保宝．基于动态能力中介作用的资源开发过程与新创企业绩效关系研究［J］．管理学报，2009（4）：520－526.

第三章　路径：A 大学的实践

“转型”是师范大学主动求变，适应新环境和谋求新发展的战略性调整和“行动自觉”，也是其开启的新的创业历程。作为排名靠前的全国高师院校、本省师范教育的龙头和典型的传统师范大学，面对内外部环境的急剧变化和巨大的转型压力，A 大学将如何抉择和应对？又是如何以创业的精神主动把握机会、创造价值，最终实现转型的目标的？这些，对于从典型个案入手，全面认识我国师范大学在转型期的创业路径具有重要的意义。本章将以 A 大学的实践为例，探讨转型期师范大学的创业路径。

第一节　提升学术水平

如前所述，在转型期，A 大学大幅度调整了自身的发展定位，其表述也几经调整。但不论是“一流师范大学”向“一流新型师范大学”、“特色鲜明、开放式、综合性师范大学”的转变，还是“教学型大学”向“教学研究型大学”、“高水平教学研究型大学”的转变，“综合性”和学术提升始终是其战略调整一以贯之的核心内涵，因此大力提升学术水平是推动其顺利转型、提高办学水平和实现长期可持续发展的关键。在转型期，A 大学有效整合内外部资源，把握有利发展机会，通过大力加强学科建设、增强队伍实力、提升科研水平和强化研究生培养，全面提升自己的学术水平，取得了明显的成效。

一、提升学科实力

对于学科门类已经比较齐全的师范大学而言，虽然拓展新的学科领域仍然是其学科建设的重要内容，但推进“综合化”的重点在于提高学科整体实力和学科的融合度。在转型期，A 大学以实施“211 工程”建设为引领，抓住各级重点学科建设、学位点申报、国家实施“2011 计划”等的有利机会，大力整合校内外资源加强学科建设，以提升学科实力和融合度为重点，推进学科的综合化发展，并整体带动教学、科研和社会服务各项事业的发展。

1. **加强学科发展规划与管理体制建设**

学科建设规划是学科建设的指南，也是学科建设资源整合的有效手段。为了推进学科建设，A 大学先后制定了《2000—2004 年学科建设与发展规划》和《2004—2010 年学科建设规划》，对学校现有的学科布局进行调整优化，对未来一定时期学校学科建设的目标、方向、任务与具体措施作出规划，为学校学科建设指明了方向。2005 年，A 大学启动了三大“科研行动计划”，将加强重点学科建设作为其中“增重行动计划”的核心内容加以推进。2006 年，《A 大学事业发展“十一五”规划纲要》启动“学科建设提升工程”，作为“十一五”“八大工程”之一，提出“突出重点、整体推进、注重特色、动态发展”的学科发展原则和具体的发展思路。2011 年，《A 大学“十二五”事业发展规划纲要》，提出了学科建设的主要任务和具体目标。通过科学规划和有效实施，A 大学有效整合了学科建设资源，促进了学科的快速发展。

为了有效落实学科建设规划，A 大学加强管理机构与激励制度建设。在机构建设方面，A 大学先后成立了“211 工程”建设项目法人组织（1996 年）、“211 工程”建设办公室（1996 年）、发展规划办公室（2009 年）和发展规划处（2011 年），统管学校的学科建设，并成立各学院的 211 建设与学科建设管理小组，明确各自职责，层层落实学科建设任务。在制度建设方面，A 大学先后制定了 10 多个管理文件，包括规范性的制度和激励性的制度，以此调动各个层面的积极性并整合各个层面的资源，如《关于进一步加强学科建设的若干意见》、《学科建设实施意见》、《学科建设实施方案》、《学科建设专项资金管理办法》和《“211 工程”建设项目实施管理办法》等。

2. **实施“211 工程”建设**

“211 工程”是以学科建设为重点的综合性大型建设工程。1996 年进入国家“211 工程”建设行列后，A 大学抓住这一难得的机遇，以工程建设为引领，大力加强学科建设，开启了由省属重点大学向国家重点建设大学的历史性跨越。A 大学“211 工程”建设的阶段（从第一期到第三期）基本覆盖了转型期的整个过程，通过“211 工程”建设，强力牵引了学科建设水平的大幅提升，为顺利转型打下了坚实的基础。

表3-1　A大学“211工程”建设经费统计

	重点学科项目/万元	公共服务体系/万元	师资队伍建设/万元	创新人才培养/万元	其他/万元	合计/万元
第一期	4 613	2 747				7 360
第二期	14 398	9 607	8 808		2 869	35 682
第三期	22 150	9 140	8 160	2 000		41 450
合计	41 161	21 494	16 968	2 000	2 869	84 492

资料来源：根据《A大学“211工程”建设总结报告》（第一到第三期）整理。

在“211工程”第一到第三期建设中，A大学通过整合国家与地方政府投入、学校自筹经费和校内外的各种有用资源，以前所未有的力度投入学科建设，先后共设立国家级重点学科建设项目22项（其中一期7项、二期6项、三期9项）、省级重点学科建设项目5项（三期）和校级重点学科建设项目4项（三期），投入建设经费41 161万元（详见表3-1），占总经费的48.7%。同时，公共平台建设和队伍建设等也投入大量的经费，为学科建设奠定了良好的基础。

在重点学科项目实施中，A大学致力于学科结构的优化、学科水平与融合度的全面提升。项目的设立都经过长期的论证，兼顾学校实际情况与发展需求，既突出重点，又兼顾学科的平衡与结构优化，同时注重以社会发展需求和学科自身发展需求为导向，强化学科交叉融合，提高学科综合服务能力，促进新学科增长点的培育，明显提高了学科的综合性。在第一到第三期所设立的建设项目中，大部分涉及多个学科、多个学院和多个研究机构之间的资源整合与联合攻关。通过这些项目的实施，不仅学校的学科实力得到明显的提升，学科的融合度也有较大提高，各学科之间初步呈现出齐头并进、以集团化协同发展的态势。同时学科的交叉融合拓展了学科发展的空间、促进了新的研究领域的产生，使学科自身发展口径、广度和深度都得到相应的提高。

表 3-2　A 大学“211 工程”重点学科建设项目

时间	重点学科建设项目
第一期（1996—2001 年）	国家级 7 个：现代教育技术理论与实践，学习与人的素质发展，激光与光电子，运动人体科学与体育教育，社会主义市场经济与第三产业发展，社会历史哲学与社会可持续发展，生物发育研究及其应用
第二期（2002—2006 年）	国家级 6 个：教育信息技术的理论与应用，学习与人的素质发展，激光与光电子，现代体育科学的理论与实践，社会主义市场经济与社会可持续发展，华南沿海生物资源研究及其应用
第三期（2008—2012 年）	国家级 9 个：学习与人的素质发展，现代教育的理论与技术研究，文化生态与中国语言文学的古今演变，激光与光电子，能源与环境化学的理论与应用技术，体育科学与人的发展，当代哲学理论与社会可持续发展，社会主义市场经济的运行：机制、结构与绩效，华南沿海生物资源研究与利用。 省级 5 个：数学及其在交叉领域的应用研究，量子效应和量子调控及其应用研究，华南地区环境变化与人地关系研究，岭南思想文化和艺术文化的历史传承与现代发展，第二语言学习过程与汉语高效率推广。 校级 4 个：政府管理创新与广东公共事业发展，现代信息服务与应用软件，B 省地方法治建设研究，B 省旅游管理优化模式创新研究

资料来源：根据《A 大学“211 工程”建设总结报告》（第一到第三期）整理。

A 大学“211 工程”建设取得了明显的建设成效，学校的学科实力、队伍实力、科研水平和整体实力都得到大幅度的提升，受到了上级的充分肯定。2012 年，A 大学以良好的建设成效获得国家发改委、教育部和财政部三部委的联合表彰，成为全国受到表彰的 28 所大学之一。

3. **加强重点学科建设**

国家与省级重点学科数量的多少，往往是一所学校学科实力的主要体现。在“211 工程”学科建设的基础上，A 大学积极利用国家和省历次重点学科申报的有利机会，积极整合各种资源，组织重点学科建设与申报工作，取得了突出的成绩：在国家重点学科建设方面，2002 年实现了零的突破，教育技术学、发展与教育心理学、光学三个学科入选国家重点学科；2006 年，再有体育人文社会学获批为国家重点培育学科，从而使国家重点学科数达到 4 个。在省级重点学科建设方面，A 大学原来有 8 个二级学科被列入省级重点学科。2007 年，该校获得明显突破，有 2 个一级学科和 11 个二级学科入选省级重点学科；2012 年，该校再次获得突破，共有 18 个一级重点学科和 4 个二级重点学科入选，其中更有 5 个学科进入最高层次的“攀峰计划重点学科”。

通过加强各级重点学科的建设，该校重点学科数量大幅度增加，基本实现学校现有学科的全覆盖，学科建设的层次和实力得到明显提升，部分学科居于国内先进行列。根据 2009 年教育部公布的一级学科评估结果，心理学一级学科、体育学一级学科在全国排名前三，教育学一级学科在全国排名第六；这三个一级学科组成的教育学科门类在全国高校排名第三。同时根据 2013 年统计资料，该校工程、化学、物理 3 个学科领域进入世界 ESI（Essential Science Indicators，基本科学指标）前 1%（见表 3－3）。

表 3－3　A 大学省级以上重点学科统计

单位：个

时间	国家级重点学科	省级重点学科		
		一级学科重点学科	二级学科重点学科	合计
1999 年	0	—	8	8
2002 年	3	—	8	8
2006 年	4	—	8	8
2007 年	4	2	11	13
2013 年	4	18	4	22

资料来源：根据 A 大学校史和官网公布资料整理

4. 推进学科集群发展

以学科建设规划为指引，A 大学大力推进学科的交叉融合，坚持以交叉学科群的方式推进重点学科建设，充分发挥重点学科的辐射带动作用，培育和完善以重点学科为核心，基础学科、应用学科、新兴与交叉学科协调发展的学科体系，着力构建具有师范大学特色、支撑学校未来发展的学科架构（如图 3－1），努力实现整体实力的提升。通过大力加强跨学科科研团队建设，推进学科交叉融合，凝练学科特色，该校形成了两大具有鲜明特色的优势学科群——支撑教育改革发展优势学科群和服务现代产业体系优势学科群（图 3－2），产生了“绿色光电子材料与技术”和“粤港澳教师教育”两大优势学科平台，两大学科平台整体实力位居全国高校前列。此外，该校还以国家实施“2011 计划”为契机，大力加强协同创新平台的建设，推进校内外资源整合与协同创新，提高学科的融合度和综合创新能力，已建立省培育国家协同创新中心1个、省协同创新中心2个、省协同创新机制改革重点项目1个、校协同创新中心12个、校一级学科创新平台26个和校交叉学科创新平台12个。这些协同创新平台的建设广泛涉及学校的各大学科领域，是对学校学科结构的进一步优化和学科资源的进一步整合，进一步提高了学科的综合化程度。

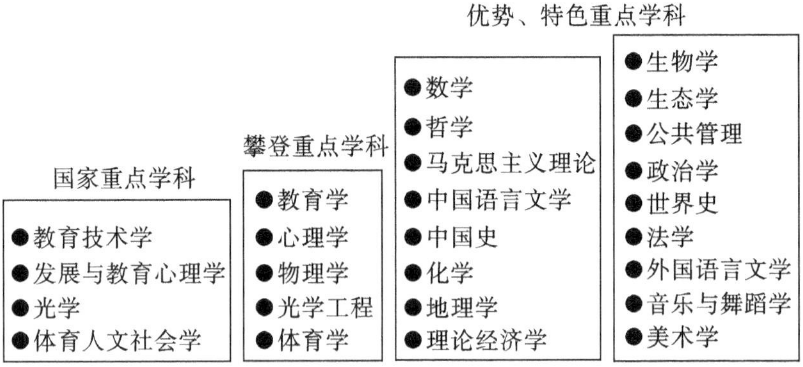

图3-1　A大学学科发展结构图

（资料来源：《A大学校史（2003—2013）》第62页）

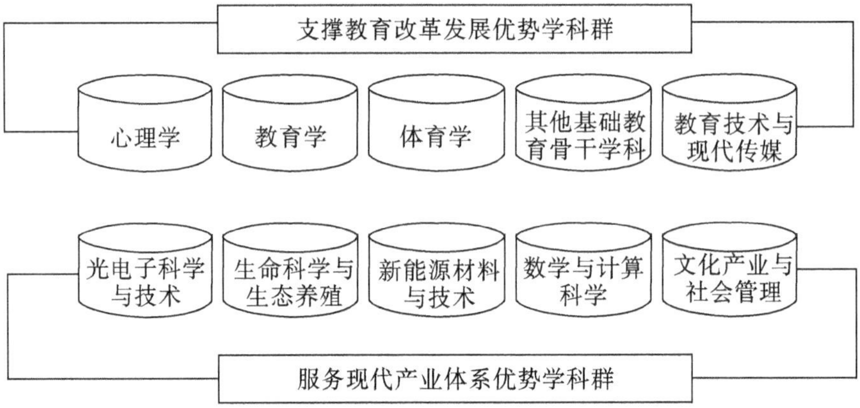

图3-2　A大学优势学科群示意图

（资料来源：《A大学校史（2003—2013）》第62页）

5. **加强学位点建设**

学位点建设与学科建设相辅相成，互为依托，往往被作为学科建设的重要组成部分。在转型期，A大学积极把握历次学位点申报的机会，积极整合各种资源，大力加强学位点建设，取得了显著的成绩，为学科的快速发展提供了强大的助推力：1999—2013 年期间，该校新增一级学科博士点 14 个、二级学科博士点 93 个（含专业型博士点 1 个）；新增一级学科硕士点 33 个、二级学科硕士点 142 个（含专业型硕士点 9 个）；新增博士后流动站 14 个、省级博士后创新实践基地 10 个。到 2013 年，该校共有 14 个一级学科博士点、33 个一级学科硕士点、98 个二级学科博士点（含 1 个专业型博士点）、186 个二级学科硕士点（含 10 个专业型硕士点），博士后流动站 15 个、省级博士后创新实践基地 10 个，学位点数量跃居全国师范院校前列（见表 3－4）。同时，博士点覆盖的学科门类已经从 1999 年的 3 个增加到 12 个，涵盖学校的所有学科门类。

表 3－4 A 大学学位点统计（1999 年与 2013 年比较）

项目	1999 年/个	2013 年/个	新增/个	增长倍数/倍
博士学位授权一级学科	0	14	14	—
博士学位授权二级学科	5	98	93	18.6
博士后流动站	1	15	14	14.0
省级博士后创新实践基地	0	10	10	—
专业学位博士授权点	0	1	1	—
硕士学位授权一级学科	0	33	33	—
硕士学位授权二级学科	44	186	142	3.2
专业学位硕士授权点	1	10	9	9.0

资料来源：根据《A 大学校史（1933—2003）》、《A 大学校史（2003—2013）》、《A 大学事业发展白皮书（2013 年）》和 A 大学官网资料整理。

6. 推进学院制改革

从国内外的办学经验来看，学院制是一种更加适合综合性大学的管理体制。在转型期，A 大学着力推动以学院制改革为重点的体制机制改革，建立与学科综合化发展相适应的管理体制，有效推动学校的综合化发展。所谓学院制改革，是指以学科建设为龙头进行校、院、系管理体制改革，在校、系或所之间增加学院一级管理层次，以学科或学科群为基础组建学院，使学院成为拥有一定权力和职责的实体，是学校管理的重心所在。学院制改革不仅涉及学科关系的重新组织，也是高校内部权力结构调整，实现管理重心下移、提高学院自主性和增强学校办学活力的重要举措[①]。回顾我国一百多年

① 俞建伟. 学院制改革与高校内部权力结构调整［J］. 现代大学教育，2001（4）：66－68.

的高等教育发展历程，作为舶来品的学院制，经历了“借鉴—废止—重建”的过程①。20 世纪 90 年代以前，A 大学实行的是传统的校、系二级管理体制。进入“211 工程”大学行列后，该校办学规模不断扩大，办学层次不断提高，学科与专业不断发展，原有的管理体制越来越不能适应学科整合、资源共享、综合人才培养和管理效能提升等方面的发展需要，更不能适应学科综合化发展和学校综合化转型的要求。为此，在 20 世纪 90 年代中期 A 大学开始进行学院制改革的试点，并在 1999 年后将其作为学校体制改革的重点内容加以全面推进，为学校整体综合化转型提供了体制上的保障。学院制改革不仅有力地促进了学科、专业的综合化发展，提高了学校的整体融合度，也为其高素质综合性人才的培养创造了条件。而从资源整合的角度来看，学院制改革本身就是资源整合的过程，通过改革，学校更加合理、有效地配置各种创业资源，大大提升了资源共享的水平，提高了办学的效益（见表 3－5）。

表 3－5　A 大学现有专业学院成立时间分布

年度	1999	2000	2002	2003	2004	2005	2012	2013
成立学院数/所	3	1	3	1	5	6	2	5
累计学院数/所	3	4	7	8	13	19	21	26

资料来源：根据 A 大学官网资料整理。

二、提升队伍实力

在转型期之前，A 大学的师资队伍整体上仍然是一支与教学型大学和传统封闭式师范教育相适应的队伍，教师来源相对单一，队伍结构不尽合理，高层次人才比例明显偏少（详见下文表 3－6、表 3－7），学术水平整体偏低，竞争力明显不足，与转型目标存在明显的差距。因此，要想实现学校的转型升级首先就必须实现队伍的转型升级。该校充分认识到人才队伍建设对转型发展的重要意义，提出以“超常规的热情、超常规的努力、超常规的举措”来加强师资队伍建设，充分利用高校内部管理体制改革、“211 工程”建设、国家实施高层次人才战略等各种内外部有利机会，通过实施人才强校战略和一系列的改革创新，调动各个方面的积极性，创造性地整合各种资源投入队伍建设，大力提升队伍的整体实力，取得了明显的成效。

1. 以内部管理体制改革为契机，启动分配制度改革

针对原有人事分配制度存在的平均主义、激励机制不合理和不利于高层

---

① 李北群，徐月红．对我国再度兴起学院制的思考［J］．中国高教研究，2008（1）：33－35．

次人才成长等问题。1999 年，A 大学启动以人事分配制度改革为重点的新一轮校内管理体制改革。2000 年，学校出台了以“淡化身份管理，强化岗位管理”为指导思想的人事分配制度改革方案——《A 大学校内津贴分配试行办法》。在此基础上，2002 年，该校出台了对优秀拔尖人才实行特殊岗位津贴的制度，时称“AB 岗制度”，并在 2003 年后发展成为“特殊岗位计划”（为拔尖人才设立特殊岗位，给予特殊岗位津贴资助，设一类、二类和三类岗，分别给予每年 3 万～10 万元不等的资助）。人事分配制度改革打破了平均分配的制度僵局，初步建立了优劳优酬和竞争激励的用人机制，为队伍建设注入了活力，稳定了学科带头人和教学科研骨干人员，对调动各单位搞好教学、科研和学科建设，提高学校整体办学水平起到了良好的促进作用。

2. 以“211 工程”建设为契机，加强高层次队伍建设

为了加大队伍建设的力度，从 2003 年开始，A 大学将“队伍建设”作为子项目纳入“211 工程”建设。在 2003 年启动的“211 工程”第二期建设中，学校提出了实施“高层次创造性人才工程”的具体设想，投入 8 300 万元用于高层次人才队伍建设，具体包括知名教授引进1 000万元、学科带头人和骨干教师引进 1 200 万元、智力引进工程 700 万元、“特殊岗位计划”2 100 万元、“金顶人才工程”1 500 万元、新世纪人才培养计划 1 800 万元。在 2008 年启动的第三期建设中，学校再次投入 8 160 万元（包括中央财政1 500万元、省财政 2 160 万元和自筹经费 4 500 万元）用于“教师培养计划”、“人才引进计划”、“智力资源引进计划”三大计划的建设①。将“队伍建设”纳入“211 工程”建设，不仅为队伍建设提供了强大的资金支持（合计 1.646 亿元），更强化了“队伍建设”的重要性，而且有利于将队伍建设与学科建设、科研建设、人才培养等各项工作有机协同，从学校发展全局谋划队伍建设，因此具有重要的意义。

在“高层次创造性人才工程”中，A 大学提出培养和引进 10 名左右“能带领重点学科进入国际国内先进水平”的“中青年国家级著名学者”。随后，学校采取了一系列措施，如在人才引进方面实施“知名教授引进计划”（目标是引进在国内外享有崇高学术声誉的知名专家学者）与“学科带头人和学术骨干引进计划”（目标是引进重点学科发展需要的带头人和学术骨干），在人才培养方面实施“金顶人才工程”（目标是参照教育部“长江学者奖励计划”和 B 省“珠江学者奖励计划”，培养学术造诣较深、具有良

---

① 根据《A 大学“十五”“211 工程”总结报告》（2006 年 3 月）和《A 大学“211 工程”三期建设总结报告》（2012 年 12 月）整理。

好发展潜质的优秀中青年学科带头人）和“特殊岗位计划”，有力地促进了学校高层次创造性人才队伍的建设。其中，“特殊岗位计划”更是在校内产生了强烈的反响。在“211 工程”三期建设实施的三大人才计划中，重点工作仍然是高端人才队伍建设，包括高端人才和高层次学术创新团队的建设。其中，“教师培养计划”的重点是实施“金顶人才工程”、加强创新团队建设、促进教师队伍国际化、提高教师队伍的博士比例等；“人才引进计划”的重点是实施“高端人才引进”计划、“海归博士引进”计划和“青年学者引进”计划等；“智力资源引进计划”的重点是“在国内外引进智力资源，聘任对学科发展起到关键作用的特聘教授或院士，聘任可以完成高端成果的专家，并与国内外权威的研究机构建立实质的合作关系”。①

3. **以“人才强校战略”为统领，推进队伍建设全面发展**

2005 年 6 月，A 大学召开全校性的人事工作会议，提出了“以领军人才为重点，加快学术创新团队的培育，全面推进师资队伍建设”的发展思路。会后该校出台了《关于实施人才强校战略的若干意见》的纲领性文件和配套文件 8 个，内容涵盖教学队伍建设与科研队伍建设，人才的引进与培养，青年人才、学术骨干、学术带头人与知名教授队伍建设等各个层面，体现了学校从战略的高度上谋划队伍建设的整体思路，是对队伍建设的“顶层设计”，为队伍建设指明了方向，注入了动力。2011 年 11 月，该校再次召开人事工作会议，主题是“把握机遇，追求卓越，建设高水平师资队伍”，明确提出要“坚持高端引领，构筑高层次人才汇聚高地”。

以“人才强校战略”为引领，“十二五”期间，A 大学制定和实施了“3133 工程人才计划”，展现了更加宏伟的发展蓝图：“拥有 30 名左右的以两院院士、国家‘千人计划’入选者、长江学者特聘教授、国家杰出青年基金获得者、新世纪百千万人才工程国家级人选、珠江学者特聘教授等为主体的高层次领军人才；培养和汇聚 100 名左右以国家重点学科、省重点学科、博士一级学科以及各类国家级、省级重点实验室、研究基地等为主的学科与学术带头人；培养 300 名左右具有国际视野和创新能力、发展潜力大、后劲足、有望成为学术带头人的中青年创新人才；培养和建设 30 个左右具有全国高校领先水平、在国际上有一定影响力的高水平创新团队。”

4. **以“人才工程”实施为契机，借力政府资源加强高端队伍建设**

近十多年来，国家和地方政府出台了一系列鼓励高层次人才引进与培养

① 根据《A 大学“十五”“211 工程”总结报告》（2006 年 3 月）和《A 大学“211 工程”三期建设总结报告》（2012 年 12 月）整理。

的人才工程，如“百千万人才工程”“千人计划”“长江学者”等。A 大学积极利用这些鼓励政策与资金支持，引培结合，创造性整合校内外资源，推动师资队伍的快速发展，各类高层次人才快速增加。

仅以引进高层次海外优秀人才为例，2008 年以来，国家先后实施“千人计划”（2008 年）和“青年千人计划”（2010 年），2010 年后 B 省也先后颁布实施《引进领军人才评审暂行办法》、《引进创新科研团队评审暂行办法》，大力引进国（海）外创新科研团队和领军人才。A 大学以此为契机，调整人才引进策略，制定实施《引进高层次人才暂行办法》，构筑高层次人才引进平台，实现了海外高层次人才引进的新突破。2010—2012 年该校分三批共成功引进 B 省领军人才 6 名，B 省创新科研团队 2 个（团队核心成员 20 人），累计获得省政府专项资金资助 1.06 亿元。所引进的人才均是具有重要国际学术影响力的著名学者，其中不乏外籍院士、诺贝尔奖评委等。比如：领军人才 L. O. B. 教授是诺贝尔奖评委、瑞典皇家科学院院士、国际著名生态学家和光生物学家；领军人才 RZF 教授是世界著名材料科学家，引进当年入选“千人计划”；领军人才 ZGF 教授是飞利浦公司首席科学家、电子纸原创关键技术发明者，被誉为“电子书之父”，引进当年入选“千人计划”；领军人才 K. K. 教授是纳米光学与等离子体光子学领域世界著名专家；领军人才 U. L. 教授是隐身介质理论创始人、变换光学领域世界著名专家、2010 年诺贝尔奖候选人；领军人才 A. V. B. 教授是荷兰皇家科学院院士、荷兰皇家科学院常务委员，引进当年入选“千人计划”；创新科研团队带头人 S. S. 教授是瑞典皇家科学院和皇家工程院两院院士、物理学诺贝尔奖评委会主席，其团队核心成员由来自瑞典、荷兰、日本、加拿大、新加坡等海外发达国家的正高级研究人员 9 人组成；创新科研团队带头人 R. A. H. 博士是罗电湿润技术的原创发明人、平板显示领域的知名专家，其团队大部分核心成员都曾在飞利浦公司从事多年的新型显示技术研发，团队在电子纸的驱动技术研究上处于世界领先地位①。

5. 以团队建设为重点，打造高层次“学术群落”

A 大学高度重视团队建设，积极为人才引进与成长打造“学术群落”，构筑有利于人才汇聚、成长的高地。在实践中，该校坚持以学科引领推动队伍建设，将团队建设与学科、专业发展紧密结合，相互支撑。在高层次人才引进和培养工作中，该校以国家级和省级重点学科、“211 工程”重点建设

---

① 根据《A 大学“211 工程”三期建设总结报告》（2012 年 12 月）和《A 大学校史（2003—2013）》（第 76—77 页）整理。

学科和拟重点发展新兴学科的需要为依据，确定人才引进培养的目标，力求引进人才与本土人才能够有机融合，形成“杂交优势”，相互促进，构建强有力的团队。在“211工程”建设中，该校提出要“培育和完善‘大团队、大平台、大学科’的人才汇聚体系”，注重对学科方向的凝练和规划，组合不同学术背景、科研经历的学者形成创新团队，增强学科的核心竞争力。

同时，该校注重对优秀团队的整体引进，以此开拓具有良好发展前景的新方向、新领域。近几年，通过团队引进的办法，该校先后引进生态学团队、代数团队、先进光电子团队等优势团队，大大提升了原有学科的实力，并且开辟了许多新的学科方向，逐步形成良性发展的“学术群落”。以生态学团队为例，2002年A大学引进中国生态学界泰斗（原中国生态学会理事长）、中科院院士SRY教授和一批高水平的学者，迅速壮大生态学研究团队。2009年A大学又以“B省领军人才”的方式引进诺贝尔奖评委、瑞典皇家科学院院士、国际著名生态学家和光生物学家L. O. B. 教授，形成双院士领衔的强大生态学团队。通过他们卓有成效的工作，迅速在生态学领域产生巨大的学术影响，并取得一系列的突破，如发表系列有重要影响的高端科研成果，实现生态学一级学科博士点、博士后流动站的突破，获批省级重点学科、省级重点实验室等。又以先进光电子团队为例，2010年前后，该校大力引进光电子方面的海内外优秀人才，2011年在高层次队伍建设基础上成立“HN先进光电子研究院”，汇聚了诺贝尔奖评委、瑞典皇家科学院院士、国际Sune Svanberg光学工程学会（SPIE）主席K. S. 教授，“电纸书之父”ZGF教授，清洁能源和纳米材料专家RZF教授等众多国际著名专家，以及众多优秀的团队成员（包括B省“领军人才”和“创新科研团队”各2个），在光电学科这一传统优势学科基础上增加了众多新的优势学科方向，使其快速建设成为国家级优势学科创新平台、国家重点实验室和国家工程中心的培育基地，高层次国际合作与交流的平台，在短短数年就在国内外同行中确立了较高的学术地位。

经过大力发展，A大学团队建设成效显著，初步形成了“群狼效应”，促进了队伍的整体升级。在“211工程”二期建设期间，通过融合不同学术背景、科研经历的人才，汇聚创新力量，该校“建成了25个高水平、高效率、团结和谐的学术创新团队”。在“211工程”三期建设期间，该校组建了49个学术创新团队，其中具有国际水平的团队有信息感知光电技术团队、先进材料研究团队、彩色动态电子纸显示技术研究团队和特种光纤团队等4个；被列为省部级以上建设团队的有量子物理与量子操控研究团队、激光生命科学研究团队等15个。从海外引进的“信息感知光电技术创新团队”和

“新型平板显示技术创新科研团队”各获得“B 省创新科研团队”专项资助4 000万元和3 000 万元。[①]

6. **以推进“三化”建设为途径，促进教师队伍内涵发展**

根据学校转型发展的需要，在队伍建设中，A 大学提出了“博士化、国际化和本土化”的“三化”目标，引培结合，积极推动队伍的内涵发展和实力提升：

在“博士化”方面，为了迅速提高博士比例（1999 年具有博士学位的专任教师仅占 12.0%），优化师资学历结构，2005 年学校出台了《关于优化中青年教师学历结构的实施意见》，支持中青年教师在职攻读博士学位，并规定除个别特殊学科外不再选留或引进非博士毕业生担任专任教师；在 2008 年实施的《教学、科研人员高、中级专业技术资格条件（试行）》中，明确规定 45 周岁以下没有博士学位的专任教师不得评审正高级职称，通过建立倒逼机制促进队伍发展；同时为年轻博士毕业生设立科研启动费，加快年轻教师的成长。这些举措有力地促进了教师队伍的博士化。到 2013 年底，具有博士学位的专任教师比例已达 55.9%，其中 45 岁以下专任教师中博士比例超过 80%。

在“国际化”方面，2003 年设立了“出国留学基金”，资助教师以多种形式出国留学进修；2007 年与国家留学基金管理委员会签订了《合作开展“青年骨干教师出国研修项目”协议书（2008—2010 年）》，加大对青年教师出国研修进修的资助力度；2009 年制定了《教师出国研修暂行管理办法》，进一步加大对教师出国研修支持的力度。此外，该校还注重加强与国外高水平大学的合作，在海外建立青年教师培养平台，如与瑞典皇家理工学院和隆德大学筹划建立“中瑞联合中心”，与美国波士顿学院建立联合实验室，着力培养具有国际视野和创新能力的青年教师。2003—2013 年，A 大学共资助 150 名教师出国留学，有 355 人通过各种渠道出国进修访学。在“送出去”的基础上，A 大学大力加强“引进来”。2003—2013 年期间，聘请和引进外籍专家学者和教师逾 540 名。通过选派教师出国进修、引进海外高层次人才、录用具有留学经历的新教师，教师队伍的国际化程度得到较大的提高，到 2012 年专任教师中具有国外学习、工作背景的已达到 24.35%[②]。

在“本土化”（即教师的在职本土化培养）方面，2003 年学校出台了《教师申请定向做博士后暂行规定》，支持具有博士学位的中青年教师在职定向从事博士后研究；2005 年出台了《教师在职培训进修暂行办法》，支持教

---

① 根据 A 大学“211 工程”总结报告整理。

② 根据《A 大学校史（2003—2013）》和 A 大学“211 工程”总结报告整理。

师通过在职进修提高学历水平和学术水平；2013 年借助 B 省实施《高等学校中青年教师国内访问学者计划实施方案》的机遇，将其纳入校内教师在职培训进修体系，支持中青年教师到国内知名高校进修；同时支持教师出国进修，提高教师的国际化水平（如前所述）。为了加快科研骨干的培养，A 大学先后制订了《青年教师学术研究资助试行办法》、《学术骨干教师资助试行办法》、《学术带头人资助试行办法》和《“金顶人才”资助试行办法》4 个资助方案，为教师在不同阶段的科学研究工作提供有力的资助；同时加强对各级“人才计划”或“人才工程”入选者的跟踪管理与培养，为他们的成长创造良好的环境。为了加强教学骨干的培养，该校以培养教学名师为切入点，实施青年教学骨干、校级教学名师和省级教学名师培养资助计划，制订了《培养青年教学骨干试行办法》、《培养校级教学名师试行办法》和《培养省级教学名师试行办法》，为不同阶段的教师提供相应的资助平台。

7. 以完善责任机制为保障，凝聚队伍建设合力

在队伍建设中，A 大学通过制度创新和机制创新，建立分级管理模式和绩效考核制度，明确了学校和各学院、各学科的职能分工，充分调动各个层面的积极性，凝聚队伍建设合力。在学校层面，主要负责队伍建设的顶层设计与宏观调控，成立师资队伍建设领导小组（由党委书记、校长担任组长，分管人事和科研的副校长任副组长，部分校领导和部门负责人担任成员）、高层次人才管理办公室（挂靠人事处）等机构，统领队伍建设的各项改革与建设。在学科和学院层面，主要负责队伍建设的具体落实；以学院和学科点为师资队伍建设的基本单位，配备队伍建设的负责人，负责本单位、本学科的队伍建设与管理。根据《关于进一步做好院系师资队伍建设工作的通知》（2009 年），要求二级单位成立师资队伍建设领导小组，明确把师资队伍建设特别是高层次人才工作单列作为考核中层干部业绩的重要指标。通过调动学校、院系、学科及其教师各个层面的积极性，充分整合学校的资源（财务资源、物质资源、声誉资源、组织资源等）、学院与学科的资源（学科地位与声誉、教学与科研条件、技术资源等）与个人的资源（智力资源、关系资本、学术声誉等），促进队伍建设的更快发展。

8. 队伍建设成绩突出，队伍实力明显增强

从战略的高度重视和规划人才队伍建设，以超常规的方式创造性整合队伍建设资源，以创业的精神推进队伍建设，这些都给队伍建设带来了明显的回报，队伍实力明显增强，为学校转型和后续发展提供了强有力的支撑。

从表 3 - 6 可见，1999—2013 年，A 大学教师队伍数量和质量明显改善，结构更加合理：专任教师规模（从 1 001 人到 2 105 人）、比例（从 40.7%

到 69.6%）明显提高；职称结构和学历结构更加优化，教授比例（从 10.6% 到 24.8%）和具有博士学位教师比例（从 12.0% 到 55.9%，其中 45 岁以下专任教师的博士率超过 80%）；学缘结构更加合理（从 60.0% 到 76.2%）；高层次青年教师明显增加，45 周岁以下教授比例（从 4.0% 到 32.4%）和 35 周岁以下副教授比例（从 8.8% 到 16.9%）明显提高。

表 3－6 A 大学师资队伍情况统计（1999、2007、2013 年比较）

项目		1999 年	2007 年	2013 年
教职工人数/人		2 461	2 944	3 024
专任教师人数/人		1 001	1 560	2 105
专任教师比例/%		40.7	53.0	69.6
专任教师结构	高级职称比重/%	47.4	45.7	52.9
	教授比例/%	10.6	18.1	24.8
	博士比例/%	12.0	27.3	55.9
	学缘结构/%	60.0	66.2	76.2
	45 岁以下教授/%	4.0	39.7	32.4
	35 岁以下副教授/%	8.8	15.6	16.9

资料来源：根据《A 大学“211 工程”三期建设总结报告》、《A 大学校史（1933—2003）》、《A 大学校史（2003—2013）》和 A 大学人事处提供资料整理。

从表 3－7 可见，1999—2013 年，A 大学高层次人才显著增加，整体实力得到实质性增强。获得国内外各类公认学术头衔、入选各类有影响人才计划、能够参与国内外高端竞争的学术“大腕”显著增加，列入统计的各类高层次人才从 14 名增加到 133 名，大幅度提升了人才队伍的层次和核心竞争力。此外，该校还形成了数十个有实力的高层次学术创新团队，提高了学科交叉融合的程度，有力地支撑了学校的各项重点建设。A 大学高层次人才队伍建设的经验和成绩受到国内同行的广泛关注和上级部门的充分肯定，被 B 省教育厅列为高层次人才工作的典型，并在 2012 年入选教育部全国教育系统干部人事人才工作创新案例。

表 3-7　A 大学高层次人才对照表

项目	1999 年	2007 年	2013 年
全职两院院士/人	1	2	2
双聘两院院士/人	0	3	4
外籍院士/人	0	0	3
千人计划/人	—	—	3
青年千人计划/人	—	—	2
国家杰出青年基金获得者/人	1	1	5
长江学者特聘教授/人	0	0	4
长江学者讲座教授/人	0	0	1
“新世纪百千万人才工程”国家级人选/人	—	3	6
全国百篇优秀博士论文获得者/人	0	1	8
教育部新（跨）世纪优秀人才/人	1	5	19
珠江学者特聘教授/人	1	2	11
教育部“长江学者和创新团队发展计划”创新团队/个	—	0	3
国务院学位委员会学科评议组成员/人	0	3	3
B 省引进创新科研团队/个	—	—	2
B 省引进领军人才/人	—	—	6
B 省自然科学基金创新团队/个	—	4	5
国家级教学名师/人	0	1	2
B 省教学名师/人	0	5	10
国家级教学团队/个	—	0	3
B 省教学团队/个	—	0	6
B 省高等学校“千百十工程”省级以上培养对象/人	10	21	25
合计	14	51	133

资料来源：根据《A 大学“十五”“211 工程”总结报告》、《A 大学“211 工程”三期建设总结报告》和 A 大学人事处提供资料整理。

三、提升科研实力①

转型之初，A 大学科研工作基础还非常薄弱，面临着如下几方面突出的问题，亟待加以解决：科研队伍竞争力不足，高层次人才匮乏——专任教师中教授只占 10.6%，博士只占 12.0%，领军人才严重缺乏；缺乏高层次学科与科研平台的有力支撑——国家级重点学科、国家级科研平台都为零，省级平台很少；科研规模明显偏小，科研层次明显偏低——科研经费不足1 000万元，科研项目和科研成果层次偏低；科研结构不合理——存在“文强理弱工差”“重基础轻应用”“重纵向轻横向”和科研力量分散等结构性问题。在转型期，A 大学主动调整学校发展战略，坚持教学科研并重，积极整合各种资源，充分利用国家实施科教兴国战略和建立创新型国家战略所带来的机会、经济与社会发展对高校科研发展的巨大需求、学校实施“211 工程”建设的机遇，以及内外部其他各种有利机会，大力推进科研工作，取得了明显的成效，并促进学科、队伍和科研的相互支撑与良性互动。

1. 明确发展思路

为了大力发展科研工作，A 大学召开多次全校性的科研工作会议，积极探索科研发展的路径，逐步明确科研工作的思路，并在全校范围形成基本共识，即：以学科建设为龙头，以科研机构为平台，以科研项目为纽带，以创新团队为重点，以学术骨干为支撑，以业绩评价为动力，以加大科研投入为手段，以全面提升学校科研创新实力和社会服务能力为目标。

科研与学科建设工作会议：2005 年 4 月，A 大学召开“科研与学科建设工作会议”。会议要求全校牢固树立“科研强校”观念，以学科建设和学科群建设为龙头，建立清晰的科研评价体系，创新科研管理体制，强化激励与督促措施，构建科学研究平台，提高学校的整体科研水平，推进学校从教学型大学向教学研究型大学转变。这次会议被认为是该校“加大力度、清晰评价、规范管理”科研工作的总动员和总部署。会议提出在科研工作中实施“增重行动”、“科技冲顶行动”、“攻坚行动”三大行动，并重点落实 12 项工作，为科研工作实施指明了具体的方向。会后 A 大学出台了《科研业绩评价方案》等系列文件 9 个，明晰了科研评价体系，完善了科研激励制度。

科研与产学研工作会议：2011 年 5 月，A 大学召开“科研与产学研工作会议”。会议重点围绕学校科研业绩评价方案、科研奖励办法、青年教师科

---

① 本部分主体内容已公开发表：王楚鸿. 转型期师范大学科研创业：H 大学的探索与实践［J］. 高教探索，2015（7）：22－28.

研项目培养基金管理办法、科研机构管理办法以及促进产学研合作实施办法等内容进行了广泛研讨。会后出台了《A大学青年教师科研培育基金管理办法》，进一步完善了科研业绩评价方案。在延续上一次会议发展思路基础上，对科研管理制度进行进一步完善，同时强化了以产学研合作推进科研工作的发展思路。

繁荣哲学社会科学工作会议：为促进哲学社会科学发展，2012年7月，A大学召开“繁荣发展哲学社会科学工作会议”，成立学校社会科学界联合会，并在整合现有学科力量的基础上，新成立马克思主义学院、心理学院、特殊教育学院及心理与行为科学学部等若干学院和学术机构。会后出台了《关于进一步繁荣发展哲学社会科学的实施意见》。这些均被认为是A大学整合学科资源、拓展研究平台、深化体制机制改革的新举措。

2. 创新管理体制

A大学在1999年和2005年先后进行了两次较大的科研管理体制改革，通过理顺科研管理的体制机制，建立立体化的科研激励制度，有效整合各种资源投入科研工作，明显激发了科研工作的活力。

第一，理顺管理体制，加强机构建设。在第一轮改革中，该校结合学院制的改革，通过“精、转、并、撤”，调整了科研机构的布局和科研编制的流向，建立起以重点学科、重点实验室、重点研究基地为主体的基础研究和应用开发研究体系，形成了有利于科研人员流动和管理的机制。同时在2001年出台了《科研项目管理办法》、《科研经费管理办法》、《科研成果管理办法》等9个文件，进一步健全了科研管理制度。在第二轮改革中，A大学先后出台了《科研机构项目编制管理办法》（2006）、《社科类科研机构管理条例》（2006）和《理工类科研机构管理条例》（2006）、《直属科研机构管理办法》（2008）等文件和相应的绩效管理规定，按照“分类管理、清晰评价、加强激励、优胜劣汰”的原则，将科研机构分为A、B、C三类（分别代表上级批准机构、校级机构和院级机构），分别制定了入选标准、绩效指标、权利义务和考核管理办法，并加大投入与激励的力度，为科研机构建设注入活力。经过创新管理和加大投入，科研机构建设取得了显著的成绩，A类机构从1999年的2个增加到2013年的39个，同时还建立了46个B类机构和大批的C类机构。这些机构在凝练科研方向、凝聚科研力量、推进科研服务和支撑学科发展等方面发挥了重要的作用（见表3-8）。

表 3－8 1999/2013 年 A 大学重点科研机构统计

年度	省部级机构（个）			厅局级机构（个）			厅局级以上机构合计（个）		
	科技机构	社科机构	小计	科技机构	社科机构	小计	科技机构	社科机构	合计
1999	2	0	2	0	0	0	2	0	2
2013	16	7	23	14	2	16	30	9	39

注：1. 根据 A 大学科技处、社科处提供资料整理；2. 重点科技机构主要包括重点实验室、工程中心、研发中心、产学研基地等，重点社科机构主要包括重点文科基地、研究中心等。

第二，创新激励机制，激发科研活力。20 世纪 90 年代 A 大学开始对教师完成的科研业绩进行奖励，并在 1999—2001 年的第一轮科研体制改革中进行了适度的调整，但总的来说，激励力度不大，内容单一，激励效果并不理想。2005 年，学校启动以"加大力度、清晰评价、规范管理"为指导思想的新一轮科研体制改革，将科研激励制度创新作为改革的重点，加大投入与激励力度，大大激发了科研工作的活力：

首先，以清晰评价为前提，出台系列激励措施。这些激励措施包括《科研成果与业绩评价方案》、《科研业绩津贴计算办法》、《重大科研成果或项目合作人员贡献认定规定》、《高级别科研成果奖励办法》、《院系年度科研经费任务的规定》、《科研业绩的岗位要求》、《关于科研项目经费配套的若干规定》等，构建了覆盖面广、层次性强、正负激励相结合，更加科学的立体化科研激励体系，激励力度比原来普遍增加几倍到十几倍，有些甚至增加数十倍，大大提高了科研人员的积极性。如以学术论文奖励为例，在改革前，一篇高层次学术论文（如《中国科学》、《中国社会科学》）的奖励力度普遍只有 300～500 元；改革后，对所有科研成果和科研业绩进行分级奖励（从高到低分为 T 级、A 级、B 级和 C 级），鼓励高端，加大级差。T 级学术论文（如《中国科学》）的奖励力度达到 1 万元至数十万元（根据影响因子，每增加 1 个影响因子，奖金增加 1 万元），A 级论文为 5 000 元，B 级论文为 2 500 元，C 级论文为 1 250 元（随着科研工作的发展，该校在 2007 年和 2012 年相继取消对 C 级和 B 级成果的奖励）。

同时，一系列负激励措施的出台，也从另一个方面对各单位和老师的科研积极性起到明显的促进作用。如新出台的《院系年度科研经费任务的规定》和《科研业绩的岗位要求》分别对各学院和教师（根据职称和岗位类型分为 9 种）提出具体的科研任务要求，学校对完成任务的单位和个人进行奖励，对未能完成任务的给予相应的督促，这对学院和老师都产生明显的触动作用。

其次，以目标激励为导向，启动“科研三大行动”。为了冲击各项高端科研指标，提升科研层次与质量，促进科研工作的整体提升，A 大学启动了“科研三大行动”。其中“增重行动计划”以增加学校重点学科、重点科研平台为目标，对各单位提出若干年内的具体奋斗目标；“科技冲顶行动计划”以当时学校达到的各项科技指标的最高值或最高档次为基准，要求科技人员在此基础上冲击更高的目标（如获取国家级奖励、发表 *NATURE* 或 *SCIENCE* 论文等）；“攻坚行动计划”则立足于组织科研人员攻克重大科学与技术难题。三大行动计划的实施为全校科研人员确立了相对具体的追赶目标，成为激励科研人员的强大动力，促进学校在一系列核心科研指标上不断获得突破，整体提升了科研的层次，是大胆创新、有效实施目标管理的成功例子。

以“科技冲顶行动计划”为例，按照《“科技冲顶行动”实施办法》（2005 年）及其实施细则，该校明确提出了亟须突破的“顶级”科技指标，并按照难易程度划分为三个等级，由全校科技人员根据自身实际、以自愿的形式提出加入冲顶行动计划，并提出拟突破的目标，学校对入选者分别给予 30 万～120 万元的经费资助，资助期 5 年，采用分期考核、分步资助、动态调整方式，激励科技人员由易到难，逐步突破各类指标（详见表 3－9）。共有 6 个集团项目（包括 17 个团队）和 21 个团队项目共 38 个科研团队获得立项资助，首期投入 1080 万元，其后又增加后续投入 211 万元。经过五年多的实施，“冲顶行动”取得了明显的成效，在项目验收中，共有 4 位成员完成了 12 项二级目标，25 位成员完成了 138 项三级目标。“科技冲顶行动”提升了科研的层次，产生深远的影响，其后该校先后实现国家级科技奖励二等奖零的突破，并在 *NATURE* 杂志上发表了第一作者论文（一级目标）。

表 3－9　“科技冲顶行动”各级目标一览表

类别	一级目标	二级目标	三级目标
论文类	*NATURE* 或 *SCIENCE* 发表论文（第一作者或通讯作者）	SCI 影响因子 8 以上学术刊物发表论文；SSCI 影响因子 4 以上学术刊物发表论文；或本一级学科国际影响因子前 3 名的研究类刊物	SCI 影响因子 5 以上学术刊物发表论文；SSCI 影响因子 2 以上学术刊物发表论文；或本一级学科国际影响因子前 4—6 名的研究类刊物发表论文

续上表

类别	一级目标	二级目标	三级目标
项目类	国家基金重大项目；国家基金创新群体项目（冲顶成员主持）；“863”一级项目、“973”一级项目	国家杰出青年基金项目；国家基金重点项目；“863”二级、“973”二级项目；教育部创新团队项目（冲顶成员主持）；教育部重大招标课题；实到经费千万元以上的横向项目	获批省级科技类团队项目（冲顶成员主持）；省、市级（所在市）重大专项（经费百万元以上）；实到经费500万元以上的横向项目
获奖类	国家级科技奖	省部级科技一等奖	省部级科技二等奖；市级（所在市）科技一等奖

资料来源：A 大学科技处提供。

3. **加大科研投入**

A 大学在大力拓展办学经费的基础上，通过调整资源流向，积极整合资源，加大对科研工作的投入：

第一，通过“211 工程”建设加大科研投入。在“211 工程”第一到第三期建设期间，A 大学共投入“211 工程”建设经费 84 492 万元，大部分投向与科研工作密切相关的建设项目。其中“重点学科建设”项目投入 41 161 万元，“公共服务平台建设”项目投入 21 494 万元，“师资队伍建设”项目投入 16 968 万元，“创新人才培养”项目投入 2 000 万元（具体见表 3－1）。“211 工程”建设大大改善了科研的条件，整体提升了科研的层次。

第二，通过分配制度改革加大科研投入。系列科研激励措施的出台，意味着学校原有分配制度的改革调整，改革后“科研业绩”奖励经费明显增加，在学校人员经费支出中所占的比例也明显提高，而且随着科研工作的发展逐年上升。如以 2010—2013 年为例，该校每年发放的科研业绩津贴保持在 3 000 万元左右。分配制度的改革，加大了对科研的投入，大幅度地提高了科研人员的待遇水平，改变了长期存在的“科研做得越好越穷”的不正常现象，促进了科研的发展。

第三，通过系列项目建设加大科研投入。通过实施“科研三大行动”、高层次项目配套、建立青年教师科研启动项目、优化科研机构编制管理、设立高层次学术论坛等形式，加大对科研工作的投入。如“科研三大行动”共投入经费 1 000 多万元，对高层次科研项目的配套和科研启动项目最多时每年投入约1 000万元，等等。

4. **拓展科研空间**

A大学在科研工作中坚持以“顶天立地”（所谓“顶天”主要是指开展前沿高端科学研究；“立地”主要是指理论结合实际，着力解决实际问题）为导向，以项目为纽带，努力争取研究经费，积极开展科研服务，大力拓展科研发展的空间。

第一，以创新为灵魂，积极开展高端科学研究，提高科研竞争能力。A大学利用国家和地方加大科研投入的有利机会，着力提高自身的竞争力，大力拓展科研经费来源。一是努力增加科研申报的数量。具体措施包括：出台一系列鼓励科研申报的奖励和考核办法，加强宣传发动，提高科研参与度；充分发挥管理部门、学院和教师的积极性、主动性去搜索和拓展新的领域，增加申报类别和数量等。二是努力提高科研申报的质量。具体措施包括：加强对申报信息的跟踪、研究，提高科研申报的针对性；加强团队组织，以团队优势争取重点平台、重大项目；建立项目申报的“筛选”机制，完善项目申报的质量管理；做好项目申报的全程跟踪工作等等。通过这些努力，A大学实现了项目申报数量与命中率的同步提升（如根据该校科技处提供资料，1999—2013年期间，其国家自然科学基金项目申报数增加9.5倍，命中率从16.7%提高到28.6%，明显高于18%－20%的全国平均资助率），同时在重大项目的承担上也屡屡获得新的突破，科研经费快速增加。

第二，以需求为导向，积极推进产学研合作与协同创新，提高科研服务能力。科研服务是高校科研工作亟待进军的广阔天地和巨大市场。为了拓展学校的发展空间，A大学在改革中提高了对横向科研服务、产学研合作和科研成果转化的奖励力度。同时，加强联通校内外的“外围机构”的建设，为产学研合作与科研服务搭建平台、打通关节，推进“学术资本化”与知识成果的产业化。首先，在大力加强科研机构建设基础上，充分发挥其在整合多学科力量，开展综合性应用研究，推进产学研合作方面的作用；其次，积极与地方政府和企业合作，先后建立了一大批的孵化机构和高科技企业，推进科技成果产业化，如大学科技园、产业园、产业化基地、产学研结合示范基地、技术研发基地、高新企业等；再次，成立专门的管理机构（社会服务与产学研合作处），大力推进科研服务与产学研工作。

通过这些努力，A大学横向科研服务能力不断提升，产学研工作也得到了较好推进，为社会与经济发展作出了重要的贡献。1999—2013年，该校横向经费从151.2万元增加到6 709.9万元，增长了43.4倍，横向经费占总经费的比例从13.4%提高到39.1%，大大改善了单纯依靠纵向项目的“瘸腿型”发展格局。在推进科研成果转化方面，该校重点推进一批产学研项目的发展，在高亮度发光二极管核心技术研发、电化学储能材料与技术、大气环境监测与水污染治理、清洁能源材料、高端光电子器件、特种光纤技术、光伏太阳能、彩色动态电子纸、花卉培育、水产养殖、语言障碍诊治系统研发等多个领域获得了明显的进展，部分项目已经进入产业化阶段，为社会创造了巨大的经济与社会效益。此外，学校还积极引导、鼓励相关学科深度参与各级政府部门的决策咨询服务和面向社会的综合性服务，在社会转型、产业结构升级、劳动力转移、心理健康服务、体育运动服务等多个领域做出了突出的贡献，受到政府部门和社会的充分肯定。

5. 实现科研提升

经过十多年的大力改革发展，A 大学科研工作取得了长足的进步，创业成效显著，科研创新能力与科研服务能力均得到明显提升，竞争力不断增强。

第一，科研项目规模、层次明显提升，科研结构更加合理。首先，科研项目经费大幅增加。1999—2013 年间，立项纵向项目数从 73 项增加到 428 项，增长了 4.9 倍；科研项目总经费从 1 128.1 万元增加到 17 146.9 万元，增长了 14.2 倍。其次，承担高级别科研项目能力明显增强。1999—2013 年间，国家级项目经费增长 99.3 倍，年均增长 39.0%，国家级项目经费占纵向项目总经费的比例也从 6.6% 提高到 62.0%。从科研经费构成上来看，该校已经实现从主要承担省、厅级项目的大学，向主要承担国家级项目的大学转变。同时学校在承担重大项目（如“863 计划”、“973 计划”等重大科技项目和国家社科基金重大项目等重大人文社科项目）方面竞争力越来越强，单项项目经费屡创新高。再次，科研结构更加合理。通过大力开展横向研究与科研服务，纵横向项目比例更加协调（见表 3-10，横向经费从 151.2 万元增加到 6 709.9 万元，占科研项目总经费的比例从 13.4% 提高到 39.1%）。同时，在稳定提高社科工作的基础上，通过重点加强相对较弱的科技工作，在较大程度上克服了原来存在的“文强理弱”现象，科研结构更加合理（根据武书连《中国大学评价》，2002—2013 年间，该校自然科学研究的得分从 2.53 分增加到 6.84 分，排名从 92 名提高到 72 名）。

表 3-10　A 大学科研项目统计表

时间	科研项目总数				其中国家级科研项目		
	纵向立项/项	纵向经费/万元	横向经费/万元	总经费/万元	立项/项	经费/万元	占纵向经费比例/%
1999	73	976.9	151.2	1128.1	8	64.5	6.6
2006	205	2895.3	1 143.0	4 038.3	38	1 085.3	37.5
2013	428	10 437.0	6 709.9	17 146.9	113	6 467.0	62.0
1999—2013 合计	3 636	60 176.2	31 290.8	91 467.0	746	28 488.5	—

资料来源：根据 A 大学科技处和社科处提供资料整理。

第二，科研成果数量、质量同步提升。在 1999—2013 年间，不仅各类科研成果的总量都有明显增加，而且科研成果的质量也有明显的提高：由表 3-11 数据计算，三大索引（SCI、EI 和 ISTP）收录论文数增长 16.3 倍；授权专利数增长 26.0 倍；SSCI 收录论文数增长 4.8 倍（2006—2013），学校认定的重要社科论文（A 类以上）增长 6.4 倍（2006—2013）；省部级以上科研奖励成果增长 3.2 倍；等等。近年来，A 大学在高层次成果发表和获奖上屡获突破，在 *NATURE*、*SCIENCE* 和国际各学科顶级刊物发表高影响因子论文的数量也越来越多，并先后以第一完成单位获得教育部“高等学校人文社会科学研究优秀成果奖”一等奖（我国人文社科成果最高奖）和国家自然科学奖二等奖（实现了国家科技奖零的突破），显示了学校科研实力的整体提升。

表 3-11　A 大学科研成果统计表

时间	科技论文与专利			社科论文与著作				省部级以上科研成果奖/项
	科技论文总数/篇	第一单位三大索引论文/篇	授权专利/项	社科论文总数/篇	其中 SSCI 收录论文/篇	学校认定的 A 级以上论文/篇	社科著作/部	
1999	502	62	3	967	—	—	87	6
2006	1 269	394	24	1 316	6	56	166	11
2013	1 793	1 073	81	1 154	35	416	238	25

资料来源：根据 A 大学科技处和社科处提供资料整理。

第三，科研排名、得分稳步提升。历经转型期的不懈努力，A 大学科研工作获得了快速的发展，部分科研指标已经居于全国师范大学和教学研究型大学的前列，科研得分和综合排名也稳步提升。如根据该校科技处、社科处提供的相关统计资料，2009—2013 年间，A 大学获批的国家自然科学基金项目数和经费数基本保持在全国师范院校第三的位置，在非“985 工程”师范院校中排名第一；2009 年以来，该校在国家级社科项目立项和中国高校人文社会科学研究优秀成果奖、全国教育科学研究优秀成果奖、受表彰的《国家哲学社会科学成果文库》入选作品、省级哲学社会科学优秀成果奖等奖项评审中，立项数或获奖数一般居于全国师范大学的第 3 ~6 名，在省内居于第 1 ~3 名，有个别指标甚至居于全国所有高校前列。根据武书连大学评价体系，在 2002—2013 年间（注：该评价体系从 2002 年后相对稳定，本书仅列出 2002—2013 年度的结果），A 大学的科学研究得分从 6.37 分提高到 11.98 分，提高了 88.06%，科研排名从 78 名提高到 59 名，前进了 19 名，增长趋势明显，成为促进学校综合排名提前（从 73 名提高到 58 名，前进了 15 名）的关键影响因素。

表 3 – 12 2002—2013 年 A 大学科研排名

年度	2002	2003	2004	2005	2006	2007	2008	2009	2010	2011	2012	2013	提高
排名/名	78	68	68	62	63	57	57	56	55	58	59	59	19
得分/分	6.37	7.83	7.89	9.15	9.00	9.98	10.24	10.16	12.04	11.10	11.01	11.98	5.61

资料来源：根据武书连《中国大学评价》历年资料整理。

总之，通过学科建设、队伍建设和科研发展，A 大学的学术水平得到了明显的提升，达到了转型的预期目标。与此同时，A 大学还通过大力提高研究生培养能力、扩大研究生培养规模来促进学校学术水平的提升。鉴于研究生培养问题将涉及学校办学层次、办学格局和教育模式的变革，为避免重复，关于研究生教育拓展方面的内容，将在下文集中探讨。

第二节　变革教育模式

如前所述，师范大学转型创业的实质是利用新机会创造新价值。而创造新价值既可以是通过改造和提升，为原有“产品”和服务注入新的附加价值，也可以是以创新的方式提供新的“产品”或服务。而这两者都需要师范大学对整体的教育模式进行变革。在转型期，A大学通过大力发展非师范专业，推动专业的综合化发展；通过推动传统师范教育模式的改革，建立现代教师教育模式；通过人才培养模式的改革，实现人才培养的多元化和质量提升；通过大力发展研究生教育和继续教育，在提高办学层次和拓展教育服务与办学资源间努力实现价值的平衡。

一、推进专业综合发展

大力发展非师范专业，既是师范大学实现“综合化转型”的重要途径，也是其更加关注和满足社会需求的“开放办学”之举。同时，从创业的角度来看，这也是师范大学在已有的“利基市场”受到挤压情况下，寻找新的“利基市场”和发展机会的策略选择。从宏观上看，师范大学专业发展思路的调整（从专守师范专业，到师范与非师范同步发展）自始至终贯穿着“市场价值需求变化—价值目标与价值定位调整—新的发展机会—新的创业过程—新的价值创造”的主线。而从微观的角度来看，每一个新专业的申报、竞争、建设过程就是一个“搜索把握机会—整合资源利用机会—创造价值”的创业过程。

1. **确立综合化发展思路**

在传统定向、封闭的师范教育体制中，非师范专业在师范大学往往不被重视，也很难获得好的发展。在20世纪90年代以前，非师范专业在师范大学中通常仅是师范教育的补充，数量不多。以A大学为例，尽管其非师范专业的办学最早可以追溯到1951年开办的俄语专业，但在其后的30年办学历程中，没有再增加任何新的非师范专业。到了20世纪后期，A大学开始根据社会发展的需要，少量发展非师范专业（如日语、法学、经济学、公共事业管理、通信工程、信息管理与信息系统等专业），并设置少量的“师范与非师范兼招专业”，开始增加非师范生的培养，但所占比例仍然低于师范生。1994—1999年间，A大学共设置本科专业25个，其中师范专业12个，师范与非师范兼招专业6个，非师范专业7个。

进入转型期后，随着师范教育向综合性大学开放和扩招等一系列高等教育改革措施的出台，A 大学深切感受到面临的生存挑战，认为仅仅固守原来的师范教育已经不再现实，必须大力发展非师范专业，拓展新的发展空间，于是提出了“积极申报符合社会需要的非师范专业”的专业建设思路。2000 年，A 大学出台《本科专业建设和改革“十五”规划》，提出在保持传统特色专业优势的基础上，“大力发展信息技术、生物工程等高新技术所需专业，重视发展直接为地方经济建设服务、适应劳动力就业市场需要的学科专业，深化改革传统专业、基础学科专业，扩大本科专业数量和名牌专业数量”，从实际操作层面上为专业的综合化发展提出了具体的指导思想和发展规划。此后，A 大学开始依托原有的专业基础，积极创造条件，大量发展非师范专业，非师范专业数和非师范生比例开始逐年增加，同时根据教师教育发展的需要，少量增加社会需要的师范专业，促进专业的综合化发展。

2. **构建综合性专业体系**

从 2000 年开始，A 大学开始结合国家发展战略、区域产业结构调整和战略性新兴产业发展需求，整合各方面的资源和力量，大力发展非师范专业，并对原有专业进行调整优化。经过十多年的建设，初步形成了门类更加齐全、结构更加合理的综合性本科专业体系。至 2013 年，该校共有本科专业 83 个，覆盖 9 大学科门类（文学、理学、工学、管理学、教育学、经济学、历史学、法学和艺术学），专业的综合性得到明显提升（见表 3 - 13）。

表 3 - 13　A 大学本科专业学科门类分布

学科门类	经济学	法学	教育学	文学	历史学	理学	工学	管理学	艺术学	合计
专业数量/个	6	4	7	14	1	22	10	12	7	83

资料来源：根据 A 大学教务处提供资料整理。

首先，非师范专业快速增加。1999—2013 年，专业结构发生了明显的变化，师范专业和师范非师范兼招专业基本保持稳定（师范专业从 12 个增加到 16 个，兼招专业从 6 个增加到 10 个），但非师范专业则大幅度增加。在转型初期（1999—2004 年），非师范专业快速从 7 个增加到 39 个，从 2001 年开始，非师范专业数开始超过师范专业数量。其后非师范专业一直保持稳步增长，经过 2012 年国家专业目录的重新调整，非师范专业已经增长到 57 个（与 1999 年相比增加了 50 个），占专业总数的 68.7%（见图 3 - 3）。

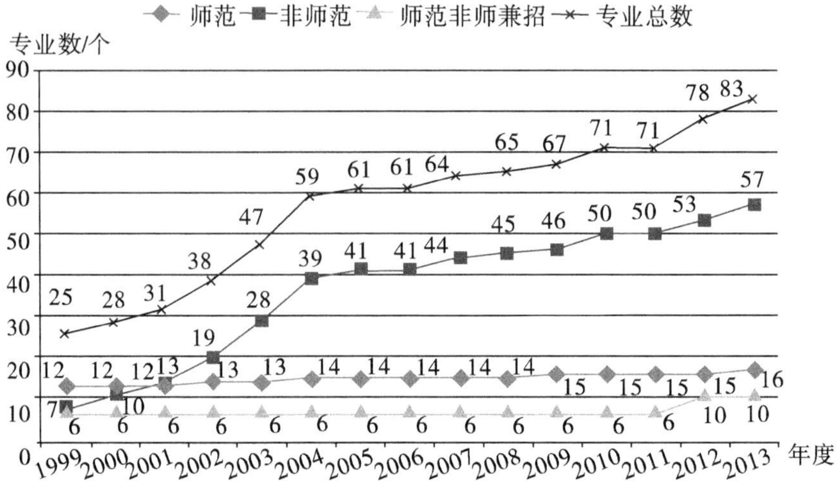

图 3－3　1999—2013 年 A 大学专业变化趋势

资料来源：根据 A 大学教务处提供资料整理。

其次，非师范生比例快速提高。2000—2006 年，非师范生招生比例从 24.0% 快速增加到 72.2%（师范生比例仅占 27.8%）。2003 年，非师范生招生比例达到 50.4%，首次超过师范生。2007 年后，非师范生比例开始回落，2008 年后保持在 60% 左右，基本维持师范生与非师范生四比六的关系（见图 3－4）。

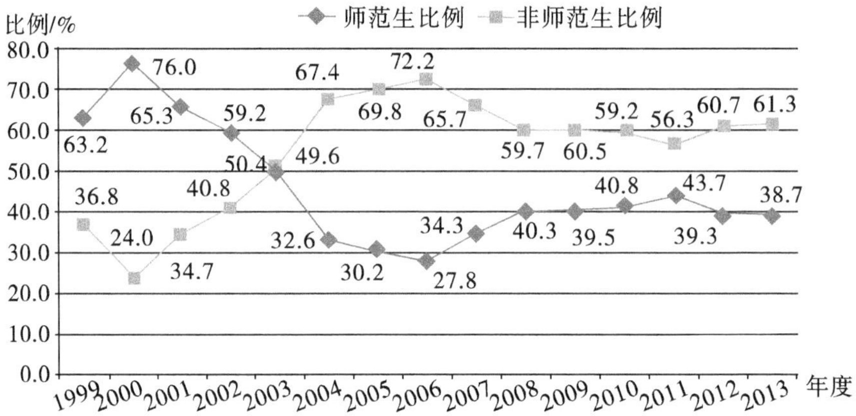

图 3－4　1999—2013 年 A 大学本科各年级中师范生与非师范生所占比例

资料来源：根据 A 大学校史和 A 大学教务处提供资料整理。

最后，师范专业更加齐全。在原来 12 个师范专业的基础上，新增加了舞蹈学（2002）、科学教育（2004）、小学教育（2009）和特殊教育（2013）4 个专业，同时新增了 4 个兼招专业，既填补了师范教育在某些领域上的空缺，使师范教育专业体系更加齐全，更好体现师范教育的办学特色，也适应了基础教育改革的新需要。

3. **加强新专业基础建设**

专业建设是一个漫长的过程，短时间内建设好大量新专业（主要是非师范专业）并非易事，加强新专业的条件与质量建设成为转型期专业建设的重要内容。为此，A大学先后投入专业建设专项经费8 000多万元，重点抓好新专业建设中的"三要素"——师资队伍、课程、实验室与实习基地，并于2005年出台了《关于加强新专业建设的意见》，为新专业建设提供良好的保障：

（1）师资队伍建设。一是积极引进专业发展需要的教师，根据非师范专业发展的进度和新的人才培养目标要求，大量补充专业发展需要的教师（专任教师从1999年的1 001人增加到2013年的2 105人，增加的教师绝大部分都能适应新专业发展的需要）。二是加强教师的在职培训，根据专业发展的需要，选派教师接受相关的培训，实现这些教师的适应性转型。三是积极利用校外专家资源，每年均从企事业单位聘请一定数量的实践型专家作为兼职教师充实课堂教学（根据该校统计公报，2013年外聘教师达到373人），既解决了教师不足的问题，也提高了实践教学的成效，实现了优势互补。2005年，该校出台了《聘请兼职教师暂行办法》，使兼职教师纳入制度化管理。四是积极利用外籍教师资源充实教师队伍（如根据该校统计公报，2013年外籍教师达到72人）。

（2）课程资源建设。课程建设是本科教学建设的核心环节，对于新专业建设而言，其重要性不言而喻。在非师范专业课程建设中，A大学一方面严格做好培养方案的制订工作，构筑科学合理的课程体系；另一方面注重抓好课程本身的内涵建设，具体措施包括：以"本科教学改革与质量工程"（简称"质量工程"）建设为契机，强化对专业核心课程群的建设；加大实践性学分的比重（人文社科类专业超过15%，理工科专业超过25%）和实践性课程的开发，加强实际应用能力培养；大力推进课程信息化建设，提高教学效果和优质教学资源共享水平；依托优势学科、特色专业、双语课程、精品课程、教学团队、教学名师等资源，提升课程建设水平；积极开发特色课程，推出创新教育课程和创业教育课程，推进第一课堂和第二课堂相互促进；等等。

（3）实验条件建设。为了满足新专业人才培养需要，A大学加快实验条件建设，在其投入的新专业建设专项经费中，相当部分用于实验条件的建设，使实验条件得到明显改善，到2005年共建成各类教学实验室82间，实验室及附属用房达到10.9万平方米。在2005年本科专业评估中，A大学办学条件获得“优秀”评价，在实验教学条件配备方面，教学实验室数量、实验室及附属用房面积、生均教学科研仪器设备值、新增教学科研仪器设备所占比例、百名学生配教学用计算机台数，以及百名学生配多媒体教室和语音实验室座位数等多项指标都明显超过教育部规定的标准。

2006年以后，A大学继续根据专业建设的需要，加大对实验室建设的力度，并充分利用“质量工程”建设的有利时机，加大对优质实验室的建设，实验条件得到了进一步的改善。同时，该校还充分利用“211工程”加大对学校基础条件建设的有利机会，发挥原有专业实验条件和科研实验条件的辐射共享作用，为新专业人才培养提供良好服务。到2013年，该校共建成国家级实验教学示范中心3个，省级实验教学示范中心12个；该校的教学科研仪器设备资产总值达64 264万元，生均教学科研仪器设备值约2 3381.5元；拥有教学用计算机14 695台，百名学生配教学用计算机台数达到53.5台，各项指标均明显优于2005年的水平①。

（4）实习实践基地建设。为了统筹规划非师范专业实习基地建设，A大学先后出台了一系列文件，如《专业、毕业（生产）实习管理办法》、《关于进一步加强实习基地建设的意见》等。同时，积极探索建立国家、省、校三级校外实践基地体系，打造校外优质实习实践共享平台，并依托基地和平台开展实践教学模式改革。截至2013年，该校已在多个专业实习基地进行了跨院系多专业混合实习模式的探索与实践，建成省级基地6个、校级基地22个，各级各类校外实习基地218个，保证了学生专业实习实践的需要。

巨大的投入和重点的建设，使非师范专业得到了较快的发展，办学质量不断提升，毕业生得到了社会的广泛认可，2011—2013年A大学非师范专业毕业生的平均就业率分别达到97.07%、99.24%和98.56%，其中一半以上非师范专业的就业率为100%②。

二、改革本科培养模式

改革本科培养模式，既是教师教育发展的需要，也是学校整体综合化转型的需要，更是社会对高质量、多样化人才需求变化的需要。转型期，A大学通过推动人才培养模式改革，大力提高人才培养质量，积极响应社会发展需求。

---

① 根据《A大学统计公报（2013）》整理。

② 相关数据由A大学就业办提供。

1. **推动师范教育培养模式改革**

在教师教育专业化、大学化、一体化、开放化的大背景下，作为教师培养总称的“师范教育”概念逐步为“教师教育”所取代，而“师范教育”则往往仅指教师的职前培养。转型期师范大学在教师培养工作中同时面临着内涵建设和外延拓展的双重任务，一方面必须通过内涵建设和改革创新，努力提高教师的培养质量，适应社会对高素质教师的培养需求；另一方面又必须在保持教师职前教育传统优势的情况下，大力加强教师入职教育和职后教育，提供多样化的教师教育服务，推进教师教育的一体化。而对于全日制本科教育而言，实现师范教育的改革转型是师范大学转型首先需要实现的目标，其核心是质量提升。在转型期，A 大学致力于探索培养高素质基础教育师资的有效途径，通过优化人才培养方案，在人才培养模式、课程体系、实践教学、培养制度等环节进行改革创新，大力提高师范生的培养质量。

（1）改革师范教育培养模式。A 大学结合自身实际，主要采取了优化师范生四年制本科培养模式和推行教师教育“4 +2”培养模式改革两大举措，以模式改革和特色化建设推进培养质量提升。

一是优化师范生四年制本科培养模式：四年制本科培养模式是 A 大学师范教育的主体模式。在转型期，A 大学通过内涵建设不断改革优化该模式，分别于 2003 年、2005 年和 2012 年对师范生培养方案进行了三次大的修订，进一步明确和优化师范生的培养目标。2003 年，培养目标定位为“培养德智体美全面发展的中等学校教师，并为其今后成为中等学校的骨干教师、学科带头人和教育管理者打下坚实的基础”。2005 年修改为“师范专业要建立基于终身学习的教师专业发展模式，致力于培养学生成为日后的学科专家教师和教育管理者”。2012 年，又提出了“培养骨干专家型”教师的目标定位，根据《教育部关于大力推进教师教育课程改革的意见》，按照“育人为本、实践取向、终身学习”的理念，充分发挥相关学科优势，从通识和专业两个层面优化教师教育课程；加强教育实践环节，创新教育实践模式，构建四年一体的教育实践体系。2011 年，该校以承担教育综合改革试点项目“卓越教师全程优化培育”为契机，推进教师教育改革和课程体系的优化。经过多年的探索，A 大学提出了卓越教师“五位一体”的要素结构（即教育信念、理想、情感、知能、意志组成的“信、想、爱、能、会”五要素），并从“目标、机制、主体、策略”出发构建了职前教师“四位一体”的培养模式。

二是推行“4 +2”教师教育培养模式。2008 年，A 大学开始推行“4 +2”教师教育模式，旨在培养教师教育方面的创新应用型精英人才。该模式可简单概括为“一贯、两制、三合作”：“一贯”是指4年本科和2年研究生教育统筹安排，有机融合，相互衔接，大四时安排教育实践和研究生公共学位课程；“两制”是指双导师制和双实践制，即每名学生配备大学导师和中学导师，学生本科阶段和研究生阶段分别到基地学校实践半年，本科阶段侧重实践和体验，研究生阶段侧重教学与研究；“三合作”是指理论导师、实践导师、学生三方共同申报课题，共同进行研究，融培养于研究之中。到2013年，该模式已在语文、数学、英语、物理、化学、生物、政治、历史和地理9大学科铺开。

（2）完善教师教育课程体系。在转型期之前，传统高师教育普遍存在教师教育类课程比例偏低、结构不合理和培养实效不高等问题，不能适应教师专业化发展的需要，备受诟病。在转型期，A大学通过改革教师教育课程体系，促进师范生培养质量提升。从2003年、2005年和2012年三次修订后的培养方案来看，教师教育类课程的学分和比例不断增加、课程资源更加丰富、课程结构更加合理，更加强调教育实践能力和研究能力的培养，更加切合“骨干专家型教师”的培养目标：

2003年改革的主要精神是，在培养目标中强化对师范生创新精神培养的要求；实行“教师职业技能合格证书制度”；适当延长教育实习的时间和学分；将原有的《教育学》课程改为《教育原理》、《教学理论与教学工作》、《德育理论与班主任工作》和《教育科学研究方法》4门小课；要求学生修读21－23个教师教育类课程学分，其中任意选修课2学分（见表3－14）。

表3－14　A大学师范专业教师教育类课程设置情况

培养方案版本	教师教育类课程设置学分/个													占总学分比例/%
	教育学	心理学	教育技术	教育原理	教学理论与教学工作	德育理论与班主任工作	教育科学研究方法	教师教学技能训练	教育实习	学科教学法	教育见习	选修	合计	
1999年	3	3	2					4	6	3～4	0		21－22	12.4～13.8
2003年		3	2	1	1	1	1	课外	8	2～4		2	21－23	12.7～14.8

续上表

培养方案版本	教师教育类课程设置学分/个													占总学分比例/%
	教育学	心理学	教育技术	教育原理	教学理论与教学工作	德育理论与班主任工作	教育科学研究方法	教师教学技能训练	教育实习	学科教学法	教育见习	选修	合计	
2005 年	3	3	2				1	3	8	2	3	设 24 门选修课	必修 25	文科：15.6 ~ 16.7 理科：15.2 ~ 16.1
2012 年	3	3	2				2	2.5	8	2 + 2	1.5	4	30	17.6

资料来源：根据 A 大学 1999 年、2003 年、2005 年和 2012 年修订的本科培养方案整理。

2005 年，A 大学首次提出“建立基于终身学习的教师专业发展模式”，组织专家对“教师教育模块课程”进行研制和大幅度改革。同时出台《师范生教师职业技能合格证书制度实施方案》，建立“师范生教师职业技能培训中心”，进一步推进实施教学技能合格证书制度。经完善的“教师教育模块课程”包括教育理论基础（必修 2 门 6 学分；选修 9 门）、教育实践基础（必修 3 门、7 学分；选修 12 门）、教育科研基础（必修 1 门、1 学分；选修 3 门）、教育实习与见习（必修 2 门，11 学分）四个部分，要求修读不少于 25 个教师教育类课程学分。课程资源更加丰富，学生自主选择的空间明显增加（选修课明显增加）；首次对教育见习赋予学分（3 学分）；重视隐性课程对师范生的培养。

2012 年的课程改革突出了“育人为本、实践取向、终身学习”的教师教育理念，师范专业课程体系包括四大模块，即公共基础课程 + 学科大类课程 + 专业领域课程 + 教师教育课程。该方案进一步加大了教师教育类课程的比重（达到 30 学分，占总学分的 17.6%，明显高于 1999 年的 12.4% ~ 13.8%）；优化了必修课程的设置，在“教师教学技能训练”中设置多门 0.5 学分的微型课程，增设了教师口语、教师书面语等课程，并对教育调查、教育见习等赋予学分；在学校开设的“文化素质大讲堂”中增设了“名校长导师”专栏，聘请知名校长到学校开设讲座，坚定师范生从教信念，引导师范生树立正确的教育观、价值观。

（3）完善教学技能培养体系。教学技能培养是促进教师专业化发展的必由之路，也是衡量师范生培养质量的重要观测点。A大学通过完善教学技能培养体系，大力提高教学技能培养的实效：

一是构建四年一体化的师范技能训练课程。从技能养成的角度出发，A大学提出了“大一感悟、大二领会、大三掌握、大四提升”的分段式、层次性四年一体化的师范技能培养方案，并于2007年修改了教师教育模块中的《教师教学技能训练》课程，将其细化成“三个模块五门小型课程”（三模块即口头表达技能、规范字书写技能、微格教学技能，五门小型课程即普通话、教师口语、钢笔字、粉笔字和微格教学），与教育见习等其他课程通盘考虑，根据师范生的认知规律和训练特点安排到大学四年的学习中去。

二是制定师范生师范技能训练实施方案。2005年以来，陆续出台了《关于加强师范生教师职业技能训练的意见》、《师范生教师职业技能合格证书制度实施方案》和《教师职业技能训练实施方案》等文件。各学院也制订了符合学院特色的实施方案，规范了教师职业训练的方法、手段及达标的基本要求，解决了师范生教师职业训练如何实施、如何操作、如何评价等问题，形成完善的质量保障体系。

三是加强教学技能实训硬件条件建设。为了强化教学技能训练，2005年，在“相信学生，促进学生自主发展”理念的指导下，A大学投入大量经费，建成了条件完善、信息化管理的教师教育教学技能实训中心。学生可以通过预约微格课室，以班级、小组或个体的形式自主安排教学技能的自我训练，开展相关的学习交流，大大提高了训练的针对性、积极性与成效。2009年，该中心被评为省级实验教学示范中心。通过教学信息化和信息化手段在教学技能训练中的大量运用，改革教师培养模式，大力提高师范生培养的现代化程度和培养的实效，也使这些未来的教师能够更好地适应信息化时代的教学模式。

四是构建连贯的教学技能竞赛体系。每年举办“为了明天师范生教学技能大赛”（2008年后更名为“为了明天师范生课堂教学优秀奖”）；自2002年起，每年举办“师范生多媒体课件制作大赛”；2008年起举办“师范生基本教学技能竞赛”。以上三项全校性教学技能竞赛成为师范生教学技能培养的重要环节，参与面很广。通过以赛促练、赛练结合，带动和促进全校师范技能训练的深入开展。近年来，A大学学生在“东芝杯·中国师范大学理科师范生教学技能创新大赛”、“全国师范院校师范生教学技能竞赛”等重要赛事中屡创佳绩，获奖数在全国师范大学中位居前列。

（4）创新教育实习模式。A 大学积极进行教育实习模式的改革创新，努力提高实习的成效：

一是混合编队教育实习模式改革。鉴于高校扩招带来的指导教师不足问题和传统实习模式存在的不足，1999 年 A 大学开始进行师范生混合编队教育实习模式的改革试点，并迅速扩大到几乎所有专业，成为学校的常规实习模式。该模式打破专业界限，多个不同专业师范生以混合编队的形式（一般每个编队 10～15 人，每个专业 1～2 人，设实习正副队长各 1 名，学校派出的指导教师每人负责若干支实习队）到一所实习学校进行集中实习，完全委托实习学校进行全面、全程指导。多年实践证明，该模式有利于学生得到实习学校教师更好的指导，充分发挥学生的自主自立的精神，发挥多专业互补的优势，促进教学相长。

二是顶岗实习模式改革。作为一种新型的教育实习模式和人才培养模式，顶岗实习支教旨在破解农村教育的“人才荒”，实现师范生培养与社会服务的统一。顶岗实习不同于其他传统方式的地方在于它使学生完全履行其实习岗位的所有职责，独当一面，发挥主导者、决策者的角色，而非仅仅是旁观者和辅助者，因此具有更大的挑战性和锻炼价值。2009 年，A 大学开始启动顶岗实习支教工作，累计已有 1 300 多名学生参与。为了做好顶岗实习工作，A 大学还积极与相关的教育基金合作，为参与顶岗实习的学生提供经费支持，现已分别与合生珠江教育发展基金会和春桃慈善基金会合作设立“珠江项目”和“春桃项目”。经过几年的探索实践，顶岗实习已形成“政府主导—学校组织—社会参与”的运行模式，实习效果良好，得到实习学校和社会各界的充分肯定。同时 A 大学还积极开展了顶岗实习教师置换培训工作，按照 2∶1 的比例培训因顶岗实习置换出来的中学教师，更好地发挥了教育服务功能。

三是“2＋2”双实践模式改革。2013 年，A 大学启动了“2＋2”双实习模式，即师范生前 2 个月到本省经济欠发达的农村中学实习，后 2 个月到本省经济发达地区的名校实习，目的是为了让学生从两种不同的实习环境中得到更全面的锻炼，提高自身的适应性和综合素质，同时通过实习“全面了解教育，了解全面的教育”。这种模式兼顾两者的优点，弥补两者的不足，大大提高了实习的质量。

2. 构建多元化、综合性人才培养模式

扩大非师范专业数量，建立综合性的本科专业体系，是师范大学实现“综合化转型”的重要途径，但并非目的，“综合化”的本质内涵和目的在于综合性人才的培养和人才培养质量的提高。在转型期，A 大学确立了更加多元、综合的人才培养目标，更加注重学生综合素质的培养，通过大力推进人才培养模式改革，创新人才培养体系，形成了涵盖师范教育与非师范教育（两条主线）、学术型人才培养与应用型人才培养（两类目标），本科生与研究生培养贯通（本—硕或本—硕—博连读），多种形式组合的“开放多元”的人才培养模式，人才培养的综合性得到明显提高。具体改革包括：

综合人才培养实验班改革。2001 年创立综合人才培养实验班，以“宽口径、厚基础、高起点、高要求”为培养理念，以培养追求卓越的跨学科研究型人才为目标。按学科大类设综合理科一班、综合理科二班、综合文科一班、综合文科二班 4 个班，实施 2 + 2 培养模式，前两年以通识教育和学科群大类教育为主，后两年进行专业主修。在总结经验教训的基础上，2008 年后，该校对综合班的课程设置进行了大幅度的调整：倡导原典阅读；调整课程结构，实行“开小课，多开课”的方针，采取以主题研讨、讲座、论文写作等灵活多样的形式进行教学，提高通识教育课程和学科群拓展课程质量。2009 年，综合班获批成为国家级“人才培养模式创新实验区”。2010 年，综合班探索新生研讨课和研究性教学，聘请名师进行教学和讲座，加强与国内外一流研究机构的合作。同年，与台湾中原大学签订科研与交流合作协议，为学生科研发展创设了良好的平台。

国际化应用型人才培养特色班改革。2007 年后，以中外联合办学项目为依托，以特色班形式在财务管理和法语专业中进行“国际化应用型”人才培养模式改革试点。通过引进国外联合办学项目的优质资源，促进课程的国际化，制定适应国际化应用型人才培养的培养方案，搭建多方位多层次国际交流与合作平台，建立高质量的国外、国内（涉外机构）实践基地，配备国际化的双语教学师资队伍，引进国外先进的教学模式与管理模式，试点工作取得了明显的成效：学生的国际交流能力和应用能力均明显优于其他专业，人才培养质量获得了社会的高度评价，学生就业率一直保持 100%，毕业生大部分在涉外机构就业或到国外深造（如法语专业到国外留学的学生一般在 40% 以上）。

大类招生与大类培养模式改革。本着“夯实基础、整合课程、更新内容、尊重个性、注重实践、优化资源”的原则，A 大学于 2008 年在非师范专业推行了大类招生与大类培养制度。到 2013 年共有 12 个学院、37 个专业进入 13 个大类中，大类培养学生约占在校生人数的 40%。学生第一阶段（1.5—2.0 年）按照大类培养，修读学校平台课程和大类基础课程，第二阶段按一定原则选择一个专业进行专业培养，并获得相应专业的毕业证书和学位证书。2011 年，“本科大类招生大类培养人才培养模式实验区”获得省级质量工程立项。该模式拓宽了学生的专业口径，促进学生综合素质的提高。

“4+2”教师教育培养模式改革。从2008年开始，旨在培养教师教育方面的创新应用型精英人才，通过“一贯、两制、三结合”的培养模式，培养重点中学的骨干专家型教师及管理干部（具体如前所述）。

心理学基地班培养模式改革。2008年该校心理学本科专业点被批准为“国家理科基础科学研究和教学人才培养基地”。随后，该校依托基地设立“心理学基地班”，探索以一级学科专业点为基础的精专型拔尖创新人才培养模式。“基地班”致力于培养和造就以攻读心理学及相关学科领域硕士、博士研究生为主要目标的拔尖创新人才。培养特点主要包括：以免试推荐研究生为主、考研为辅，毕业后全部进入研究生学习，特别优秀的可进行本—硕—博一体化培养；实行四年全程导师制；强化英语教学、研究性课程与科研实践；重视国内外第二校园学习经历；学生实行入选制，并进行动态管理。

复合型人才培养模式改革。为了促进复合型人才培养和学生的自主发展，近年来A大学大力推行辅修、双专业、双学位制度改革，通过辅修课程资源建设以及开课模式、时间的改革，最大限度地让更多学有余力的学生获得辅修双学位的机会。以2008—2011年为例，学校在经济管理、法学、教师教育、英语等专业推行辅修、双学位改革，共有1 701名学生参加辅修，其中，89人以双专业毕业，466人获得双学位。同时，为了探索复合型人才培养新模式，2009年，该校在行政管理专业以特色班形式试点“行政管理+英语”双专业双学位人才培养，通过有效统筹主修专业“行政管理”和辅修专业“英语”的所有课程和学分，学生在四年中完成主、辅修专业的所有课程，获得双专业和双学位，大大拓展了学生的知识与能力结构。试点工作取得了良好的效果，学生（53名）实现了三个100%：100%获得双专业双学位、100%通过英语四级和六级统考、就业率100%。

创业型人才培养改革。2009年A大学在全省高校中率先成立创业学院，并在三个校区分别成立创业学院分院，通过加强创业教育师资队伍建设（现有校内外师资100多名），开设系列创业课程、开设青年创业特色班、承担大学生创新创业计划项目和开展创业竞赛等形式，加强学生创业能力的培养。到2013年，全校共开设创业教育课程20多门（包括理论课程与实训课程），修读学生5 000多人次；开展创业教育讲座、论坛数十场，受益学生超过20 000人次。同时在三个校区为有创业意向的学生开设青年创业特色班，聘请50多名业界精英作为创业导师，对学生进行创业知识教育和创业能力强化培训。此外，以“质量工程”建设为契机，建成大学生创新创业实训中心，积极组织学生参加大学生创新创业计划项目，2011—2013 年共承担国家级项目 150 项、省级项目 269 项，设立校级项目 482 项，大大提高了学生的创新创业能力。近年来，该校学生在全国创业竞赛中屡获佳绩，先后有多人获得国家级和省级创业大赛金奖、银奖。①

XQ 创新班培养模式改革（以该校的创立者 GXQ 先生命名）。为发挥重点学科优势，推动科研促进教学，2010—2013 年 A 大学本着“求创新、重研究、扬个性”的培养宗旨，先后在 7 个科研实力较强的学科或领域设立了 XQ 创新班，分别是教育学、国学、生命科学、物理学、数学、新能源材料与器件和光电子学。XQ 创新班旨在鼓励学生追求卓越，为优秀学生提供更多的发展机会。学生入学后，在 XQ 创新班所属学院进行 4 年一贯制培养，并按本—硕 7 年培养目标设置培养方案。学校为学生聘请优秀教师，实行全员导师制。2011 年，以 XQ 创新班为载体的“优势学科四年一贯制学术型拔尖创新人才培养实验区”获得省级质量工程立项。

拔尖创新人才协同培养模式改革。近年来，A 大学积极探索协同培养模式，创造性整合校内外优势资源，推动拔尖创新人才培养。2010 年，该校与世界第一基因测序平台和世界最大基因组学研究中心——华大基因研究院签订了联合培养协议，采用“2.5 +1.5”联合培养模式（学生前五学期在学校学习基础专业课程，后三学期在华大基因进行科研实战学习），每年派出优秀学生赴该院创新班开展研究性学习，现已连续选拔了四届共 20 多名本科生进行联合培养，并有 200 多人次参加过华大基因的暑期实习或见习。联合培养取得了显著的成绩，目前已有两名学生分别在 *SCIENCE* 和 *NATURE GENETICS* 杂志上参与发表国际高水平学术论文；2012 年和 2013 年连续两年有学生团队参与国际遗传工程机器大赛（简称 iGEM）并在亚洲赛区比赛中斩获金牌；入选学生中有近一半的人被北大、清华或中科院录取继续深造。2013 年，A 大学实施了“新兴光电子技术及其交叉科学领域优秀本科生培养计划”（简称“优培计划”），开展校内学院与研究院（HN 先进光电子研究院、生物光子学研究院）之间的协同培养，继续探索学术型拔尖创新人才培养的新模式。

---

① 根据《A 大学校史（2003—2013）》相关内容整理。

表 3－15　转型期 A 大学启动的主要人才培养模式改革

<table>
<tr><th colspan="2">培养模式</th><th>时间</th><th>特点</th></tr>
<tr><td colspan="2">综合人才培养实验班</td><td>2001</td><td>综合型拔尖创新人才培养；通识教育＋专精教育的“2＋2”培养模式；“宽口径、厚基础、高起点、高要求”</td></tr>
<tr><td colspan="2">国际化应用型人才培养特色班</td><td>2007</td><td>国际化应用型人才培养；4 年本科教育；依托国际合作办学；课程国际化；国外第二校园经历</td></tr>
<tr><td colspan="2">大类招生大类培养模式</td><td>2008</td><td>高素质应用型人才培养；大类教育＋专业教育，四年本科教育</td></tr>
<tr><td colspan="2">“4＋2”教师教育培养模式</td><td>2008</td><td>培养教师教育方面的创新应用型精英人才；本科＋教育硕士“4＋2”培养模式；“一贯、两制、三合作”</td></tr>
<tr><td colspan="2">心理学基地班</td><td>2008</td><td>专精型拔尖创新人才培养；全程导师制；毕业后全部进入研究生学习，本—硕连读或本—硕—博连读；强化英语教学和科研能力；重视国内外第二校园经历</td></tr>
<tr><td rowspan="2">复合型人才培养模式</td><td>辅修、双专业、双学位制度改革</td><td>1996、1998、2008</td><td>完善辅修、双专业、双学位制度，促进复合型人才培养。1996 年试点，1998 年铺开，2008 年后进行全面改革</td></tr>
<tr><td>“专业＋外语”实验班</td><td>2009</td><td>“主修＋辅修”课程整合；双专业双学位；4 年本科教育</td></tr>
<tr><td colspan="2">创业型人才培养实验</td><td>2009</td><td>专业教育与创业教育融合；4 年本科教育；形成“创业课程＋创业导师＋创业实践＋创业项目/竞赛”的创业教育模式</td></tr>
<tr><td colspan="2">XQ 创新班</td><td>2010</td><td>专精型拔尖创新人才培养；“4＋3”本硕七年一贯制专精教育模式；“求创新、重研究、扬个性”</td></tr>
<tr><td colspan="2">拔尖创新人才协同培养模式</td><td>2010</td><td>拔尖创新人才培养；“学校＋校外研究机构”或“学院＋校内研究院”协同培养；“2.5＋1.5”四年本科教育或其他组合</td></tr>
</table>

资料来源：根据《A 大学校史（2003—2013）》和 A 大学教务处提供资料整理。

3. **提高本科人才培养质量**

提高人才培养质量是教育改革的核心目标，也是师范大学转型的核心价值。在转型期，A大学以人才培养模式改革为引领，以本科教学评估和质量工程建设为契机，大力加强各项教学基础建设，推进各项教育教学改革，完善质量保障体系，努力提升人才培养的质量，取得了明显的成效。

第一，以人才培养模式改革为引领，深入推进教学改革与建设。“人才培养模式是教育质量的首要问题，改革人才培养模式是教学改革的核心内容”①。但人才培养模式的改革需要一系列配套改革与建设的跟进，才能真正落到实处。A大学的主要措施包括②：

（1）优势专业建设：依托重点学科发展优势专业，推动专业综合改革，建成国家级特色专业10个、省级特色专业9个、省级名牌专业15个、省级重点专业4个，优势专业覆盖该校所有9大学科门类，占招生专业数的44%。

（2）培养方案优化：先后在1999年、2003年、2005年和2012年进行培养方案的全面修订工作；逐步形成结构合理、宽厚结合、强化实践教学的课程体系；各类人才培养实验班自主设置培养方案，形成了“基本型”基础上的多样化培养方案。

（3）课程建设：以人才培养方案为依据，从“量”和“质”两方面大力加强课程资源建设：大幅度增加课程数量（如2013—2014学年共开设2 662门课程，其中公共选修课264门，专业选修课1 419门）；建立课程准入制度，强化激励与约束机制，提升课程质量；以“质量工程”建设为契机，加强优质课程资源建设，推进课程信息化，开发系列特色课程。

（4）教材建设：资助规划教材、精品教材建设。“十五”期间，出版教材320种，其中国家级规划教材8种，立项数在全国师范院校中排名第4；“面向21世纪教材”12种，教育部立项教材21种，“高等教育百门精品课程教材建设计划”教材16种；“十一五”期间，出版各类教材237部，其中国家级规划教材29部，教育部精品教材6部；“十二五”第一批国家级规划教材5部；国家级规划教材数在同类高校中位居前列。

（5）教学信息化建设：依托教育技术学学科优势（国家重点学科），积极探索基于信息化的教学模式，产生系列理论与实践成果；加大教育信息化建设规划与投入，推动信息化教学环境与教学资源建设（投入1 000多万元

---

① 王伟廉. 人才培养模式：教育质量的首要问题［J］. 中国高等教育，2009（8）：24-28.

② 根据A大学教务处提供资料和《A大学校史（2003—2013）》相关内容整理。

开展“求实工程”，推动信息化教学资源建设）和教学技能培训、教学管理改革等；建成了高效运作的校园网；推动信息化教学大楼建设（首期投入4 000多万元）；推动网络图书馆建设（投入1 400 多万元）。

（6）实验教学平台建设：整合内外部资源，加强基础实验室建设；改革实验室管理体制，组建院系级实验教学中心，形成校、院二级管理的新模式；加强优质实验平台建设，建成国家级实验教学示范中心 3 个（数量居全国师范院校之首）、省级示范中心 12 个和校级示范中心 33 个；完善“基础—专业—综合性与设计性—创新”四层次实验教学体系，提升学生实践创新能力。

（7）实践教学基地建设：出台系列加强实践教学与基地建设的文件，推动基地建设；建立国家级、省级和学校三级校外实践基地体系，打造校外优质实习实践共享平台，并依托基地和平台开展混合编队实习、顶岗实习、“2 +2”两段式实习等形式的改革与探索，提高实习成效；建成省级基地 6 个、校级基地 22 个，非师范专业校外实习基地 218 个，师范专业实习学校 216 所；启动与全省 150 多所重点中小学的“A 大学—普通中小学”协同发展联盟，建立协同育人机制。

（8）科研与技能训练体系建设：依托国家、省、校三级大学生创新性实验计划（2011 年后改称“大学生创新创业训练计划”）强化学生科研训练，2007 年以来共获得国家级立项 240 项、省级立项 336 项、校级立项 754 项，立项经费超过 1 000 万元，每年受益学生达数千人；通过资助大学生科研立项和举办系列学生科技活动，加强学生科研训练，大学生课外科研项目已立项 429 项，每年举办理工节、经管节、艺术节、光电节、创业教育论坛等一系列科研成果展示与交流活动；依托国际、国家、省、校四级学科竞赛和师范技能竞赛，完善“以赛促练”机制，每年组织数千人次参与各类比赛（如“挑战杯”，全国电子设计大赛、数学建模大赛等）。

（9）创业教育条件建设：成立创业学院，配备校内外师资 100 多名，通过开设系列创业课程、开设青年创业特色班、承担大学生创新创业计划项目和开展创业竞赛等形式，构建了“理论—实践—能力”三层次的创业教育体系。

第二，以本科教学评估为动力，全面推动教学综合改革。转型初期，正值教育部在全国推动本科教学评估，从“评估试点阶段（1994—1999 年）”向“正式评估阶段（2003—2008 年）”过渡的时期。根据教育部有关文件规定，凡进入“211 工程”建设的学校，在评估中必须达到“优秀”标准。这无疑给进入转型期又面临扩招冲击的 A 大学带来了不少的压力，但也为其提供了一次全面加强自身建设、推动教学改革，提高办学质量的机会。从 1999 年到 2005 年底，A 大学以本科教学评估为契机，创造性整合各种资源加大教学投入，举全校之力加强教学改革与建设，努力提高教学管理水平，促进了人才培养质量的提升，在评估中顺利获得“优秀”的评价。

在评建工作前期准备阶段（1999—2003 年），A 大学重点开展了如下工作：制定本科教学评估方案，并于 1999 年 5—10 月开展了对各系本科教学工作的校内评估；启动新一轮教学改革与建设，2000 年在自评基础上，加大教学投入和教学改革力度，全面推动培养模式，培养方案，课程、教材与教法，实验实践条件，教育信息化条件等的改革与建设；召开以迎评为主题的教学工作会议（2001 年 12 月）；成立了学校教学督导委员会，出台了 9 个教学文件，强化教学激励机制和监控机制建设；优化人才培养方案，1999 年和 2003 年分别对人才培养方案进行大幅度修订；推进公共英语教学改革和双语课程建设。在评建工作正式实施阶段（2004—2005 年），A 大学又重点开展了如下工作：完善评估工作方案和相关机构；以“三评三改”为重点，推进教学建设与各项准备工作；迎接评估和整改，2005 年 12 月接受了教育部的正式评估，随后提出了《评估整改报告》并进行相关的整改工作。

历时多年的评建工作促进了教育教学质量的提升，对 A 大学的积极意义主要体现在：通过评建工作，办学观念不断更新，办学思路更加明晰，更好地适应了新时期人才培养工作的需要；通过评建工作，突出了教学工作的中心地位，加大了教学的投入与建设，师资、条件和环境都得到优化；通过评建工作，推进了教学改革，在课程准入、学生选课、导师制、导生制、学生转专业、主辅修制、学分制、学生管理制度、收费制度、人事制度、后勤管理制度，以及教育信息化等方面都进行了实质性改革、建设或者探索，促进了教学工作的发展；通过评建工作，加强了师风学风，提高了教学效果。

第三，以质量工程建设为契机，大力加强基础建设与改革。随着我国高等教育的工作重点开始从规模扩张向提高质量转变，2007 年 1 月，教育部、财政部决定实施“高等学校本科教学质量与教学改革工程”（简称“质量工程”），国家投入大量经费对各高校获批的质量工程项目进行支持，以促进各高校的质量提升。与之相对应，各省也根据自身实际设立了本省的“质量工程”建设项目。“质量工程”内容涵盖本科质量建设的方方面面，其设立对正致力于提高人才培养质量的 A 大学来说，是一个难得的机会。2007 年 A 大学出台了《关于实施本科教学质量与教学改革工程的意见》，开始全面部署推进本校的质量工程建设，从而形成了“国家—省—校”三级建设体系。

以三级质量工程建设为契机，A 大学大力争取、有效整合校内外的各种资源和力量，加大投入，以点带面，全方位推进本科教学改革，加快优质教学资源建设，全面提升教学工作的层次，确实推进本科教学质量的提升，同时全面调动各单位、教师和学生参与教学改革与建设的积极性。2007—2013 年，A 大学共获得国家级质量工程项目 338 项，经费 732.0 万元；获得省级质量工程建设项目 561 项，经费 6 089.1 万元；设立校级质量工程项目 2 081 项，投入经费 3 793.2 万元；合计 2 980 项，10 614.3 万元。建设项目包括：专业综合改革试点项目 29 个，重点专业 8 个，特色专业 28 个，实验教学示范中心 48 个，教学提高型重点实验室 1 个，实践教学基地 48 个，人才培养模式创新实验区 17 个，教师教学发展中心 1 个，教师教育教学技能实训中心 2 个，精品课程 116 门，双语/全英教学示范课程 39 门，精品视频公开课 22 门，精品资源共享课 73 门，专业核心课程群资助项目 9 项，通识课程资助项目 32 项，教育教学改革项目 723 项，教学团队 27 个，教学名师 67 名，精品教材 3 本，规划教材 143 本，师范教育提升计划 29 项，教学成果奖 183 个，大学生创新性实验计划（创新创业训练计划）项目 1 330 项，以及大学生文化素质教育基地 2 个①。

A 大学在质量工程建设中展现了较强的竞争力，国家级项目实现了"全领域覆盖"，国家级教学成果奖实现了每届不落空，省级项目数保持在省内高校前列。质量工程逐步发展成为该校推进本科质量建设的一个"龙头"工程，成为创造性整合各种资源投入教学，加快教学质量建设的利器，呈现出"辐射面广、重点突出、效果良好"的特点。如根据该校教务处统计，"十一五"期间，该校质量工程项目参与教师达到 4 202 人次，学生受益达到161 369人次。

第四，以制度建设为重点，完善教学质量保障体系。面对新形势新要求，A 大学通过各个层面的制度建设与改革，建立更加完善的质量保障体系，促进了人才培养质量的提升。

（1）加强宏观制度设计，巩固教学中心地位：如在办学定位上突出本科教学工作的中心地位，坚持教学科研并重；确立"党政一把手教学第一责任人"制度，建立校、院领导定期研讨教学工作制度；在资源投入上优先满足本科教学的基本要求。

（2）加强激励制度建设，提高教学工作积极性与责任感：在正激励方面，一是完善教学业绩核算制度，通过丰富教学业绩核算范围，提高核算标准，提高全校教学业绩奖励投入，如 2010 年为 4 685 万元，2012 年和 2013 年分别达到 4 938 万元和 5 079 万元②；二是设立教学专项奖，对包括课堂教学、实验教学、专业实习、毕业论文、教学管理等各个环节的优秀教师和学

① 根据 A 大学教务处提供资料整理。

② 根据相应年度《A 大学财务决算表》整理。

生进行专项奖励；三是对教学成果奖获得者和各类学科竞赛获得者及其指导老师进行奖励；四是对优秀教学改革论文与优秀教材进行评选和奖励；五是设立年度“星光为了明天”课堂教学竞赛、观摩教学公开课、教学名师评选、“最受学生欢迎教师”评选等竞赛或活动，增强教师荣誉感，促进教师专业发展；六是通过加大对“质量工程”的建设投入，提高全校教学改革与建设的积极性；七是将教学业绩与教学成果纳入职称评聘的条件范围，最大程度上实现教学业绩与科研业绩的对接，促进教师职业发展；等等。在负激励方面，建立完善了一系列的制度，比如：建立职称评聘教学一票否决制度，规定没有达到基本教学业绩要求和课堂教学评价排名后20%的教师不得评聘高一级职称；建立教授为本科上课制度，对于没有达到规定标准的学院给予通报和业绩扣分，努力提高教授为本科生上课的比例（2013 年达到 94.08%）；出台《教学事故认定及处理办法》，对教学事故分层次进行相应的处罚；建立教学异常情况通报问责制度；等等。

（3）加强规范化建设，强化全面质量管理。如在教师管理方面出台《教师工作规程》、《教学管理基本规范》、《本科教学管理若干规范》等系列文件。在学生管理方面出台《全日制本科生学籍管理规定》、《优秀毕业论文（设计）评选办法》、《本科专业实习管理办法》等系列文件。在质量管理体制建设方面，逐步建立学校、院（系）两级教学指导委员会和教学督导委员会；建立了校内外联动的教学评价体系，健全学校、政府、第三方、社会多方参与办学质量评估的制度（如在学生评价方面，建立了课堂评估、教学满意度评估、毕业生满意度评估、最受学生欢迎教师评选等制度；在教师评价方面建立了教师自评、同行观摩互评、督导评价等制度；在领导评价方面，建立了校、院领导巡查、听课评价制度；在政府评价方案，分别接受政府组织的本科教学评估和相关的专项评估；在社会评价方面，委托相关研究机构进行教学质量的第三方评估；从 2011 年起每年对外发布《本科教学年度质量报告》，接受教师、学生和社会的监督）；等等。

第五，本科人才培养质量明显提升。经过十多年的艰苦创业，A 大学办学思想更加明确，办学条件更加完善，办学实力明显增强，人才培养质量也得到稳步的提升，获得社会的广泛认可，具体体现为：

（1）学生在各类竞赛和学术活动中获得优异成绩：如 2000—2005 年参与科研和创新活动的人数达 34 612 人次，在国家、省部级各类大学生科技文化竞赛活动中，共有 403 人次获得省级以上奖励。近年来学生在全国各类比赛中共获得国家级奖励 526 项，其中不乏重量级的奖项：如“首届全国青少年物理化学大赛”总决赛物理组唯一特等奖；美国大学生数学建模竞赛一等奖（2005—2013 年，每年）；在第十一届全国“挑战杯”竞赛中，学校总分列全国高校第 13 名；第八届“挑战杯”全国竞赛金奖；在历届“东芝杯·中国师范大学师范专业理科大学生教学技能创新实践大赛”中获奖数和获奖档次列全国师范院校首位；在“首届全国师范院校师范生教学技能竞赛”中获奖数列全国师范院校第二名；等等①。

（2）办学声誉与日俱增，招生就业形势持续向好：首先，招生形势良好。以 2010—2013 年为例，在本省招生分数（平均分）比一本线高出 12 ~ 26 分，在外省招生平均分数普遍高出该省一本线 20 ~ 50 分②。其次，毕业学生广受欢迎。2004—2013 年期间，学生就业率保持在98.10% -99.36%之间，且在就业形势越来越严峻的情况下仍保持上升趋势（如表 3 - 16）；荣获 2010—2011 年度全国毕业生就业 50 强荣誉称号。

（3）读研率稳步提升。以 2011—2013 年为例，读研率分别为 9.75%、9.94% 和 10.58%，被“985”高校、中科院研究所及境外大学录取人数分别为 131 人、181 人和 220 人，呈上升趋势③。

（4）学生对人才培养工作满意度较高。首先，学生对课堂教学满意度逐年提高。如以 2007 年下半年至 2014 年上半年为例，学生对课堂教学的评估分呈明显上升趋势，平均分（从 85.51 分到 90.67 分）和优秀率（从 26.70% 到 61.90%）稳步提升（如图 3 - 5）。其次，学生学习满意度较高。根据 A 大学教务处对 2010—2013 级 20 890 名本科生的网上问卷调查结果（时间为 2013 年 12 月，包括“对学校硬件设施的满意度”“对课堂教学的满意度”“对任课教师的满意度”“对教学管理的满意度”四个一级指标和 15 个二级指标），学生对本科教学工作总体满意度为 90.56%④。最后，毕业生满意度较高。根据 A 大学近年委托专业机构所做的调查，该校毕业生对母校的满意度和推荐度均较高。如在“2013 届毕业生满意度调查”中，该校毕业生中有 90.68% 的人对目前工作感到满意，98.98% 的毕业生认为自己能够胜任目前的工作，98.40% 的毕业生认为自己能够适应目前的工作，96.73% 的毕业生对母校感到满意，94.70% 的毕业生对母校教育教学水平感到满意⑤；在“短期毕业生满意度调查”中，该校短期毕业生（毕业半年）对母

① 根据《A 大学本科教学评估自评报告》（2005 年 12 月）和 A 大学教务处提供资料整理。

② 相关数据由 A 大学招生考试处提供。

③ 相关数据由 A 大学教务处提供。

④ 根据《A 大学 2014 年本科教学质量报告》（2015 年 3 月）。

⑤ 根据《A 大学 2013 届毕业生就业质量年度分析报告》（2014 年 10 月）。该问卷调查委托北京新锦成数据科技有限公司实施，有效问卷 3 191 份。

校的总体满意度为89%，多项指标高于全国211高校平均水平[①]；在“长期毕业生满意度调查”中，该校长期毕业生（毕业十年）对母校的推荐度为83%[②]。

（5）用人单位对毕业生的满意度较高。根据A大学2009年所做的“用人单位对毕业生的满意度”调查（有效问卷1 673份），社会用人单位对该校毕业生的满意度较高，各项指标平均满意度达到82.25%（如图3-6）。

表3-16　2004—2013年A大学本科毕业生就业率

年度	2004	2005	2006	2007	2008	2009	2010	2011	2012	2013	平均值
就业率/%	98.81	99.09	98.44	99.36	98.60	98.32	98.27	98.10	99.33	99.04	98.74

资料来源：根据A大学就业办提供资料整理。

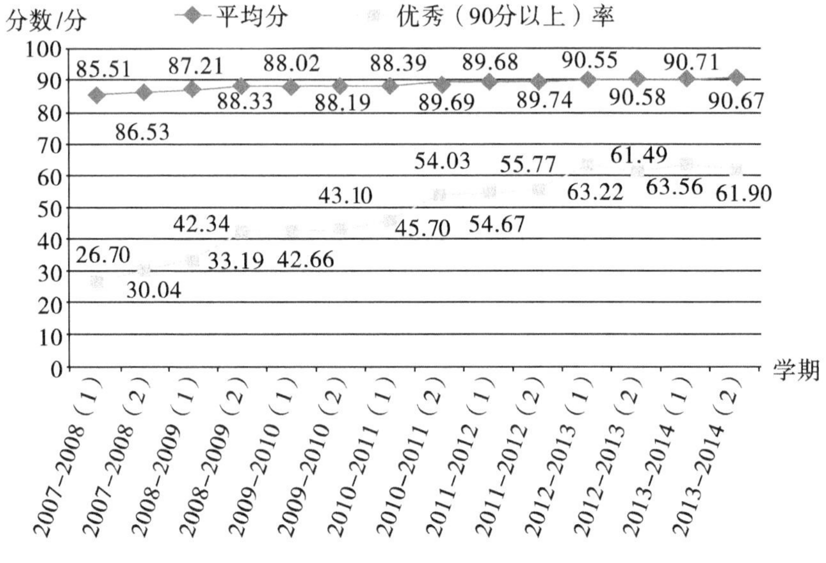

图3-5　1999—2014年A大学课堂教学质量评估情况（学生评教）

资料来源：根据A大学教务处提供资料整理。

① 根据《A大学社会需求与培养质量年度报告（2014）》（2014年11月）。该问卷调查委托麦可思数据有限公司实施，调查对象为2013届本科毕业生，有效问卷2 501份。

② 根据《A大学毕业十年后校友跟踪调查报告》（2014年11月）。该问卷调查委托麦可思数据有限公司实施，调查对象为2003届本科毕业生，效问卷830份。

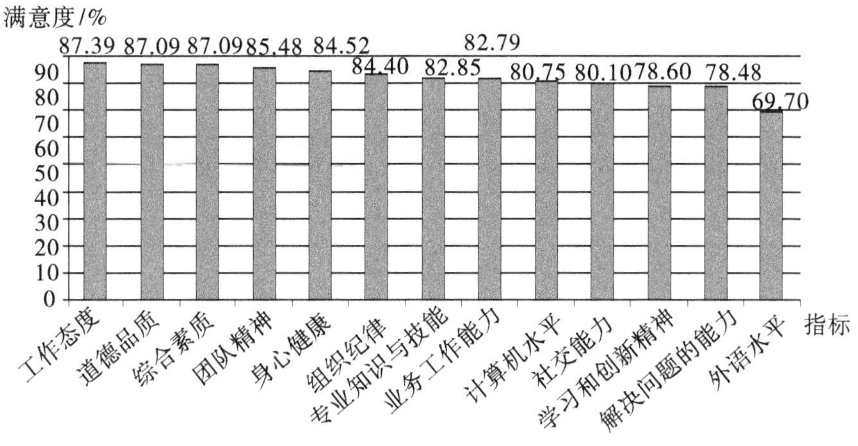

图 3－6 用人单位对 A 大学毕业生的满意度

资料来源：《A 大学 2013 年本科教学质量报告》（2014 年 3 月）。

三、强化研究生教育

面对转型升级的多重任务，大力加强研究生教育，提高办学层次是师范大学的必然选择。A 大学通过调整办学思路，把握机会，乘势而上，加快发展研究生教育，在学位点建设、办学规模拓展、办学结构优化与办学质量提升等方面均取得明显的成效，对学校的顺利转型起到了重要的支撑和促进作用。

1. 加强研究生教育规划

转型期以前，A 大学在研究生教育方面相对落后，研究生教育规模相对较小、学位点不多，而且种类比较单一（基本上是学术型学位研究生）。1999 年，A 大学共有二级学科博士点 5 个，二级学科硕士点 44 个（没有一级学科学位点），专业学位硕士点仅 1 个。1999—2000 学年，在读研究生人数只有 814 人，授予学位的只有 110 人。其中全日制研究生（硕士和博士）招生人数、在校生人数、毕业生人数和授予学位人数分别只有 274 人、606 人、123 人和 110 人，在校研究生人数仅占全日制在校生人数的 4.5%。因此大力发展研究生教育任务迫切而艰巨。

为了加快研究生教育的发展，A 大学不断调整发展思路，积极做好研究生教育的发展规划。1999 年 A 大学第十二次党代会强调在稳步发展本科教育基础上“积极发展研究生教育”，并提出“四年后，争取在校全日制硕士生、博士生达到 1 000 人”、“力争成立研究生院”的目标。2002 年《A 大学“十五”期间发展计划纲要》提出了 2005 年的奋斗目标是“在校研究生规模从2000年的1 135人增加到2 750人；争取博士点从2000年的13个增加到30个左右、硕士点从51个增加到70个左右；争取一级学科博士点达到3~5个”。2004年，学校第十三次党代会进一步明确要“提高办学层次”、“大力发展研究生教育”。2006年，《A大学事业发展“十一五”规划纲要》提出2010年的目标是“在校研究生达到6 000人，本科生与研究生的比例逐步调整为3∶1左右；一级学科博士点7~9个；二级学科博士点70~80个；一级学科硕士点18~22个；二级学科硕士点140~160个；专业学位类型3~5个”。在研究生办学规模已经得到较大发展的前提下，A大学第十四次党代会（2010年）更多聚焦研究生教育的质量和结构优化，提出“积极发展研究生教育，大力提高研究生培养质量”“改革研究生招生办法，调整学术型与专业学位研究生的比例”“完善研究生培养体制，尤其要探索完善专业学位研究生培养模式”。2011年，A大学召开研究生教育工作大会，进一步强化了“优化培养结构”和“提高培养质量”的发展思路。同年出台的《A大学事业发展“十二五”规划纲要》提出2015年的目标是“在校研究生达到10 000人（博士1 000人、硕士9 000人）；学术型硕士研究生和专业学位硕士研究生的比例达到1.5∶1；一级学科博士点不少于20个；二级学科博士点不少于100个”。这些规划及一系列配套政策措施的出台，对研究生教育发展起到了重要的促进作用。

2. 扩大研究生教育规模

A大学大力发展研究生教育的时期，恰逢国家在2000年后实施一系列扩大研究生招生政策的时期，也是社会对高层次人才需求越来越大的时期，这无疑为其带来难得的发展机遇。同时，伴随着211工程建设的推进，A大学学科建设、科研建设、队伍建设等都取得了明显的进步，整体实力不断提升，这无疑为发展研究生教育奠定了良好的基础。该校积极把握机遇，大力加强学位点建设，扩大办学规模，拓展办学类型，优化办学结构，研究生教育获得了快速的发展。

第一，大力加强学位点建设。在总体实力提升的基础上，A大学积极利用历次学位点审批的机会，全面调动各单位、各学科的积极性，整合各方面的力量，加快学位点建设，取得了突出的成绩，为研究生教育规模扩张、培养体系完善与质量提升奠定了良好的基础：1999—2013年，二级学科博士点增长了18.6倍，二级学科硕士点增长了3.2倍；到2013年，有一级学科博士点14个，二级学科博士点98个，专业学位博士点1个，博士点覆盖学校主要的9大学科门类；有一级学科硕士点33个，二级学科硕士点186个，专业学位硕士点10个，硕士点覆盖12个学科门类；有博士后流动站15个，省级博士后创新实践基地 10 个（如表 3 - 4 所示）。学位点建设有力促进了研究生培养机制改革及教育结构的调整与优化，具体体现在：师范院校优势学科、特色学科影响日益增强，教育学门类的所有学科专业实现全覆盖；学科门类更加齐全，覆盖范围更加全面；学位类型及层次丰富，形成了“硕士—博士—博士后”的完整培养体系；专业学位教育得到发展，形成了研究型人才和应用型人才培养齐头并进的新格局。

第二，多渠道拓展研究生教育。在学位点发展基础上，A 大学积极利用市场需求、国家政策、自身优势等，多渠道拓展研究生办学，积极回应社会需求，逐步形成了以全日制研究生教育为主体、以港澳在职兼读研究生、研究生课程进修班等为辅的多层次多元化的研究生教育培养体系。

首先，大幅度提高全日制研究生办学规模。从表 3 - 17 数据可计算，1999—2013 年期间，A 大学研究生招生数、在校生数、毕业生数和授予学位数的年均增长率分别达到 17.3%、19.9%、23.1%和 24.0%；在校全日制研究生规模迅速从 606 人增加到 7 713 人，增长了 11.7 倍（其中在校博士生从 48 人增长到 714 人，增长 13.9 倍）。同时，全日制研究生人数占全日制学生总数比例也快速提高，招生数从 5.6%提高到 27.0%，在校生数从 4.5%提高到 21.9%，毕业生数从 5.2%提高到 23.2%。

表 3 - 17　A 大学全日制研究生统计

学年	学生人数/人						占全日制学生比例/%		
	招生		在读	毕业	授学位		招生	在读	毕业
	总数	其中博士生			总数	其中博士生			
1999—2000	274	21	606	123	110	7	5.6	4.5	5.2
2003—2004	906	66	2 037	316	372	19	10.3	7.9	5.7
2008—2009	1 841	144	4 923	1 318	1 299	90	20.0	14.9	16.0
2013—2014	2 561	171	7 713	2 258	2 238	146	27.0	21.9	23.2
1999—2013 合计	2 2104	1 596	—	14 779	14 594	901	—	—	—

资料来源：根据《A 大学校史（1933—2003）》、《A 大学校史（2003—2013）》和《A 大学统计公报（2013 年）》等整理。

其次，大力发展专业学位研究生教育。作为教育部首批16所教育硕士专业学位研究生试点院校之一，A大学专业学位研究生教育招生始于1 998年，并在1999—2005年期间获得了快速的发展。2005年后，A大学主动适应经济社会发展对研究生教育的新要求，抓住国家几次调整学位授权点的机会，加大专业学位教育发展力度，经过积极争取，新增博士专业学位点1个、硕士专业学位点9个（累计10个），办学规模也得到更快发展。从表3－18可见，1999—2013年，A大学共招收专业学位研究生8 995人（其中博士27人、硕士8 968人），招生学位类别达到10个，授予专业学位5 237个。专业学位研究生人数占在读研究生人数的比例从1999年的25.6%增加到2013年的33.6%，授予学位数占授予的硕士以上学位总数的比例也从2003年的2%增长到2013年的31.0%，成为研究生教育越来越重要的组成部分。

表3－18　1999—2013年A大学专业学位研究生统计

学年	招生			在学人数		授予学位	
	博士人数/人	硕士人数/人	招生学位类别数/个	专业学位学生人数/人	占在读研究生比例/%	授予专业学位/个	占授予硕士以上学位总数比例/%
1999—2000	无	94	1	208	25.6	—	—
2003—2004	无	300	1	919	30.6	8	2.0
2008—2009	无	739	3	2312	30.8	495	23.3
2013—2014	7	1 151	10	3 111	33.6	803	31.0
1999—2013合计	27	8 968	—	—	—	5 237	—

注：本表数据根据《A大学校史（1933—2003）》、《A大学校史（2003—2013）》、《A大学事业发展白皮书（2013年）》和《A大学统计公报（2013年）》整理；该数据含在职专业学位硕士。

再次，多渠道拓展非全日制研究生教育规模。在确保全日制研究生教育“主体”地位的同时，A大学紧跟社会发展需求，利用自身的办学资源与优势，积极为有志于进修研究生课程的社会各界人士提供在职学习的机会，大力发展非全日制研究生教育，形成了“立足本省，辐射港澳，全方位服务基础教育”的办学特色。

（1）积极发展港澳研究生教育。利用自身的区位优势，积极发展港澳研究生教育，为港澳地区高层次人才培养和社会发展作出重要的贡献。1989 年 A 大学开始在澳门招收在职兼读硕士研究生。1999 年后，该校开始增加招生人数。2000 年和 2002 年，又先后在澳门和香港设立研究生班教学点，招收培养工作得到进一步完善。1999 年该校招收的港澳研究生达到 52 名；从 2000 年开始招生超过 70 人，在澳招生数连续多年居全国之首；2011 年澳门研究生招生首次突破百人大关（105 人）。2003—2013 年 A 大学共招收港澳研究生 922 人，其中硕士 821 人，博士 101 人；授予学位 326 人，其中硕士 315 人，博士 11 人。①

（2）积极开设研究生课程进修班。为了扩大办学规模，A 大学通过分配制度的改革，提高对办班教学单位的激励力度（学院的分配比例在 40% ~ 60% 之间），以此提高他们的办学热情。在学校和各教学单位的共同努力下，办班专业不断增加，课程进修班已涵盖学校主要的 9 大学科门类。为了更好地整合校内外资源，拓展办学的空间，该校积极与各地教育机构合作，做好校外办学点的建设，办学点遍布全省 20 个地市。1999—2001 年，该校每年的研究生课程进修生数达到数百人（如根据《A 大学年鉴（2002）》，2001 年进修生为 482 人），从 2002 年开始，每年研究生课程进修生人数基本超过 1 000 人（如根据 2003—2005 年《A 大学年鉴》，2002—2004 年进修生分别为 1 378 人、1 412 人和 1 463 人），2003—2013 年期间，A 大学研究生课程进修生招生人数累计达到 10 000 余人，更好地服务了社会的发展。②

通过以上措施，A 大学研究生教育实现了明显的跨越，研究生教育在学校人才培养中的比重明显提高，促进了学校办学层次的提升，为社会输送了大批高层次人才。从图 3 – 7 可见，1999—2013 年，A 大学研究生办学规模迅速扩大，各类在读研究生（含全日制研究生和在职攻读专业学位研究生）人数快速增长，从 814 人增加到 9 249 人，年均增长 19.0%；授予学位人数从 110 人增加到 2 594 人，年均增长 25.3%；累计已为社会培养 20 453 名具有硕士以上学位的高层次学术型人才和应用型人才。同时，通过港澳办学、研究生进修班等多种形式，A 大学还为一万多人提供了研究生教育服务。

---

① 根据《A 大学校史（1933—2003）》（第 252 页）和《A 大学校史（2003—2013）》（第 40 页）整理。

② 根据《A 大学校史（2003—2013）》（第 40 页）整理。

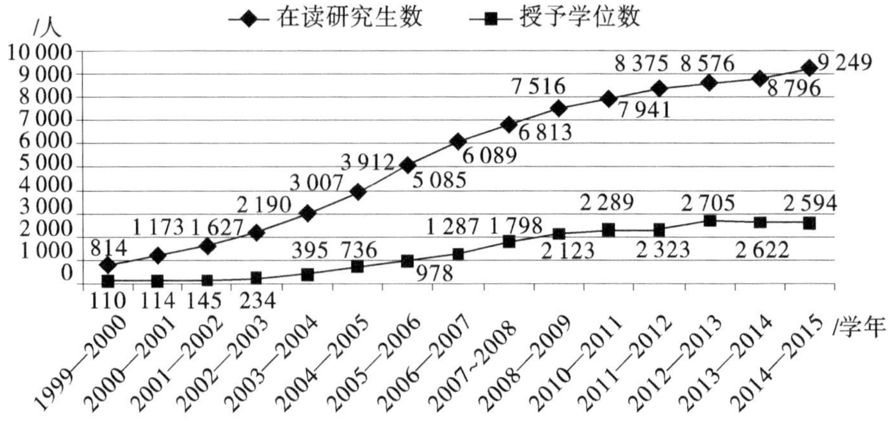

图 3－7　1999—2013 年 A 大学研究生人数

资料来源：根据《A 大学校史（1933—2003）》第 401 页、《A 大学校史（2003—2013）》第 38 页和 A 大学研究生处提供数据整理。

3. 提升研究生教育质量

在扩大规模的同时，A 大学努力推动系列改革与建设，构筑研究生教育质量保障体系，大力提高教育质量。

第一，加强导师队伍建设。相继出台和完善了《硕士学位授权专业指导组条例》（1999 年）、《博士生指导教师选聘工作的实施条例》（2000 年）、《硕士生指导教师选聘工作条例》（2001 年和 2006 年）、《研究生导师岗位责任制暂行规定》（2007 年）、《博士生指导教师资格遴选工作条例》（2011 年修订）、《博士生导师上岗暂行条例》（2012 年）等文件，从导师的年龄、学历、学术科研能力，导师岗位的设置与岗位职责，导师的评聘等方面对导师的遴选和管理提出要求，促进导师队伍快速发展。研究生导师规模迅速扩大，年龄结构更趋年轻化，职称结构和学历结构呈高层次化发展，整体实力得到较大的提升。1999—2013 年，学术型硕士导师从 376 名增加到 1 026 名，博士导师从 58 名增加到 352 名。同时在专业学位导师队伍建设中逐步推行“双导师制”，2013 年专业型研究生导师达到 803 人，并聘有校外专业学位兼职教师 133 名。

第二，推动教育教学改革。2001 年，启动第一次硕士研究生培养方案修订工作，同时首次制定了详细的博士研究生培养方案；2001 年出台了《研究生学位论文的若干规定》、《学位论文抽样评审的实施办法》、《授予具有研究生毕业同等学力人员硕士学位实施细则》等一系列文件，对研究生的学位论文进行严格管理和要求；2002 年，启动公共课程改革，对研究生公共外语、政治理论、教育学和心理学等课程的教学方式和内容进行改革；2005 年，颁布了《全日制硕士专业试行完全学分制试行条例》和《研究生课程及考核的管理规定》；2007 年，再次对研究生培养方案进行了全面修订；2009 年，启动研究生精品课程建设，已建立 30 门校级精品课程和 5 门省级示范课程；加强实践教学基地建设，建成教育硕士实践基地 110 多个，MBA、MPA、体育硕士、艺术硕士、法律硕士、汉语国际教育硕士等也建立起稳定的专业实践基地。

第三，强化创新能力培养。制订《关于研究生学位论文的若干规定》、《研究生科研奖励条例》等，强化创新能力培养和学术论文质量，并设立“研究生学术研究‘华藏’奖学金”；2001 年出台《“全国百篇优秀博士学位论文评选”项目资助办法》；2007 年后，在“211 工程”三期建设中设立“创新人才培养”项目，建立了以优秀研究生学位论文培育计划、研究生创新成果培育计划、优秀博士学位论文重点扶持计划为主要载体的创新人才资助体系，以及以“年度优秀研究生成果奖”“华藏奖”“ZYY 奖学金（ZYY 先生为该校知名校友）”为主的研究生科研奖励体系；2010 年制定了《研究生硕博连读实施条例》；2012 年制定了《研究生科研创新基金管理办法》，投入 200 多万元作为研究生创新基金；2011 年，出台《联合培养研究生基地实施与管理暂行办法》，建设了覆盖 11 个学院、29 个专业的 11 个联合培养基地，并建成省级示范基地 4 个；推进研究生国际学术交流与合作，2011 年成为国家留学基金签约单位，2008—2013 年，研究生参加国际交流项目和重要学术会议 500 多人次。

第四，完善质量保障体系。主要措施包括：实施中期筛选制度，健全奖优汰劣机制，2000 年和 2002 年，先后对《研究生中期筛选条例》进行修订；完善教育管理体制，推进管理规范化，先后制订《学位评定分委员会组成及主要工作职责》、《研究生学籍管理规定》、《研究生档案管理规定》、《研究生课程进修班学生手册》、《教育硕士学生手册》和《A 大学学位——研究生教育管理文件汇编》等；创新管理服务实践，促进综合素质提升，健全党团组织机构与组织活动，加强研究生专职管理队伍建设，启动研究生信息管理平台与综合素质教育平台建设等。

通过以上措施，A 大学在培养规模快速扩大的情况下，确保了研究生培养质量的稳步提升，研究生创新能力明显加强：2003—2013 年，共获得授权专利 54 个、省部级以上科研立项 10 项；获得省级“优秀研究生”称号 152 人次；在 SCI、EI、ISTP、SSCI、CSSCI 刊物收录论文数约 3600 篇，发表高影响因子论文能力不断提高；获得全国优秀博士学位论文奖 2 篇、全国优秀博士学位论文提名奖6篇、省级优秀博士学位论文13篇（2005—2013年）、省级优秀硕士学位论文39篇（2005—2013年）；2008—2012年，共获得省级以上竞赛奖400余项。毕业学生受到社会的广泛欢迎，以2009—2013年为例，在全国就业形势越来越严峻的情况下，A大学研究生就业率整体保持高位并呈上升趋势（见表3-19）。

表3-19 2009—2013年A大学研究生就业率统计表

年份	2009	2010	2011	2012	2013
就业率/%	91.49	88.69	90.17	90.56	95.78

资料来源：《A大学2014年研究生就业工作总结》（就业率统计截止日期为当年的12月31日）。

总之，在教育模式变革方面，A大学不仅通过大力发展非师范专业，推进专业的综合化发展，通过本科培养模式的改革，提高人才培养质量，还通过大力发展研究生教育，大幅度调整人才培养的结构和层次。此外，为了适应教师教育一体化的发展需要和社会教育需求多元化的需要，A大学还积极整合资源，大力发展继续教育，并将其作为拓展服务与办学资源的重要途径，这同样也会对学校人才培养的整体结构和办学的模式产生明显的影响。出于论述的方便，相关内容将在下文进行集中探讨。

第三节 拓展服务与资源

如前所述，服务社会既是大学的价值追求和目的所在，也是大学拓展资源的手段和赖以生存的基石。在转型期，A大学确立了开放办学的理念，以需求为导向，积极开展各类社会服务，大力拓展办学资源，为学校的顺利转型和可持续发展提供重要的支撑。

一、确立开放理念

“开放”是现代高等教育的重要特征。社会服务职能的确立，要求大学走出封闭的“象牙塔”，建立与社会广泛的联系；高等教育市场化和创业型大学的兴起要求大学在更大程度上向社会和市场开放；上世纪末期以来我国高等教育改革的重要目标是使高校真正成为“面向社会自主办学”的主体；而我国师范教育体系改革的重点就是建立开放型的教师教育体系。所有这些，都要求师范大学从封闭走向开放。开放不仅是师范大学发挥服务功能的必然要求，也是其获取社会资源、转变教育模式和提高办学质量的必经途径。

20 世纪 90 年代中后期，A 大学明显增强了开放和服务的意识，“以服务求生存”和“面向社会开放办学”的理念逐步确立。1997 年 A 大学提出了“一体两翼”的开放办学思路。“一体”有两层含义，即以本科和研究生教学科研为主体和以提高质量为主体。“两翼”的第一翼为面向社会办学，包括三层涵义：面向社会进行多种形式办学；利用社会资源、借助社会力量办学；多渠道地筹集资源和办学经费。第二翼为面向海外进行对外合作办学。“一体两翼”充分体现了在保持“主体”发展的基础上，更加注重以社会需求为导向，更好发挥社会服务功能，并在此基础上谋求自身发展的开放办学理念，可以说是对原来相对封闭的师范大学办学模式的创新性调整，促进了 A 大学从相对封闭的师范大学向开放的师范大学的转型。

在转型期，A 大学对自身发展思路的表述虽然根据实际情况作出了一些调整，但总体来说，基本是按照“一体两翼”的思路来推进学校的各项建设，而“开放”则一直是其战略定位表述中的“关键词”，并逐步得到深化。如 1999 年该校十二次党代会上提出的“全国一流新型师范大学”定位中的“新型”就包含了“开放”的内涵；2004 年该校第十三次党代会以后，“特色鲜明、开放式、综合性”一直成为其发展定位表述的核心关键词；2011 年《A 大学“十二五”事业发展规划》提出了学校发展的“四大战略”，“开放活校”战略就是其中之一。

“一体两翼”办学思路的提出和开放办学理念的确立，为 A 大学在充分发挥社会服务功能基础上拓展办学经费与办学资源提供了指导思想。在转型期该校根据自身的实际，在积极探索的基础上逐步形成几方面的具体思路和创业策略：以教育服务为重点，拓展和提升社会服务水平；以教师教育服务为基础，在做好教师的职前教育的同时，面向社会和海内外进行多种形式办学，推进教师教育一体化；以服务求发展，大力拓展办学经费与办学资源；创造性利用社会资源和社会力量办学，拓展学校办学空间。

二、开拓办学空间

随着事业的快速发展和扩招政策出台后办学规模的迅速扩大（1999—2013 年，A 大学全日制在校生规模从 13 551 人增加到 35 198 人，最高时达 36 152 人），A 大学原有的办学空间已不能满足学校发展的需要，空间不足成为制约学校发展的“瓶颈”，那么积极拓展办学空间将成为其突破“瓶颈”、实现自身发展的重要课题。

在面临办学空间“瓶颈”的同时，A 大学在空间扩展方面也迎来难得的机遇。20 世纪 90 年代中后期，我国市场经济快速发展，并以巨大的影响力渗透到包括高等教育在内的社会各领域。在巨大的高等教育需求和机遇面前，由于政府与民间财力倍增而激发的办学热情深刻地影响着高等教育的发展，民办高等教育和多种办学形式高等教育开始恢复并快速发展，甚至出现了盛极一时的“新大学运动”，为大学利用政府和社会办学资源拓展办学空间创造了前所未有的良机。

为了适应新形势，满足社会经济发展的要求，为学校的长远发展创造良好的条件，A 大学率先在全省开展与社会联合办学，创造性利用民间资本、地方资源和政府支持，努力拓展办学空间。1998 年，该校就以敢为人先的创业精神，以“校企共建”的形式创办了该省第一所新机制民办二级学院 ZC 学院（1999 年开始招生，2004 年经批准成为独立学院）。进入转型期后，A 大学拓展办学空间的步伐并没有停止，而是以更大的勇气、更加灵活的方式，积极利用各种机遇大胆开拓新的“疆域”，使办学空间得到明显的拓展。

1. “校地共建”创建 NH 校区

1999 年 6 月，全国教育工作会议召开，提出积极鼓励和支持社会力量以多种形式办学。国家政策的出台和创办 ZC 学院的经验，无疑为 A 大学增添了更多信心。同年，A 大学利用地方政府经济实力雄厚、办学热情高涨的有利条件，在省教育厅、省计委的支持下着手筹划与毗邻的县级市 NH 市政府的联合办学，并于 2000 年 9 月创办了第二所新机制办学的二级学院——NH 学院，次年开始招生，2004 年后发展为该校的一个新校区。

NH 校区重点发展应用型专业，培养本省和区域急需的专业人才。在十多年的创业历程中，NH 校区经历过许多的变革，也创造过许多的突破，经验得失皆可借鉴[①]。

（1）合作模式创新。采用地方政府提供前期大部分投入，校方提供少部分投入，建成后完全交由校方管理运营的合作模式。NH 校区占地 410.8 亩，首期投资约 3.5 亿元，建筑面积约 18 万平方米，其中 NH 市政府投入 2.8 亿元，A 大学投入 0.7 亿元。

（2）管理模式演变。办学之初，NH 学院是“新机制办学二级学院”，相对独立运作，采用全员聘任制，按“精简高效”原则采用“大部制”设置管理部门，后勤管理基本实行社会化管理。2003 年，根据教育部的相关规定，学校将 NH 学院的办学性质明确界定为“公办”，但仍然是“二级学

① 根据 A 大学 NH 校区教学办和综合办提供资料整理。

院”。2004 年，A 大学以 NH 学院为基础成立 NH 校区，但管理上仍然具有较大的独立性。2013 年，该校在总结经验教训基础上，决定启动校区的全面综合改革，并在校区新成立 4 个本科学院，管理模式采用“垂直延伸管理为主，属地管理为辅”的形式。

（3）办学模式探索。从办学层次来看，NH 校区经历了“大专（2001 年）—二批 B 线（2002）—二批 A 线（2003）——本（2005）”的快速发展历程。从办学特色来看，NH 校区专业设置以应用型学科为主，优先考虑培养区域急需的各类专门人才，同时积极开展国际合作办学（从 2003 年开始，先后与澳、法、英、美等国的 30 多所高校合作办学），形成了“国际化应用型”的人才培养特色。

（4）办学规模变化。校区的办学规模经历了“快速发展”和“调整控制”两个阶段。2001—2007 年，在校生从 1 396 人增加到最高的6 848 人，2008—2010 年维持在 6 010 ~ 6 573 之间。2011 年后 A 大学启动对校区的专业改造与调整，大幅度减少已有本科专业招生，着手建设新的本科专业，并逐步减少专科的招生数量，在校生规模大幅度下降至 2013 年的3 198 人。2001—2013 年，该校区累计为社会培养全日制毕业生 17 521 人（专科10 894 人、本科 6 627 人），自考生 5 000 多人，并为各行各业提供人才培训五万多人次。

（5）办学效益提升。从创办以来，NH 校区一直以规范的管理和良好的学风而闻名，生源质量好，学生学业成绩和综合素质较高，在英语、计算机等各类全国性统考中，学生的通过率明显高于同类高校平均值（普遍高出 20 ~ 50 个百分点），学生在“挑战杯”、机器人大赛等各类学科竞赛中屡屡获得优异成绩，毕业生历年就业率平均超过 98%，多次获得就业先进单位的表彰。而校区“国际化应用型”的人才培养特色也得到广泛的认可。

表 3 - 20　A 大学 NH 校区全日制学生统计（单位：人）

年度	本科				专科				合计		
	招生数	在校生	毕业生	招生专业数	招生数	在校生	毕业生	招生专业数	招生数	在校生	毕业生
2001	—	—	—	—	1 396	1 396	—	11	1 396	1 396	—
2002	289	289	—	4	1 938	3 056	—	14	2 227	3 345	—
2007	814	3 943	619	13	1 016	2 905	934	10	1 830	6 848	1 553

续上表

年度	本科				专科				合计		
	招生数	在校生	毕业生	招生专业数	招生数	在校生	毕业生	招生专业数	招生数	在校生	毕业生
2013	218	905	750	4	687	2 293	1104	9	905	3 198	1 854
2001—2013合计	7 787	—	6 627	—	12 746	—	10 894	—	20 533	—	17 521

资料来源：根据A大学NH校区教学办提供资料整理。

NH校区的创办，是“校地合作办学”模式的新尝试，为高校的办学模式创新提供经验和样本。从创业风险来分析，A大学用很小的投入在很低风险的情况下顺利实现了校园面积的拓展，有效地应对了扩招和学校发展带来的办学资源压力。从社会效益方面来看，NH学院（校区）的创办和成功发展，为该省特别是NH地区培养了大批急需的人才，更好地服务了地方经济与社会发展，也拓宽了学校的办学路子。而从经济效益来讲，2001—2009年，NH学院（校区）共向学校上交管理费近5 000万元，在一定程度上支持了学校的发展。

2. **抢抓机遇创办大学城校区**

ZC学院和NH学院先后建成投入使用后，A大学办学空间不足问题得到了一定程度的缓解，但一方面由于两个二级学院都在外地，对学校的支撑作用受到一定的限制；另一方面，ZC学院在其后作为独立学院运作，而NH学院面积又较小，因此仍然不能满足学校快速发展的需要。2001年12月，作为大力发展本省高等教育、加快教育强省建设的重大举措，B省政府决定在省会城市建设大学城，计划让10所高校进驻。A大学马上意识到，这是一个千载难逢的发展机遇。尽管面对巨额的资金投入、产权关系不明晰等一系列的问题和可能的办学风险，但A大学很快就下定决心，努力争取进驻大学城。

争取进驻大学城的过程充满艰辛，却更体现了A大学抢抓机遇的意识和创业的决心。该校校庆专辑曾这样描述当时的情景：“2003年1月，大学城总体建设规划正式启动，10所高校名额的竞争正式开始。1月29日，省政府召开会议。12点半会议结束，但在大学城高校名单中，并未出现A大学的名字。当天下午，时任校党委书记直奔省政府，为进入大学城争取名额。在省领导面前，时任校党委书记陈述了A大学必须进入大学城的两大原因：一是一流的大学城必须有一流大学，A大学是B省省属高校中唯一一所

‘211 工程’建设大学，如果没有进驻大学城，那大学城就称不上一流；二是 B 省义务教育的压力很大，需要扩招师范生，但学校已无办学空间。两天后，在大学城正式划地时，A 大学成为 10 所高校之一。”“刚开始划给 A 大学的地只有 800 亩，其中还包含一个小村。这对于 A 大学而言远远不够。但时任校党委书记说：‘我们一定要进，即使只有 500 亩我们也要进。’随后，学校与规划局一起到现场勘查，提出方向清晰的规划布局，经过多天反复商讨，最后争取到 1 340.5 亩的办学用地。”

获得入驻大学城的“门票”固然可喜，但最大的困难是资金问题。A 大学采用银行贷款和自筹经费相结合的办法筹集建设资金，顺利完成了大学城校区的各项建设任务。2007 年，为了解决大学城建设所带来的高校负债经营问题，B 省政府决定承担各入驻高校首期建设的大部分资金（当年省政府给该校下拨经费 81 055 万元，用于清偿大学城基建贷款），也使该校得以用最小的投入获得校园面积的大幅度拓展。对于 A 大学而言，进驻大学城办学是学校发展史上的一件大事，也是学校拓展办学空间、增强办学活力、全面提高办学水平和办学效益的一次极其难得的历史机遇。A 大学以创业的精神和敢于承担风险的勇气最终很好地把握了这次难得的机会。

大学城建设的过程，同样体现了创业的精神。建设者们以创造奇迹的方式用 9 个月的时间完成了第一期工程建设（2004 年 7 月完工），总建筑面积约 21.2 万平方米。2005 年 8 月又完成了第二期建设，总建筑面积约 32.2 万平方米。2007 年和 2010 年再进行小规模工程建设后，校区总建筑面积达到 57.6 万平方米。2004 年 9 月，A 大学正式进驻大学城办学，“一校三区”办学格局正式形成。目前，该校大学城校区校园面积、校舍面积都超过校本部，办学条件优越，共设有 9 个学院、1 个研究院和 2 个教学科研支持平台（中心），各学院涵盖了学校所有的 12 大学科门类。设有国家重点学科 1 个、省级攀登重点学科 1 个、省级特色重点学科 1 个、省级优势重点学科 8 个；有 5 个一级学科博士点；设有教育部重点实验室 1 个、工程中心 1 个，省级重点实验室 1 个，厅级产学研示范基地和工程中心各 1 个。办学规模基本占据学校的“半壁江山”，对学校的支撑作用和重要性不言而喻。

表 3-21　A 大学大学城校区在校生人数统计

年度	2004	2005	2006	2007	2008	2009	2010	2011	2012	2013
校区在校生/人	4 084	9 452	11 199	12 712	13 890	14 199	14 603	15 216	15 634	16 048
占全校比例/%	19.5	38.9	41.5	43.7	46.2	44.9	45.0	46.1	47.5	48.8

资料来源：根据《十年建设，木已成林——A 大学大学城校区十周年发展见证》整理。

3. 空间拓展促进效益提升

首先，校园面积明显扩大，办学条件明显改善。在2004年进驻大学城后，A大学正式形成了“一校三区”、外加一个独立学院的办学格局，办学条件得到了极大的改善：除独立学院ZC学院（校园面积近1 000亩，总建筑面积达30多万平方米）外，校园面积从原来的1 268.5亩增加到“一校三区”的3 019.8亩（基本实现了“一校变三校”），校舍面积从54.2万平方米增加到131.5万平方米，学生宿舍从22栋增加到50栋，学生床位数从15 000个增加到38 400个（见表3－22）。在2005年进行的本科教学评估中，A大学的各项生均资源指标（如生均占地面积、生均教室面积、生均宿舍面积、生均图书、生均教学科研仪器设备值等）都明显优于教育部规定的标准，获得“优秀”的评价。其次，办学规模迅速扩大，办学收入水涨船高。1999—2013年，全日制招生人数从4 888人增加到9 492人，在校生人数从13 551人增加到35 198人，毕业生人数从2 357人增加到9 748人，分别增长到原来的1.94倍、2.60倍和4.14倍（见表4－23）。与之相对应，全日制办学收入明显增加。2001—2013年，生均定额拨款从8 591万元增加到38 635万元，学杂费收入从4 228万元增加到20 277万元，住宿费从760万元增加到6 214万元，全日制办学总收入从13 579万元增加到65 126万元，分别增长到原来的4.5倍、4.8倍、8.2倍和4.8倍。全日制办学收入约占学校经费收入的60%。最后，支撑事业发展，提升办学效益。空间拓展为其他各项事业的快速发展提供了重要的支撑，包括学科发展、队伍建设、科研建设、社会服务拓展等，整体上提升了学校的办学效益。

表3－22　A大学校园面积与校舍面积

	校园面积/亩	校舍面积/万平方米	学生宿舍数/栋	学生床位数/个	学院＋研究院/个
校本部	1 268.5	54.2	22	15 000	18＋3
大学城校区	1 340.5	57.6	19	16 000	9＋1
NH校区	410.8	19.1	9	7400	5＋0
校外	—	0.6	—	—	
合计	3 019.8	131.5	50	38 400	32＋4

资料来源：“校园面积”和“校舍面积”根据A大学校办提供资料整理，统计截止时间为2014年10月；“学生宿舍数”和“床位数”根据《A大学校史（2003—2013）》整理。

表 3－23　A 大学全日制本专科学生、研究生人数统计

单位：人

学年	全日制本专科						研究生				合计		
	本科			专科									
	招生	在读	毕业	招生	在读	毕业	招生	在读	毕业	授学位	招生	在读	毕业
1999—2000	3 522	1 1091	2 088	1 092	1 854	146	274	606	123	110	4 888	13 551	2 357
2013—2014	6 243	25 192	6 386	688	2 293	1 104	2 561	7 713	2 258	2 238	9 492	35 198	9 748

资料来源：根据《A 大学校史（1993—2003）》和《A 大学统计公报（2013 年）》整理（其中 2013—2014 学年人数不包括独立二级学院 ZC 学院）。

表 3－24　A 大学全日制办学（本专科、研究生）收入统计

年度	生均定额拨款/万元	学杂费收入/万元	住宿费/万元	合计/万元	其中学校可控部分/万元	占学校可控部分总数比例/%
2001	8 591	4 228	760	13 579	—	—
2013	38 635	20 277	6 214	65 126	58 874	60. 9

资料来源：根据《A 大学年鉴（2002 年）》和《A 大学 2013 年财务决算表》整理。

三、拓展教育服务

面对巨大的服务需求和难得的商机，在转型期，A 大学根据自身特点（如应用型学科偏少、科研服务能力相对较弱、教育服务基础较好等），确立了以教育服务为重点的社会服务策略和资源拓展思路，多头并进推进教育服务，取得了社会效益与经济效益的双丰收。

1. 拓展成人学历教育与自学考试

A 大学的继续教育最早开始于 1955 年开办的函授教育，历经数十年的发展，已经树立自身的品牌。转型期该校通过改革管理体制，整合办学资源，扩展办学类型，扩大办学规模，提高办学质量，努力提升办学效益。

第一，深化管理体制改革。主要措施包括：①1999 年，在原成人教育学院（1987 年成立）基础上成立“继续教育学院”，通过完善学院内部设置、

调整职能和强化激励机制促进继续教育发展。学院的职能由原来的管理职能调整为管理和直接办班双重职能，并逐步发展成为相对独立的教育实体，同时有效统筹整合校内的各种办学资源；建立新的激励机制（每年除完成规定的上缴任务外，办学收入剩余部分作为薪酬和发展基金），扩大学院在办学、用人、经费使用等方面的自主权；调整办学思路，拓展办学领域，提高管理水平。②为了加强自学考试管理，1999 年 2 月在原自学考试办公室（1997 年 3 月成立）基础上成立了自学考试辅导学院，作为全校统一举办自考助学的机构。同年 6 月，为了抓住该省在部分高校试办开放学院①的发展机遇（该校为试点高校之一），该校成立开放学院，并于 2000 年开始招生。为了更好统筹成人学历教育与自学考试工作，继续教育学院、自学考试辅导学院与开放学院实行“一套人马、三块牌子”的管理模式。这些改革适应了新时期继续教育发展的需要，提高了办学的活力。

第二，扩大成人学历教育规模。主要措施包括：①提高办学层次，增设学历教育招生专业。瞄准市场需求增设社会急需专业，逐步扩大非师范类专业，不断提高办学层次和竞争力。至 2013 年，共开办专科起点函授本科专业 28 个、高中起点函授本科专业 2 个，高中起点函授专科专业 22 个，专科起点业余教育本科专业 25 个、高中起点业余教育本科专业 1 个，高中起点业余教育专科专业 22 个。②发挥学校优势，加强与地方联合办学。一是扩大在澳门的办学，开设的专业数达到 7 个，招收学生数不断增加，2013 年在籍学生约 500 人；二是积极探索与地方政府联合办学，如 2000 年与 QY 市政府合作成立了“A 大学继续教育学院 QY 校区”；三是加强校外教学点建设，与各地社会办学机构合作，新设了数十个办学点，有效地整合利用了校外教学资源。

通过这些努力，至 2013 年，A 大学成人高等学历教育开办本专科专业数共 100 个。2009 年在籍学生人数达到最高的 22 323 人。2009 年后，随着更多继续教育形式的出现，以函授、夜大学为主的成人学历教育的发展空间相对萎缩，竞争也更加激烈，A 大学也相应调整了办学方向，但成人高等学历教育仍然保持较大的发展规模。2013 年，在籍学生 13 510 人，其中本科生7 789人，专科生 5 721 人，函授教育和业余教育约各占 40% 和 60%。1999—2013 年，A 大学共培养成人高等学历教育本专科毕业生 65 410 人

① “开放学院”：为充分发挥自学考试主考学校的作用，提高自学考试质量和考生毕业率，1999 年 B 省决定在有条件的学校试办开放（公开）学院。开放学院以招收应届高考生为主，实行全日制组班教学，纳入自学考试统一管理。这种新模式把自学考试“宽进严出”的特点，与全日制教育注重提高学生全面素质的长处相结合。

（见表 3－25）。

表 3－25　1999—2013 年 A 大学成人高等学历教育（函授、业余、脱产）学生人数

单位：人

年度	1999	2000	2001	2002	2003	2004	2005	2006	2007	2008	2009	2010	2011	2012	2013
招生	3 595	3 985	4 953	5 475	6 208	6 208	6 928	7 594	6 859	7 678	7 981	5 247	4 943	4 465	4 104
在读	7 951	9 430	12 110	13 911	16 237	11 856	13 443	20 728	21 234	22 043	22 323	20 526	17 973	14 703	13 510
毕业	1 597	1 794	1 953	3 101	3 646	4 304	4 928	297	5 781	6 236	6 831	6 307	6 801	7 019	4 815

资料来源：根据《A 大学校史（1993—2003）》、《A 大学校史（2003—2013）》和《A 大学统计公报（2013 年）》整理。

第三，推动自学考试发展。世纪之交，A 大学通过改革创新，把握自学考试快速发展的机遇，拓展教育服务和创收的空间[①]：①普通自学考试助学辅导。一是根据社会需求，增加主考本专科专业，调整专业结构，逐渐从传统的师范教育专业转型到以实用性专业为主；二是积极扩充和整合校内外资源，大量开办自学考试助学班，不断扩大办学规模，通过合作在省内建立了 210 多个自学考试独立办班教学班，地域几乎覆盖全省，涉及 18 个专科专业和 23 个本科专业。至 2013 年底，主考及办班专业 54 个，其中本科 27 个、专科 27 个；在读学生 6 800 多人。②开放学院全日制办学。作为全省五所举办开放学院的试点高校之一，A 大学在开放学院办学方面获得了先机和竞争优势，从 2000 年首次招生以来便获得了快速的发展。到 2013 年，开放学院招生专业 37 个，其中本科 16 个、专科 21 个，在籍学生 2 399 人。截至 2012 年，累计毕业生人数达到 4 870 人。③自学考试与高职高专相沟通办学[②]。“相沟通办学”是 2005 年以后 B 省推进自学考试的一项创新性试点工作。A 大学敏锐地把握其中带来的发展机遇，经努力争取成为 6 所试点主考学校之一。自试点以来，该校与高职高专院校的合作发展势头良好，学生人数以每

① 根据《A 大学校史（2003—2013）》和 A 大学官网资料整理。

② 所谓“自学考试与高职高专相沟通”，是指符合条件的高职高专院校组织在校高年级学生，由自学考试主考学校实施助学辅导，参加本科专业自学考试，获得继续教育和提高学历层次的机会，增强就业竞争力。实质上就是通过自学考试主考学校和高职高专院校的合作，利用高职高专院校的办学条件和主考学校的资源和品牌优势，让高职高专院校的学生在校期间提前参加本科专业自学考试，以便更快获取本科学历。这一创新性试点工作实际上为规模巨大的高职高专院校的在校学生打开了“一扇窗口”，市场需求巨大。

年30%的速度递增。到2013年，“相沟通”合作院校发展到72个，招生专业22个，在籍学生约2.3万人，是该省办学规模最大、专业分布最广、合作院校和学生人数最多的主考学校。2005—2012年累计学生人数35 000多人，其中获得本科毕业证书的7 500人、获得学士学位证书的1 400多人。

第四，促进办学效益提升。在扩大规模基础上，A大学通过加大投入与资源整合，不断改善办学条件，强化规范管理，提高办学质量和办学声誉，取得了经济效益与社会效益的双丰收：①社会效益。通过多年办学，A大学为社会培养了大量亟需的人才（1999—2013年，共培养成人学历教育本、专科毕业生近7万人，自学考试本、专科毕业生约10万人），为不同层次的人才提供了适应自身需求的个性化教育，促进了个人与社会的进步与发展，产生了良好的社会效益，特别是在澳门举办的成人教育为其人才培养、社会文化发展和“人心回归”做出了重要贡献（承担澳门中小学和幼儿园教师70%的培训任务）。良好的办学声誉既为A大学赢得了生源，也为其赢得了荣誉，先后被评为“全国高等教育自学考试示范助学组织”（2004年）、“全国成人高等学校招生工作先进集体”（2006年）、“全国高等教育自学考试先进集体”（2007、2011年）、“B省先进成人教育单位”（2008年）和“B省高等教育自学考试先进集体”（2011年）等。②经济效益。经过转型期的大力拓展，继续教育学院作为一个相对独立的办学实体，已经迅速发展为一个每年为学校增加经费收入近1亿元的“教育产业”，成为学校创收的重要部分（见表3－26）。

表3－26　A大学成人学历教育及自考办学收入（单位：万元）

年度	成人学历教育		自学考试		合计	
	学校总收入	其中校级统筹经费	学校总收入	其中校级统筹经费	学校总收入	其中校级统筹经费
2001	2 648	—	1 793	—	4 441	—
2011	5 500	3 300	3 500	1 925	9 000	5 225
2012	5 000	3 000	3 455	1 900	8 455	4 900
2013	3 780	2 268	5 713	3 142	9 493	5 410

资料来源：根据《A大学年鉴（1999—2001）》和2011—2013年《A大学财务决算表》整理。

2. 拓展网络教育

20世纪90年代中后期，网络教育在我国开始受到关注，并逐渐发展成为高效率推广高等教育的重要手段。1998年教育部开始确定第一批网络教育试点院校（5 所），2000 年将试点院校扩大到 31 所，2001 年进一步扩大到 67 所。A 大学主动把握机会，凭借教育技术学等学科的优势和积极的争取，在 2001 年成功成为试点高校，并在 2002 年开始招生。以网络教育的发展为契机，通过创新创业，A 大学在教育服务和资源拓展上都创造了巨大的价值。

第一，发展定位。为了把握难得的机遇，A 大学提出了明确的办学思路和雄心勃勃的发展目标：近期目标是“在 3—5 年内建设成为华南地区远程教育研究中心和培训基地，成为在各地乃至港澳台有重要影响的现代远程教育实践指导和学术交流中心”；长期战略目标是“争创全国一流，打造国际品牌”；办学宗旨是“以远程教育网络为依托，形成覆盖全国城乡的开放教育系统，为各类社会成员提供多层次、多样化的教育服务”；服务面向是“为实现 B 省经济和社会发展战略目标服务，推进学校现代远程教育事业的发展，打造南方教育高地，促进学校信息化、现代化建设”。

第二，资源整合。2002 年整合该校网络中心、教育信息技术中心、教育信息技术学院等方面的力量，成立了网络教育学院；成立以主管教学副校长为院长的学院领导班子；迅速整合校内外相关单位的教学、科研与技术力量，组建了一支 40 多人的创业队伍，同时根据网络教育的特点，迅速建立了一支庞大的兼职师资队伍；完善教育教学条件。

第三，教育创新。以技术创新推动教育创新，采用国内领先的技术路线，开发了交互式多媒体教学平台系统及网络教育资源，建立了“A 大学在线”教学门户网站，构建起立足本省、辐射区域的远程教育学习支持服务体系，探索出适合现代远程教育发展的教学管理模式及运行机制，形成有特色的办学模式；致力于新媒体技术的研究和应用，研发了全国领先的移动学习技术，探索网络课程开发的新标准，形成了网络课程的多屏兼容、多网融合，以及网络课程可拆分、可组合两大网络课程开发核心标准，通过不断的技术革新，高清、云、多频兼容等技术得到应用和发展，提高了网络学习的质量与效率；利用互联网、卫星系统和视频会议系统，将网络教育与传统教育有机融合，形成面授、卫星直播、导学与自学相结合的教学模式。

第四，空间拓展。大力发展校外教学点，最大限度调动校外一切有用资源，拓展办学空间和办学规模，到 2013 年已建立覆盖 8 个省的 115 个校外学习中心；广泛与国外及港、澳、台地区教育机构开展远程教育合作办学，拓展国外或境外教育市场，推广学校教育品牌；2002 年与美国出版在线签约，开通了“A 大学在线”；2003 年与印尼合作开展“华语远程教育项目”，在印尼大学等 15 所教育机构设立境外远程学习中心；2012 年，与凤凰卫视属下的凤凰教育合作，组建凤凰国际学院，成立凤凰教育信息技术文化有限公司，合作开展高端教育培训，并推出“凤凰微课”等；从2011年开始，在学历教育基础上大力扩展非学历教育，承担“国培计划”① 等各类培训项目76项，培训人数快速增加（见表3－28）。

第五，办学特色。历经十多年的改革创新，初步形成了五大办学特色：①教师教育特色——传承教师教育传统，发挥“全国教师教育网络联盟”核心成员作用，在B省实施“利用网络教育提升中小学教师学历工程”，构建了以服务教师终身教育为目的，各种教育形式相结合，学历教育与非学历培训有效沟通的一体化教师教育体系。②区域辐射特色——不仅服务本省、本地区的教育，更将教育服务辐射到包括港澳地区的全国各地和许多国家，特别是东南亚国家。③教研一体特色——作为教育技术学、教育学、心理学等重点学科的实践基地，依托优势学科深入开展现代远程教育基础理论和实践模式的研究，取得了一批在国内外有影响的重要研究成果。④教育帮扶特色——开展多种形式的教育“西部行”活动，致力于对农村贫困山区、边远地区、边疆少数民族地区的远程教育帮扶，已在广西、云南、陕西等地建立了校外学习中心，同时对农村偏远山区教师、残疾人、新生代农民工实行开放化的网络教育培训；2011年联合B省残联和慈善组织B省狮子会共同推出“学习无障碍行动计划”，为残疾学生提供现代远程教育服务，同年承担该省新生代农民工“圆梦计划”，重点资助在该省务工的青年参加网络学历教育（每年招生约3 000人）。⑤服务本科教学特色。2007年启动“校园开放计划”，将网络课程纳入校内本科教学，推进一校三区资源共享，同时面向周边其他高校开放，每年修读约2万人次。

第六，创业成效。主要体现在：①为社会培养了大量人才。学历教育招生专业从最初的9个发展到33个（专科15个、本科18个）；2002—2013年招生人数和在校生人数分别从4 023人和4 023人增加到18 504人和45 548人，毕业生人数从2004年的1 759人增加到2013年的13 055人，累计已为社会培养了90 996名毕业生（如表3－27）；非学历教育发展迅猛，2011—2014年累计培训342 558人（如表3－28）。②为学校带来了明显的经济效益。经过十多年的发展，网络教育已经迅速成长为一个“年产值”超过1亿元的新产业，成为学校最大的创收大户，为学校的事业发展提供了有力的支撑（如表3－29）。③综合效益日益凸显。在人才培养、社会服务、承担教育部重大项目以及境外办学等方面取得了突出成绩，办学特色明显，产

① “国培计划”全称“中小学教师国家培训计划”，是教育部、财政部于2010年开始实施的旨在提高中小学教师特别是农村教师队伍整体素质的重要举措。

生良好的综合效益和品牌效应，成为首批教育部高等学校继续教育示范基地和教育部推荐的“国培计划”教师远程培训机构（6 所高校之一），也是全国教师教育网络联盟首批成员单位，网络教育综合实力排在全国高校前 3 位。

表 3 - 27　2002—2013 年 A 大学网络教育（学历教育）学生人数

单位：人

年度	2002	2003	2004	2005	2006	2007	2008	2009	2010	2011	2012	2013
招生	4 023	10 090	9 480	10 666	10 096	8 775	9 956	12 423	13 694	15 843	17 235	18 504
在读	4 023	14 100	21 903	29 373	24 924	24 267	24 172	28 634	32 882	39 621	43 724	45 548
毕业	—	—	1 759	3 153	14 447	9 398	10 001	7 937	9 381	8 958	12 907	13 055

资料来源：根据《A 大学年鉴（2003 年）》、《A 大学校史（2003 - 2013）》和《A 大学事业发展白皮书（2013 年）》整理。

表 3 - 28　2011—2014 年 A 大学网络教育（非学历教育）学生人数

单位：人

年度	2011	2012	2013	2014	合计
学生人数	16 017	104 695	105 307	116 539	342 558
培训项目数	9	12	22	33	76

资料来源：根据 A 大学网络学院提供资料整理。

表 3 - 29　2002—2013 年 A 大学网络教育收入

单位：万元

年度	2002	2003	2004	2005	2006	2007	2008	2009	2010	2011	2012	2013
学校总收入	1 846	4 561	5 991	6 793	7 489	7 261	8 047	8 427	8 714	8 000	9 333	13 293
其中校级统筹经费	—	—	—	—	—	—	—	—	3 920	3 920	4 200	5 982

资料来源：根据《A 大学年鉴》（2003—2009 年历年资料）、2010—2013 年 A 大学财务决算表和 A 大学网络学院提供资料整理。

3. 拓展在职培训

大力拓展以教师在职培训为主的各类培训与教育服务，既是教师教育一体化的要求，也是师范大学拓展服务领域，提高资源拓展能力的客观需要。转型期 A 大学在这方面得到了明显的拓展。

第一，积极承担各级各类教师培训任务。主要包括[①]：①承担“国培计划”和相关的培养任务。作为教育部选定的9所承担“国培计划”的高校之一，A大学通过积极参与全国竞标，自2010年起，连续承担“国培计划”项目的培训任务54项共计10 859人（包括集中培训项目3 780人、远程培训项目7 079人），其中示范性项目22项8 553人，中西部项目32项2 306人，学员来自全国31个省、市、自治区。所承担的“国培计划”示范性项目数连续4年位居全国高校前3名，成为教育部唯一设在地方高校的“国培计划”海外培训项目执行办公室。此外，2010年以来该校还完成了北京、吉林等全国十几个省市的校长、园长、教育行政干部及教师2 000多人次的培训工作。②承担中小学“百千万人才培养工程”培养任务。B省中小学“百千万人才培养工程”（2010—2020年）是该省基础教育系统高层次人才培养的品牌项目。作为该省教师教育的领头羊，该工程领导小组项目执行办公室设在A大学。A大学整合全校优质资源承担该项目中最高端的培养项目，包括教育家培养对象（4年）、中学名校长培养对象（3年）和名教师培养对象（3年）的培养任务。到2013年共承担第一批省级培养对象150名和市级培养对象281名的培训任务。③全方位服务本省教师继续教育工作。近年来，A大学充分发挥其在教师教育培训研究方面的优势，通过设在该校的“B省教师继续教育专家委员会秘书处”的工作，加强全省教师培训工作研究，组织各类高端教育论坛，用学术引领来推动教师教育培训工作，制定了教师培训的新标准。同时，积极参与省级校长培训、省级骨干教师培训、农村师资教育硕士岗前培训、农村教师置换培训、新课标培训、“代转公”（即代课老师转公办老师）培训等各类培训项目。2008年以来累计承担教师新课标培训3万余人次，培训“代转公”教师33 205名；2009年以来，为全省培养中小学管理、教学骨干25 897人次。2011年该校荣获“B省中小学教师继续教育工作先进单位”称号。此外，A大学利用设在该校的“B省高校师资培训中心”，整合全省教师培训资源，开展了各种形式的教师培训工作，十多年来累计培训全省高校教师9万多人次。④搭建国际合作平台，实施中外双向培训项目。2005年，A大学与美国范德堡大学及田纳西州纳什维尔市公立学校系统联合设立“中美中小学校长领导能力发展交流与学习”（简称ELLE）项目，这是全国唯一的中美中小学教师和校长的双向交流培训项目，该项目的实施使A大学成为全国高校中唯一一所为美国校长提供系统

---

① 根据《A大学校史（2003—2013）》（第86－90页）、《A大学行政领导班子任期工作报告》（2014年6月）和对A大学基础教育培训与研究院、高校师资培训中心等单位的访谈资料整理。

培训的大学。运作 8 年来，共有 155 名中国校长和 110 名美国校长参与了该项目的交流与培训，受到各界的广泛关注。

第二，整合优质资源打造基础教育培训品牌。为了充分整合校内教师培训的资源，提高培训的专业化程度和学术水平，打造基础教育培训品牌，A 大学于 2009 年在整合该校“B 省教育科学研究所”、“B 省中小学校长培训基地”、“教育部基础教育课程与教材评价中心”、《中小学德育》杂志社等单位基础上，成立了基础教育培训与研究院。成立后，B 省中小学教师培训中心与该院合署办公。经过几年的快速发展，该研究院已经发展成为该校彰显教师教育特色、构建“职前职后一体化”体系，以培训、研究、管理咨询、期刊出版等业务强化其为基础教育服务功能的重要窗口，成为省内领军型教师教育培训与研究的基地、国内重要教师教育培训与研究的中心，以及以应用性教育研究、教育咨询、教育培训服务基础教育的专业机构。2009—2013 年，研究院共开办了 179 个培训班，培训了 33 671 人次，其中包括 7 个教育行政干部班 562 人次，78 个校长培训班 2 712 人次，94 个中小学教师培训班 30 397 人次[①]。短短数年，该院已发展成为该省面向基础教育培训类型最齐全、培训层次最完备、培训学员覆盖最广的培训机构。本着立足本省、面向全国、辐射海外的定位，他们为来自全国各省市自治区和美、英等国的教师、校长、教育局长等提供高质量、有特色的教育培训服务，成为本省教师培训的龙头单位，在全国教师教育培训行业中具有良好的声誉和示范性。

第三，积极开展多样化的培训服务。除了针对各类教师的教师教育培训，A 大学通过制定相应的激励政策，鼓励各学院、各单位利用自身的学科特点，根据社会需求开展各种形式的培训服务，其规模和种类都有明显的突破：如计算机学院针对 IT 企业开展的各类人才培训；数学科学学院开展的会计师培训；化学与环境学院针对化工企业和环保部门开展的各类培训；法学院和律师学院针对执业律师和其他法律工作者开展的各类培训；经济与管理学院根据企业需求开展的各类个性化培训；旅游管理学院针对酒店和旅游从业人员开展的各类培训；外语学院举办的各类外语人才培训；心理学院针对各行各业举办的“心理素质提升”培训班；美术学院、音乐学院和体育科学学院等开展的各类术科培训；等等。此外，NH 校区充分利用地处经济发达地区、各行各业人才培训需求巨大的优势，积极为地方政府和各行各业提供个性化的培训服务，获得了巨大的发展，2005—2013 年累计为各行各业培

① 根据《A 大学校史（2003—2013）》（第 89 页）整理。

训近5万人次[1]，拓展了校区为地方社会、经济建设服务的广度和深度。

通过大力开展多种多样在职培训，A大学的教育服务得到明显的拓展，特别是对基础教育服务的广度和深度都得到明显的提升，走在全国师范大学的前列，同时在资金拓展上也获得了可观的回报。2008年以来，该校每年的培训费收入基本维持在5 000万元到6 500万元之间（见表3-30）。

表3-30　2008—2013年A大学培训费收入

年度	2008	2009	2010	2011	2012	2013
培训费收入/万元	4 935	5 666	6 439	6 505	5 768	6 124

资料来源：根据A大学2008—2013年财务执行情况相关报表整理。

4. **拓展国际合作办学**

A大学在开放办学理念指导下，大力拓展海外教育市场，在提升学校国际化水平基础上，提升服务与资源拓展的水平。除了上述提到的继续教育港澳办学、凤凰国际学院的成立和ELLE项目以外，A大学还在如下两方面大力拓展，取得良好的成效：

第一，拓展留学生教育与对外汉语教育。A大学留学生教育起步较晚，直到1999年留学生也仅有96名。2004年，为了推进留学生教育的发展，拓展海外教育市场，A大学决定在原汉语言文化中心基础上，加大投入，整合相关资源，成立国际文化学院，负责留学生教育、中华文化国际推广、国际交流等工作。

依托新成立的国际文化学院，该校积极拓展国际合作办学新渠道：2004年，与澳大利亚旅游与酒店管理学院合办“中澳旅游与酒店管理留学预科培训班”；成立国际预科中心，成功引进了国际认可范围最广的预科课程——A-LEVEL课程体系，面向中学生开办国际预科教育。2005年与澳大利亚伊迪丝·科文大学合办专升硕项目（PQP），并引进国家职业汉语考试（ZHC）。2008年获得中国政府奖学金来华留学生接收资格，并与印度尼西亚苏北省合作，协助其创办亚洲国际友好学院并开设华文系。2010年与亚洲国际友好学院签署了“2+2”联合培养合作协议，接收其三年级本科生到A大学学习。2009年，获得国家汉办孔子学院总部的孔子学院奖学金生培养单位资格；在泰国举办华文师资培训班，完成东南亚中小学汉语教师师资培训任务和香港教师普及普通话培训及测试项目；与菲律宾光启学校建立合作办学关系。2009—2011年，积极与国外大学合作，先后在加拿大、法国和拉脱

[1] 根据A大学NH校区高级管理培训中心提供资料计算。

维亚建成了三所孔子学院。2011 年，成功获批为国家汉办汉语考试考点，并设立汉语考试中心，开展新汉语水平考试（HSK）、商务汉语考试（BCT）和中小学生汉语考试（YCT）等国际汉语能力标准化考试；同年开始，受国家侨办、省侨办委托，承办了该省外派华文教师培训工作。在发展过程中，该学院积极加强学科专业建设，开设汉语言教育（非学历），汉语言（包括汉语言文学、汉语言师范和商贸汉语三个方向）和国际经济与贸易本科专业，并于 2008 年后相继设立汉语国际教育专业硕士点和课程与教学论（汉语国际教育方向）专业硕士点，每年招收的外国硕士生达数十名。

经过十几年的发展，A 大学的留学生规模不断扩大，办学类别不断增加，专业覆盖面更广，办学层次也不断提高。如表 3－31 所示，1999—2013 年，每年留学生人数已从 96 人增加到 1 340 人；累计已培养了包括汉语言长短期进修和专业学历教育（本科、硕士、博士）在内的留学生 9 000 多人。留学生生源国也从 13 个增加到了 66 个[①]。留学生教育与对外汉语教育发展明显拓展了 A 大学对外办学的空间，也为办学经费拓展作出了贡献，2009 年后每年获得的学费收入超过 2 000 万元（如 2009 年为 2 157 万元[②]），为"校级统筹部分经费"带来五六百万元的收入（如 2012 年和 2013 年分别为 506 万元和 632 万元[③]）。同时，孔子学院办学也取得明显的社会效益，办学质量得到高度的评价，2014 年加拿大高贵林孔子学院从全国近 500 所孔子学院中脱颖而出，获授"2014 年度先进孔子学院"奖（全国仅评出 25 所）。

表 3－31　1999—2013 年 A 大学留学生统计

年度	1999	2000	2001	2002	2003	2004	2005	2006	2007	2008	2009	2010	2011	2012	2013
留学生/人	96	152	155	259	187	318	777	788	1 101	1 031	9 16	1 116	1 344	1 230	1 340
来源国/个	13	13	13	25	24	24	40	40	40	40	46	55	60	64	66

资料来源：根据《A 大学年鉴》（1999—2011 年历年资料）和《A 大学事业发展白皮书》（2011—2013 年历年资料）整理。

第二，拓展 NH 校区国际合作办学。从 2003 年开始，NH 校区先后与澳

① 根据《A 大学校史（2003—2013）》、《A 大学年鉴》（1999—2011 年历年资料）和《A 大学事业发展白皮书》（2011—2013 年历年资料）整理。

② 根据 A 大学 2009 年财务决算表数据。

③ 根据 A 大学 2012 年和 2013 年财务决算表数据。

大利亚、法国、英国、美国、加拿大、黎巴嫩、香港等国（境）外的30多所高校开展了包括留学生培养、学生交流、课程互认、学术交流、资源共享等多种形式的合作办学，累计向国外输送了489名留学生。目前，已有数十位国外大学教师来校区授课、讲学和交流，校区也有30多名教师和60多名学生到合作高校交流学习。校区先后成功举办或承办了“中法学术交流暨法语教学与行动研究研讨会”“高等教育国际化研讨会”等高层次国际学术会议，并于2010年正式加入国际高校法语联合会（AUF）、中国教育国际交流协会（CEAIE）、美国教育管理者协会（AIEA）、美国国际教育工作者协会（NAFSA）等多个国际教育组织，为国际化办学提供了良好的发展平台。此外，NH校区还与美国旧金山州立大学开展了对外汉语硕士班项目。2009年，还开设了中国商务沉浸项目（简称CBI项目），开始招收法国、美国、澳大利亚、加拿大、黎巴嫩等国家的留学生来华学习，目前已累计接收留学生77名①。

十多年的国际合作办学，NH校区初步形成了“国际化应用型人才培养”的办学特色，推进了A大学国际化办学的进程，也为学校拓展办学资源带来了一定的经济效益，平均每年为学校增加超过300万元的经济收入。2013年，为了进一步拓展国际合作办学市场，A大学在整合NH校区原有国际合作办学资源的基础上成立了国际商学院，致力于国际化应用型商务人才的培养，以及开展多种形式的国际合作办学。短短的一年时间里，国际商学院就与美国和法国的13所大学建立了合作关系。2013年，A大学与国家教育部留学服务中心建立了战略合作伙伴关系，并获准面向计划外学生开设国际班留学项目，国际合作项目更加多样，发展前景良好，同时他们还开展寒暑假海外见习项目，短期英语、法语强化培训课程，留学申请咨询、签证服务等多种形式的国际教育服务，积极拓展办学经费来源。②

5. 拓展收费研究生教育

社会对高层次人才越来越大的需求为研究生教育发展和大学创业带来了新的机会。A大学主要从三方面入手，积极扩大收费研究生教育规模，为学校拓展办学经费作出贡献：一是大力发展专业学位研究生教育。通过增加专业型学位点数量（从1个增加到10个）、加强专业建设和调整研究生招生结构，大幅度扩大专业型研究生规模（在读学生从208人增加到3 111人，详见表3－18）。二是扩大非全日制研究生教育办班规模。办班形式主要包括在

---

① 根据A大学NH校区外事办提供资料整理。

② 根据A大学国际商学院提供资料整理。

职人员以同等学力申请硕士学位课程进修班、研究生课程进修班等形式。通过激励制度建设（校内各办班教学单位分成比例在 40% ~60% 之间）、办学专业建设、校外办学点拓展（校外办学点遍布全省 20 个地市），办学规模不断扩大。1999—2001 年，每年的研究生课程进修生达到数百人，从 2002 年开始，每年研究生课程进修生基本超过 1 000 人，2003—2013 年，A 大学研究生课程进修生人数累计达到 10 000 多人①。三是积极发展港澳研究生教育。1999 年后招收在职兼读研究生人数开始明显增加，在澳门招生人数连续多年居全国之首（具体数据如前所述）。

经过转型期的改革与不断发展，A 大学目前已形成以全日制研究生教育为主体，其他多种形式办学为辅，学术型与专业型并重的多层次、多渠道的研究生教育培养体系，既满足了社会服务的需要，也为拓展办学经费作出贡献。根据该校近年《财务决算表》，2008 年以来，A 大学每年研究生学费收入超过 2 600 万元，进入“校级统筹部分经费”超过 1 200 万元，2013 年更超过 2 000 万元（如 2008 年，研究生学费达到 2 743 万元；2010 年研究生学费达到 2 680 万元，进入“校级统筹部分经费”达到 1 206 万元；2012 年和 2013 年，进入“校级统筹部分经费”分别达到 1 290 万元和 2 112 万元）。

四、强化科研服务

进入转型期以来，A 大学一方面通过激励制度的建设，鼓励各单位和教师积极参与产学研合作和社会服务；另一方面通过加强与社会服务对接的“外围机构”的建设，努力搭建社会服务的平台。通过体制机制的改革，A 大学有效整合人、财、物等有形资产，以及技术、信息、知识、品牌等无形资产，把握机会，重点从科技服务、决策咨询服务和综合性社会服务三方面推动科研服务，在服务中实现价值创造与自身的发展。

1. 激励制度创新

“重学术轻服务”“重发表轻转化”“重纵向轻横向”“重理论轻应用”是许多师范大学科研工作存在的普遍问题，不利于科研服务的开展。A 大学积极出台一系列的激励政策，鼓励教师对外开展产学研合作交流，推进科研成果转化与社会服务工作：一是在科研发展路径上，提出了“顶天”“立地”并重的发展思路，在原有追求“顶天”基础上强化对“立地”的重视和支持。二是通过一系列的管理制度改革，加大对产学研合作的激励力度。如在《科研成果与业绩评价方案》中，设立“科技应用成果”、“软科学成

---

① 根据《A 大学年鉴》（2002—2005）和《A 大学校史（2003—2013）》相关资料整理。

果（含咨询报告）”、“专利成果”等与成果应用相关的奖励；在《科研经费管理办法》中，对横向课题经费使用给予较大的使用自由度；在《院系年度科研经费任务的规定》中，将获取横向课题经费列入院系考核指标；设立专利申请基金对专利成果申报进行经费资助；提高对专利和软件著作权的奖励和保护力度，并作为职称评聘和各类校内评价的重要依据；出台《科技成果产业化管理办法》，加大对科技成果产业化的管理与扶持力度（规定“科技成果产业化收入70%用于奖励课题组，15%用于奖励所在单位”，其奖励力度明显高于国家相关文件规定的比例）；召开全校“科研与产学研工作会议”（2011 年），推进科研服务发展。

2.“外围机构”建设

克拉克认为，“拓展的外围”是创业型大学的五个重要特征之一，也是大学推进“学术资本化”的重要途径。推动产学研合作，提高科研成果转化水平和社会服务能力，更多参与社会财富的创造，必然要求高校建立更多与社会需求对接的“外围机构”，如致力于解决特定技术问题与社会问题的研究所或工程中心；致力于科研成果孵化、并与地方政府和企事业单位建立广泛合作关系的各种科技园区、产学研基地、产业园等孵化机构；致力于实施知识成果转化的校办企业或教师与学生创办的各种企业；负责产学研合作、知识产权管理与技术推广的管理机构等。A 大学在“外围机构”建设方面的主要举措包括：

（1）加强校内科研机构建设。通过大力建设，1999—2013 年 A 类机构从 2 个增加到 39 个，建立了 46 个 B 类机构和一大批的 C 类机构（见表3－8）。此外，发挥和拓展学校在某些专门领域的优势，设置了多个院级的研究机构，如 2002 年在 MOCVD（金属有机化学气相沉积系统）实验室的基础上成立“光电子材料与技术研究所”，从事光电子材料的 MOCVD 生长、性能分析、器件制备及应用的研究，设有厅级“电致光电重点实验室”和市级“LED 工业研究开发基地”（注：LED 即发光二极管）；2009 年在原有激光生命科学教育部重点实验室、光子中医学实验室基础上组建生物光子学研究院，立足于新兴交叉学科生物光子学领域的基础与应用研究；2012 年，在整合光电学科已有优势资源、引进海外高层次人才基础上，成立 HN 先进光电子研究院，开展先进光电子技术与材料的相关研究；等等。这些校内科研机构往往以特定的技术性、社会性问题或综合性问题为研究方向，紧密结合社会需求，具有外向型的特点，成为有效整合科研资源服务社会的重要平台和前沿阵地。

（2）加强孵化机构和创业企业建设。如 2005 年，与香港 JL 集团合作成立GDYY光电科技有限公司，致力于LED的研发与生产；2006年建立了“激光加工技术产学研结合示范基地”；2008年在本省QX县建立“A大学科技园”，在LC市建立“A大学（LC市）产学研结合基地”；2011年与JY水产养殖有限公司合建“产学研结合示范基地”；2012年建立“A大学GZ中新知识城科技园”；2013年与ZS现代渔业博览园合作建设水产产业园，与企业合作创办“SZ国华光电科技有限公司”和“GZ华仁亿和特种光纤有限公司”；等等①。

（3）加强管理机构建设。2011年，A大学整合多个部门的职能，成立了“社会服务与产学研合作处”，作为学校加强社会服务和产学研合作工作的职能部门，负责组织、协调和管理学校教育服务、文化服务和科研服务等社会服务工作。

3. **科技服务拓展**

进入转型期以来，A大学一方面主动服务国家战略需求，积极承担国家各级各类科研任务，1999—2013年累计承担纵向科技项目2 047项、经费52 896.6万元②，这些项目产生的大量研究成果为国家科技进步、综合国力提升作出了巨大的贡献。另一方面，A大学着力扭转在产学研合作方面的弱势，主动承担企事业单位委托的横向课题，创新科技服务的方式与途径，推动科技成果转化，取得了较好的成效。1999—2013年，该校获得的横向科技经费从104.0万元增加到4 501.7万元，年均增长30.9%，增长率明显高于纵向科技经费增长率（18.1%）；横向科技经费占科技经费的比例也从10.1%增加到32.1%③。

在科技服务与科技成果转化中，A大学根据自身工科相对薄弱，应用型学科较少的特点，坚持走特色发展、重点发展的道路，根据国家科技与产业发展的需求，有重点地推进一批产学研项目的发展，创造了巨大的经济与社会效益。比如：

——2005年，A大学利用自身在高亮度光发光二极管研发方面的技术优势，在本市科技局的大力支持下，成立“GZ市LED工业研究开发基地”，与香港JL集团合作成立GDYY光电科技有限公司，致力于LED的研发与生产。该公司首期投入1.2亿元，其中包括地方科技局科技立项投入2 000万元，学校科研仪器设备和相关投入1 000万元，企业投入9 000万元。根据合作协议，A大学可获得公司12.8%的股份。④

---

① 根据A大学历年《科技简讯》整理。

②③ 根据A大学科技处提供资料整理。

④ 根据A大学科技处提供资料和该校官网资料整理。

——该校省级重点基地“激光加工技术产学研结合示范基地”，近年共承担科研项目17项，经费近2 000万元。完成CO_2激光器激光切割机、高精度光纤激光标刻机、手机电池激光焊接机等多项科研成果的产业化，销售额超过8 000万元。该基地还联合多家企业共同申报获批B省联合培养研究生示范基地（2011年），并与企业共建激光微纳加工技术联合实验室（2013年），致力于重大科研项目培育与高端产业人才培养。[①]

——该校“电化学储能材料与技术”教育部工程研究中心，近年来实现动力锂离子电池及储能电池高新技术研究成果的快速转化和产业化。如开展高性能一次锂电池的产业化关键技术研究，使合作公司成功对高性能锂原电池制造过程进行了产业化和规模化开发，成为国内最大的锂/亚硫酰氯电池制造企业，成功在首批创业板上市，年销售额2.5亿元，企业市值达到40亿元以上，并成为该省首批创新型企业。又如他们的“先进铅酸蓄电池研究成果”在全国铅酸蓄电池行业广泛应用，研制出了适合深放电循环用的动力与储能密封胶体蓄电池用板栅合金，在多家企业实现了储能用的板式系列胶体密封铅酸蓄电池12V65Ah—12V200Ah、管式系列胶体密封铅酸蓄电池12V200Ah—12V2000Ah的产业化。如ZZ冶炼集团股份有限公司应用了该项目研制的6项发明专利技术，大幅度提高铅钙合金的年产量（从合作前的3 000吨到合作后的50 000吨），新增年产值7.05亿元[②]。

——在清洁生产与节能减排技术服务、环境影响评价与生态规划等方面，该校化学与环境学院为该省500多个单位的建设项目进行了环境评估和治理，2009—2013年帮助该省100多个企业进行清洁生产审核、节能技术服务和污染治理等，使这些企业真正实现节能（煤或电平均节约6%）、降耗（水资源消耗降低约8%）、减污（COD和SO_2排放分别平均减少20%和30%以上）和增效（约5%），同时每年为学校带来数百万元的横向科研经费[③]。同时，该学院在污水处理设备研发（已经开始销售）、“天然产物的高压连续提取、分离纯化工业化设备及相关技术研究”等方面的产学研合作上也取得突破[④]。

——2008年后，A大学立足服务地方产业转型升级、构建现代产业体系的重大需求，通过产学研合作主动融入区域经济社会发展，与省内多地政府、相关行业和机构签订了全面科技合作协议或产学研合作协议，通过建立

---

① 根据A大学官网资料《十年大学城——信息光电子科技学院：产学研并肩前进》整理。

②③ 根据《A大学“211工程”三期建设总结报告》（2012年12月）相关内容整理。

④ 根据A大学官网资料——《十年建设，木已成林——A大学大学城校区十周年发展见证》整理。

科技园、产业园、产学研基地和高新企业等形式，开展了一系列的产学研合作项目，推进成果转化：如在 QX 县建立了“A 大学科技园”；在 LC 市建立了“A 大学（LC 市）产学研结合基地”；与 ZS 现代渔业博览园合作建设水产产业园；与 GZ 中新知识城签订 2 项合作项目，合作经费 3 200 万元；“热带亚热带花卉生理及其应用”成果的应用推广使合作单位获得经济效益 2.35 亿元；ZGF 教授等 2013 年创办的 SZ 国华光电科技有限公司，当年带来投入 5 000多万元（ZGF 教授还牵头与天津大学、深圳大学等单位组建成立了“绿色光电子技术协同创新中心”，2014 年获得了 B 省教育厅立项培育建设，并以校企合作的形式联合申报获批了 B 省超液晶智能材料创新科研团队[①]）；ZGY 教授等创办的 GZ 华仁亿和特种光纤有限公司，2014 年上半年的产值超过 6 000 万元（目前该公司生产的特种光纤在珠三角、长三角等多地大量应用，且已出口韩国、印度等东亚、南亚国家；联合开发的光纤激光针灸仪已获得药监局的注册许可，即将进行临床应用；成果还包括用于制造超大功率光纤激光器的稀土掺杂微结构光纤、光纤二氧化碳激光治疗机、光纤二氧化碳激光切割机和无创伤肿瘤诊断仪等[②]）；等等。[③]

——该校心理学院科研团队设计的“语言障碍诊治系统”，经临床试验已进入产业化，全国各地已有 186 家大医院使用这套设备进行语言康复治疗；到 2009 年该设备产值已达 2 200 万元，2010 年获得 B 省科技进步二等奖[④]。

——2010 年，该校物理与电信工程学院研发的“环境空气质量自动监测系统”系列技术，成功转让给辽宁省“DDBT 仪器有限公司”，获得转让费 500 万元；2011 年，该校生命科学学院与 JY 水产养殖有限公司合建“产学研结合示范基地”，并获批为 B 省“产学研结合示范建设项目”[⑤]。

——2013 年，先进材料研究所研制的“晶体硅太阳能电池”取得突破，首批电池片转换效率达 18.2%，技术达到国际一流水平。其中试基地（晶体硅太阳能光伏电站）建成并投入使用，该光伏电站预计年发电量超过 10 万度，节省燃煤 40 吨，减少碳排放 100 吨。在中试基地的基础上，研究团队将进一步建设 110 KWp 用户侧并网光伏电站系统和 5.32 KWp 光伏追日系

---

① 根据 A 大学官网资料《十年大学城——HN 先进光电子研究院：高水平，新机制，国际化》整理。

② 根据 A 大学官网资料《十年大学城——信息光电子科技学院：产学研并肩前进》整理。

③ 根据《A 大学行政领导班子任期工作报告》（2014 年 6 月）相关内容整理。

④⑤ 根据《A 大学校史（2003—2013）》相关内容整理。

统，并逐步应用自有知识产权技术进行新产品的开发与产业化研究[①]。

——在积极服务国家经济与社会发展主战场的基础上，A 大学还积极扩大科技服务的面向，为国家国防建设服务。2012 年经积极争取，顺利通过了“武器装备科研生产单位保密资格认证”，成为全国师范大学第 3 家获得此一资格的高校，现已承担多项军工产品和技术的研发工作[②]。

4. 决策咨询与综合服务拓展

如何利用自身人文社科领域相对较强的学科力量，挖掘人文社科学科的“应用性”，提高其对国家战略需求与社会发展需求的服务能力，并积极拓展经费来源，成为转型期 A 大学努力的方向。该校重点从三方面进行改革拓展：

第一，做好决策咨询服务。A 大学积极引导、鼓励相关学科关注和研究国家与地方经济社会发展的重大理论和现实问题，深度参与各级政府部门的决策咨询，充分发挥“智库”的功能。1999—2013 年，A 大学共承担各类纵向社科类项目 1 579 项、经费 7 279.6 万元，其中国家级社科项目 179 项，经费 1 884.9 万元[③]。这些项目产生的大量研究成果，对国家与社会发展和人类文明进步产生了积极深远的影响。其中，有些项目的研究成果直接为各级政府提供决策咨询服务，其数量和质量都有明显提高。比如：近年完成的《高等学校教育技术学专业指导性专业规范》被教育部采纳；2008 年完成的《B 省县域教育现代化指标体系及评估方案》被省政府采用，直接促成该省现代化督导评估制度的建立，在 15 个县区进行了督导评估；2011 年，由该校 HJ 教授主笔完成的《B 省粮食安全报告》得到了国家粮食局局长的长篇批示；2010—2011 年，由该校 WCL 和 LZM 教授主笔完成的《B 省“双转移”的经验、问题与战略思考》等系列调研报告得到了省领导的充分肯定和重要批示；2011 年，该校完成的“少数民族地区经济社会发展的‘RY 模式’”研究报告，得到国家民族事务委员会主任的批示，研究成果在全国其他少数民族地区得到推广；由 WJW 教授执笔的调研报告《开发人才要素驱动内生增长——提高劳动力素质是转型升级的长期战略》得到了省委书记的批示；由 MMJ、DWH 教授完成的《B 省农民阅读状况调查报告》，是全国最大规模的一次阅读调查报告，为省政府、农业厅、宣传部的农业政策决策提供了重要依据；2012 年，CXM 教授主笔的《B 省区域劳动力转移规划（2012—2020》获得省政府常务会议通过；等等。[④]

① 根据 A 大学 HN 先进光电子研究院提供资料整理。

② 根据 A 大学科技处提供资料整理。

③ 根据 A 大学社科处提供资料整理。

④ 根据《A 大学校史（2003—2013）》整理。

第二，拓展横向社科服务。通过有效的激励，人文社科各领域的研究者积极挖掘人文社科各学科的“应用性”，开始更多将自身的研究与社会需求有机结合起来，在市场中寻找服务与发展的机遇。这种情况不仅发生在应用性较强的科学领域（如经济学、管理学、教育学、法学等），也发生在应用性相对较弱的领域（如文学、历史学和哲学等）。1999—2013 年，A 大学社科类横向课题经费从 47.2 万元增加到 2 208.2 万元，年均增长率为 31.6%，超过社科类纵向经费的增长率（23.7%），也超过科技类横向经费的增长率（30.9%），同时横向经费占社科类项目经费的比例也从 49.9% 增加到 70.2%，成为社科经费来源的主体①。这充分反映，人文社会学科在积极承担各级政府研究任务的同时，正在更加积极主动地投入社会服务的怀抱，实现新的转型。

第三，开展综合性社会服务。A 大学努力整合人文社科各学科的资源（甚至整合科技与社科的优势），为社会提供越来越多的综合性服务。一方面，通过与各级政府、各行业协会建立战略合作关系，为各地提供包括科研服务在内的全方位的综合服务：如与 RY 县签署《“RY 模式”研究项目协议书》等多项协议，开展全面合作，推动该省北部山区、欠发达地区、少数民族地区的科学发展、生态发展、特色发展；与西藏林芝县政府签订《全面战略合作框架协议》；与 FS 市 NH 区签署“共创 B 省教育综合改革示范区”框架协议，承担其教育综合改革十大行动计划的专业指导和咨询工作；与 B 省旅游发展研究中心联合承担了国家旅游局“粤港澳旅游区发展规划”项目；完成的“B 省 SW 红海湾经济开发区规划”项目使红海湾经济开发区获得 6 亿元投资；等等②。另一方面，通过积极研究和参与社会重大现实问题，主动承担社会赋予的职责。例如，在 2008 年汶川大地震期间，成立“赴四川灾区心理援助志愿服务队”，先后组织 21 批次师生共 300 多人次赴灾区开展心理援助工作，得到了社会的高度评价，中央电视台、凤凰卫视中文台等众多媒体进行专题报道；2008 年北京奥运会和 2012 年伦敦奥运会期间，组建团队承担了排球、乒乓球、游泳等 7 项奥运攻关课题，为中国体育代表团取得好成绩作出了自己的贡献，其中“乒乓球运动员心理诊断与训练研究”获国家奥运科技攻关与服务贡献一等奖；作为国家体育总局在高校设立的唯一的国家游泳训练基地，积极提供优质服务和智力支撑，受到国家体育总局的嘉奖；2010 年亚运会和亚残运会期间，承担亚残会开幕式《心声》节目表

① 根据 A 大学社科处提供资料整理。

② 根据 A 大学《科技简讯》和《社科通讯》等资料整理。

演，组织5 000多名志愿者为21个场馆提供优质服务，324人受到亚运会组委会表彰；承担了全省中小学生心理健康指导与研究工作，形成了中小学心理健康教育的“B省模式”，获得教育部高度评价，为全国推进中小学心理健康教育提供经验借鉴；心理学院在语言障碍诊治、心理健康服务等方面为社会和企事业单位提供广泛的综合性服务；等等。

总之，通过“走出去”战略，A大学不论在科技领域还是在社科领域，都表现出越来越明显的“以市场/社会需求为导向”的特点，更加积极地整合资源利用机会，为社会提供多元的服务，主动参与社会财富创造与社会发展的进程。在这一进程中，不论是作为整体的大学，还是作为个体的教师，都越来越多地展现出创业者的特性。

五、提高资产效益

盘活校有资产（包括有形资产和无形资产），提高资产的运营效益，是大学资源拓展的重要内容。A大学主要采取了两方面的策略：通过推动后勤产业的体制机制改革，增强活力，提升服务能力与资源运营效益；通过推动学校品牌输出，有效运营无形资产，努力拓展办学经费来源。

1. 后勤服务改革与拓展

我国原有的高校后勤体制是计划经济体制下政府包办高等教育的产物，存在不少问题，运营效益明显偏低，甚至成为大学的沉重负担。1999年，在新一轮校内管理体制改革中，A大学加大了后勤社会化改革的力度，并在随后几年达到了高潮。改革的原则是：事、企分开；管理、服务与经营相对独立；精简、统一、高效；社会化与企业化。改革的目标是：按照“小机关、多实体”的架构，建立“精干、高效”的后勤管理“小机关”，组建后勤服务实体，提高后勤服务水平。2000年5月，该校公布了《后勤改革方案》，其后经过两年的努力基本完成了相关的改革，实质性推动了后勤管理服务社会化工作。经过改革，总务处转变为代表学校甲方的小机关，行使后勤行政管理职能，对各经济实体和其后成立的后勤集团（乙方）实施监控，学校与各后勤实体的责、权、利关系依合同约定；总务处原有科室按不同的服务功能组成六个经济实体（包括学生宿舍管理服务中心、饮食服务中心、水电管理维护中心、物业管理服务中心、生活服务中心和运输服务中心），从原来的福利型服务转变为经营型服务和有偿服务，实行企业化、社会化管理；改革用人制度，所有人员实行全员聘任制和劳动用工合同制。与此同时，基建实体（如建筑规划设计院和建设监理公司等）也实现了成建制剥离；原基建处园林科转变成事业编制，从事业主方的规划、设计、监理，企业编制的高诚公司则承担施工、养护管理等工作，从而规范了园林绿化建设的责、权、利关系。此外，从2000年开始校园环境卫生工作也实现了社会化管理。2003年，该校重新将后勤六个实体整合为饮食服务中心、学生宿舍管理服务中心、物业水电管理服务中心、生活客运服务中心四个。2007年该校又进一步整合原有的后勤资源，重新组建成7个中心实体：饮食服务中心、学生宿舍管理服务中心、物业管理服务中心、交通客运服务中心、生活服务中心、园林绿化服务中心和水电房屋维护中心。2011年该校出台了《深化后勤改革方案》，进一步完善和健全后勤管理体制机制，建立了“市场提供服务、学校自主选择、政府履行职责、行业自律管理、职能部门监管”的新型保障体系。

后勤体系改革为后勤各中心实体自主经营注入了活力，适应了学校转型发展的需要，为全体师生和周边社区提供高质量的服务保障，良好的服务使其受到了国家和省市各级的表彰。比如，在餐饮服务方面，6间食堂全部被评为省高校优秀食堂，其中一间被评为全国高校百佳食堂；在学生宿舍管理方面，多次获得全省以及全国高校宿管工作奖励；等等。同时，改革后各个后勤实体不仅实现了自负盈亏，也为学校经费筹措作出了更大的贡献。从1999—2013年，A大学后勤经营收入从3 870万元增加到15 158万元。其中，进入“校级统筹部分经费”也逐年增加，以2011—2013年为例，分别达到474万元、593万元和624万元（见表3－32）。

表3－32 A大学后勤实体经营收入

单位：万元

年度	经营收入	其中进入校级统筹部分经费
1999	3 870	—
2011	14 510	474
2012	14 405	593
2013	15 158	624

资料来源：根据《A大学年鉴（1999—2001)》和2011—2013年《A大学财务决算表》整理。

2. 校办产业改革与拓展

校办产业是高校办学的重要支撑，在高校创业和经费拓展中理应承担重要的角色。但在转型期以前，A大学校办企业与学校的关系模糊不清，处于“产权不清、责权不明、事企不分、管理不科学”的状态。校办产业得不到良好的发展，也无法成为学校自筹办学经费的重要渠道。为了尽快扭转这种局面，增强校办产业的活力，A 大学推动了一系列的改革[①]：1999 年，对校办产业进行了清产核资，制定了“产权清晰，权责明确，事企分开，管理科学”的改革指导原则，并提出了“两步走”的改革思路（第一步对全校经营性实体进行重新整合全面规划；第二步向工商部门申请注册登记，建立具有法人地位的、完全企业化的集团公司）；2000 年，改革校办产业的内部管理体制，实行全员聘任制，厂长、经理实行公开招聘、竞争上岗；2001 年，出台《校办产业“十五”发展规划》和《校办产业改革改制指导意见》；2002 年，出台《校办企业改制实施方案》，分批次进行校办产业的改制工作；2005 年，出台《关于校企改革改制与规范管理的实施意见》，启动现代企业制度改革；2008 年，成立法人独资公司“A 大学资产经营管理有限公司”，统一管理各类创新型企业；2009 年，根据非改即撤的原则，对部分企业进行重新整合，撤销部分长期效益不佳的企业；同年将经营性物业全权委托资产经营管理有限公司经营，由其代表学校统一持有校办企业以及学校对外投资的股权，负责学校经营性资产的经营、监督与管理，形成决策、执行、监督相互制衡的运行机制，确保国有资产不流失；2011 年，完成经营性资产划拨和母子公司账务关系的调整工作，同年在原校办企业管理处的基础上成立“社会服务与产学研合作处”，全面理顺管理、运行的各项关系。

产业管理改革为校办产业注入了活力，提高了运营效益，上缴学校的收入也有一定的增长（见表 3 - 33）。但整体上来说，由于原有校办企业大多规模较小，基础薄弱，且以对校内服务为主，因此改制后的大部分原有企业经济效益仍然不高，对学校的贡献也比较有限，需要开拓新的产业和资源渠道。出于学术交流和拓展办学经费的双重需要，2004 年 A 大学决定投资建设高档次的商务型四星级酒店 GH 酒店。2005 年建成后成为该地区高校中面积最大、档次最高的酒店，为学术交流、商务往来提供了优质的服务，也成为学校创收的一条新途径。该酒店采用与企业合作经营的模式进行运营，每年为学校带来数百万元的经济收入（见表 3 - 34）。

表 3 - 33　A 大学校办企业及其管理物业上缴收入

年度	1999	2002	2003	2011	2012	2013
上缴学校收入/万元	208	685	440	1 031	1 047	1 071

资料来源：根据相应年度《A 大学年鉴》和《A 大学财务决算表》整理。

① 根据《A 大学校史（1933—2003）》和《A 大学校史（2003—2013）》相关资料整理。

表 3－34 2009—2013 年 A 大学 GH 酒店上缴收入

年度	2009	2010	2011	2012	2013
上缴收入/万元	705	750	750	750	390

资料来源：根据 2009—2013 年《A 大学财务决算表》整理。

3. 教育品牌输出与产业化运营

服务品牌是具有重要商业价值的无形资产，同时也是机会的重要来源，良好的品牌往往为持有者提供了明显的竞争优势和创业机会。作为一所国家“211 工程”重点建设大学和本省教师教育的“龙头”，A 大学具有重要的品牌价值。转型期该校积极实施“教育品牌输出与产业化运营”策略，在服务教育发展的基础上盘活教育品牌，实现无形资产的保值增值，成为学校资源拓展的新增长点。特别是在近几年，A 大学创新思路，形成了一套相对成熟的合作办学模式和“连锁经营”运作模式，为多个地方政府、企业或基础教育机构提供品牌服务和实质性的办学质量支持，明显加快了实施这一经营策略的步伐，创造了明显的经济与社会价值。

为了推进教育产业的发展步伐，2002 年，A 大学成立教育发展中心，并在 2003 年注册成立教育发展有限公司，通过积极拓展，加强与地方政府、企业和教育机构的合作办学。2011 年“社会服务与产学研合作处”成立后，学校将教育品牌输出与产业化运营作为其重要业务之一加以推进，加快了教育产业发展的步伐。2003—2014 年，A 大学利用社会对优质基础教育资源需求巨大、地方政府办学热情高涨、民间资本充裕的有利机会，充分发挥自身的品牌优势，先后以多种合作方式，创办了 13 所面向基础教育的附属学校（见表 3－35），吸引数十亿元的社会资金投入基础教育，明显扩大了对基础教育服务的广度和深度，为学校教育学科的发展提供了厚实的实践基础，也为学校资源拓展作出了重要的贡献，在社会效益和经济效益方面都获得了巨大的收获。近几年，该校在教育品牌输出方面每年获得数千万元的收入（见表 3－36）。

表 3－35 2003—2014 年 A 大学创办的基础教育附属学校

序号	学校名称	办学层次	合作方	创办时间
1	A 大学 ZS 附属中学	高中	MJZY 发展有限公司	2003
2	A 大学附属 DGJM 学校	幼儿园到高中	DGJH 实业投资有限公司	2003

续上表

序号	学校名称	办学层次	合作方	创办时间
3	A大学附属NG实验学校	幼儿园到初中	GZRH房地产开发有限公司	2003
4	A大学SZ附属学校	小学到高中	SZWZ集团	2004
5	A大学YD实验学校	初中到高中	JY市政府、JD县实验中学	2011
6	HD-A大学足球学校	小学到高中	GZHD集团	2012
7	A大学附属HY学校	小学到高中	HY市政府、XH集团	2012
8	A大学附属JY学校	小学到高中	JY市空港经济区管委会	2013
9	A大学附属QC小学	小学	SD地产	2014
10	A大学公立第二附属小学	小学	XH集团	2014
11	A大学公立第二附属幼儿园	幼儿园	XH集团	2014
12	A大学附属SG中学	初中到高中	SG市政府	2014
13	A大学DGHJ学校	幼儿园到高中	DG市HJ镇政府、GDHD集团有限公司	2014

资料来源：根据A大学社会服务与产学研合作处提供资料、《A大学年鉴》等相关资料整理。

表3-36　2009—2013年A大学教育品牌费收入

年度	2009	2010	2011	2012	2013
教育品牌费收入/万元	2017	1258	4813	3650	4345

资料来源：根据1999—2013年《A大学财务决算表》整理。

总之，经过十几年的大力拓展，A大学社会服务的能力和水平不断提高，为社会创造了巨大的社会与经济效益。同时，学校办学空间明显拓展，办学条件明显改善，经费来源更加多元，资源能力明显增强。1999—2013年，A大学办学经费从2.69亿元增长到17.92亿元（详见表3-37），增长了5.7倍，其中各年度“自筹经费”占总经费比例均超过一半（维持在53.2%～66.6%之间），为学校顺利转型和各项事业蓬勃发展提供了强大的支撑作用。

表 3 - 37 1999—2013 年 A 大学财务收入情况表

单位：万元

年度	财政拨款		自筹经费						收入合计
	经费	所占比例(%)	①事业收入	②经营收入	③附属单位上缴收入	④其他收入	自筹经费小计	所占比例(%)	
1999	12 311	45.7	8 439	3 870	208	2 100	14 617	54.3	26 928
2000	14 730	46.7	10 447	4 101	599	1 694	16 841	53.3	31 571
2001	17 095	41.0	15 294	6 298	1 094	1 886	24 572	59.0	41 667
2002	22 278	38.8	23 207	7 181	1 756	3 008	35 152	61.2	57 430
2003	25 828	37.9	29 013	7 694	974	4 638	42 319	62.1	68 147
2004	34 329	41.0	32 589	8 154	1 833	6 833	49 409	59.0	83 738
2005	38 890	39.5	42 779	9 037	1407	6 382	59 605	60.5	98 495
2006	35 841	34.9	48 254	9 752	3 083	5 620	66 709	65.1	102 550
2007	38 702	36.9	48 104	9 993	1 642	6 341	66 080	63.1	104 782
2008	41 618	34.3	58 363	12 277	2 507	6 545	79 692	65.7	121 310
2009	41 191	33.4	58 796	13 134	2 807	7 547	82 284	66.6	123 475
2010	51 945	38.6	61 572	12 440	2 853	5 632	82 497	61.4	134 442
2011	83 359	46.8	68 770	14 510	2 798	8 698	94 776	53.2	178 135
2012	68 646	42.2	70 820	14 405	1 590	7 233	94 048	57.8	162 694
2013	79 987	44.6	72 874	15 275	1 950	9 105	99 204	55.4	179 19

注：1. 本表数据根据 A 大学年鉴（1999—2010 年历年资料）和 A 大学财务处提供数据整理。2. “财政拨款”包括基建拨款、生均教育经费拨款、离退休经费拨款、医疗拨款、其他专项拨款、纵向科研经费拨款和非本级财政拨款等；“事业收入”包括横向科研经费收入，各类办学学费、培训费收入，住宿费收入和考试考务费收入等；“经营收入”主要是各后勤中心实体的经营收入；“附属单位上缴收入”主要包括附属的二级学院、酒店和其他附属单位上缴收入、教育发展中心品牌费上缴收入和校产物业租赁上缴收入等；“其他收入”主要包括利息收入、房租收入、捐赠收入等。3. 2007 年“财政拨款”数据只统计常规经费，不包括大学城建设非常规拨款 81 055 万元。如果加上这笔经费，当年收入为 185 837 万元。

综上所述，在转型期，A大学确立了明确的创业目标，通过积极调整发展战略，大力开拓新的领域，推动各个层面的改革创新，并以战略调整和改革创新为主要手段，充分整合校内外资源与力量，主动把握发展机会，重点围绕转型的三大核心目标努力创业，不断创造社会发展需要与自身发展需要的价值，成功实现了转型的目标，办学水平得到整体提升，为进一步发展奠定了更加坚实的基础。基于A大学的案例研究，发现转型期师范大学创业的基本路径是：以需求为导向，以创新和战略变革为核心手段，通过创造性整合内外部资源，利用各种有利机会，推动学术水平提升、教育模式变革、服务与资源拓展，努力提升整体办学水平，积极创造和实现社会价值与自我价值，在坚持教师教育办学特色基础上实现自身的综合化转型。

第四章　特征：分析与总结

组织转型是组织创业的重要形式，而创业型的组织往往呈现出不同于一般组织的特征。转型期，A 大学是否展现出创业者的基本特征？还存在哪些需要在未来改革创业中进一步深化、完善的地方？通过分析和总结，可以让我们更加全面地认识 A 大学的创业过程，并为师范大学的进一步创业提供借鉴。

第一节　特征分析

早期的创业理论致力于创业者个体特质的研究，组织创业理论产生以后，研究者开始关注创业组织的特征，并逐步发展出相应的评价组织创业活动的测度体系。根据李乾文的研究分析，目前有影响力的测度体系主要有三类（四种），分别是创业导向（Entrepreneurial Orientation，EO）、创业强度（Entrepreneurial Intensity，EI）、公司创业评估工具（Corporate Entrepreneurship Assessment Instrument，CEAI）与创业型管理（Entrepreneurial Management，EM）。这三类测度体系的理论基础和角度各不相同：创业导向的理论基础是心理学和组织行为学等，着重要解决创业活动为什么（why）会发生这一问题；创业强度的理论基础是经济学等，主要侧重于解决创业产生了什么样（what）的结果这个问题；而公司创业评估工具和创业型管理则是要解决创业活动是怎样（how）发生以及能否有效管理的问题，其理论基础是管理学等①。总体而言，它们分别从不同的视角考察公司创业活动，各有千秋。

作为反映组织"创业态度与创业行为的混合体"，创业导向是对组织创业特征的表征，创业导向量表是目前相对较为成熟并被最广泛使用的测度工具。在本章中，综合考虑高校创业的特点和研究的可操作性，决定采用创业导向量表作为研究的工具对转型期 A 大学的创业特征进行量化的研究。同

① 李乾文. 公司创业活动与绩效关系测度体系评介［J］. 外国经济与管理，2005（2）：6.

时，结合访谈的情况，对其创业特征作出质性的描述，从另一个角度印证量化研究的结果。

一、创业导向定量分析

目前，创业导向量表被广泛用于对组织创业特征的描述以及创业特征与创业绩效关系的各种研究中。作为一种相对成熟的测度工具，创业导向量表经历不断发展完善的过程。

1. 创业导向及其量表

组织创业的研究者认为，在每个组织中都有一定层次的创业，哪怕是在最稳定和保守的公司，也可以找到创业行为，在最官僚的政府机构也可以找到高度创业型的人才。不同组织具有不同的创业特性和创业程度，总体而言，创业型的组织往往表现出高度的创新性，敢冒风险，并且积极主动。

早期的学者认为，创业导向的内涵包括创新性、风险承担（也称风险承担性）和超前行动（也称先动性）三个维度，兰普金和迪斯（Lumpkin & Dess）后来又加入了自主性和积极竞争两个维度，使创业导向维度数增加到五个①。其中，创新性是指企业具有向市场推出新产品、新服务或新技术的能力；风险承担是指企业采取大胆行动的意愿；超前行动代表企业具有追寻新机会和向前看的战略视角；自主性是指企业中的个人或团队能够发表及实践新观点的自由程度；积极竞争是指企业为提高自身市场地位主动向竞争者挑战的姿态②。

关于创业导向量表，目前已有大量的研究。张宏云等研究发现，已有量表基本是在4套量表基础上修正而来，它们分别是：①1977年P. N. 康德瓦拉（Khandwalla Pradip N.）开发的第一套量表，包含创新性和超前行动两个维度③；②1982年米勒和弗里森（Miller & Friesen）开发的量表，首次完整地测量了创新性、超前行动和风险承担三个维度（包含8个条目），是创业导向量表发展的里程碑④；③1989年科文和斯莱文（Covin & Slevin）开发

---

① LUMPKIN G T, DESS G G. Clarifying the entrepreneurial orientation construct and linking it to performance. [J]. Academy of Management Review, 1996, 21 (1): 135 - 172.

② 张宏云，杨乃定，郭雯. 创业导向量表发展综述 [J]. 研究与发展管理，2011 (2): 41 - 47.

③ KHANDWALLA P N. Some top management styles , their context and performance [J]. Organization & Administrative Sciences, 1976, 7 (4) : 21 - 51.

④ MILLER D, FRIESEN P H. Innovation In Conservative and Entrepreneurial Firms: Two Models of Strategic Momentum [J]. Strategic Management Journal, 1982, 3 (1): 1 - 25.

的量表（简称 Covin-Slevin 量表）[①]，包括三个维度、9 个条目，更完整地反映了创业导向的内涵，该量表在不同国家、产业、企业类型等样本的检验下表现出良好的信度和效度，在量表适用性方面最为成熟。（4）在兰普金和迪斯提出创业导向五维度理论基础上形成的量表[②]，目前还不够成熟。

目前，由于五维度理论还缺乏一套相对完整并经过大量适用性验证的测量工具，所以创业导向量表使用最多的是三维度结构，以 Covin－Slevin 量表使用最为广泛。该量表有 9 个条目，创新性、超前行动和风险承担分别用 3 个条目测量，每项条目都是两种对问题截然相反的陈述方式，并以李克特 7 分法将两种陈述隔开，让被调查者在 7 分范围内进行选择（见表 4－1）。国内许多的研究都是在该量表基础上进行适当的修正，比如张玉利在《创业导向、公司创业与价值创造》一书中使用的量表，对个别条目进行了修正，并修改为李克特 5 分法[③]。

表 4－1 Covin-Slevin 创业导向量表

维度	题项
创新性	1. 总体来说，本企业的高层管理者：注重以产品/服务扩大现有市场（1）——注重以研发、创新提供新产品/服务（7）
	2. 在过去的 5 年中，本企业：没有推出新产品或服务（1）——推出了许多新产品或服务（7）
	3. 在本企业产品或服务的变化大多是：微小调整（1）——重大修正（7）
超前行动	4. 在与同类企业的竞争中，本企业所表现的行为方式是：防守策略（1）——先发制人（7）
	5. 与竞争对手相比，本企业：很少首先向市场推出新的产品/服务、管理方法及操作工艺等（1）——经常最先向市场推出新的产品/服务、管理方法及操作工艺等（7）
	6. 在与同类企业的竞争中，本企业：尽量避免直接冲突，希望与对手和平共处（1）——竞争性强，希望彻底击败对手（7）

① COVIN J G, SLEVIN D P. Strategic management of small firms in hostile and benign environments [J]. Strategic Management Journal, 2010, 10 (1): 75－87.

② LUMPKIN G T, DESS G G. Clarifying the entrepreneurial orientation construct and linking it to performance [J]. Academy of Management Review, 1996, 21 (1): 135－172.

③ 张玉利，李乾文. 创业导向、公司创业与价值创造 [M]. 天津：南开大学出版社，200: 110－111.

续上表

维度	题项
风险承担	7. 总体来说，本企业的高层管理者：偏好低风险项目（1）——偏好高风险项目（7）
	8. 总体来说，本企业的高层管理者认为，在当前环境下为了达到企业目标最好采取：谨慎的、渐进的行为方式（1）——大胆的、突变的行为方式（7）
	9. 在面临决策的不确定性时本企业通常采取：谨慎的观望态度，避免高成本决策风险（1）——大胆、积极的态度，把握潜在机会（7）

资料来源：张宏云，杨乃定，郭雯．创业导向量表发展综述［J］．研究与发展管理，2011（2）：41－47.

2．A 大学的创业导向

为了分析 A 大学的创业特征，本文采用经过改进的创业导向量表进行问卷调查。

第一，问卷制作。考虑到原来的创业导向量表主要是适用于商业组织的，许多条目的表述并不适用于大学，因此需要作出适应性修改；同时，考虑到在转型期我国师范大学虽然表现出一定程度的创业特征，但严格来讲都还不是真正意义上的创业型组织，因此本文重点考察的是转型期前后 A 大学在三个维度上表现的差异。据此，在参考 Covin-Slevin 创业导向经典量表和张玉利所用量表基础上，根据研究的目的，结合转型期师范大学的实际情况，制作出本研究拟使用的量表。该量表在保持创新性、超前行动和风险承担三个维度不变和 9 个条目实质内容不变的基础上，对每个题目的表述作出适应性修改，并调整个别条目的顺序（题项 1 和 3 位置对调）。量表采用李克特 5 分法，每个条目仅保留原来右边的陈述，由被调查对象对其进行评价，1～5 分分别代表“非常不符合—不符合—不确定—符合—非常符合”五种不同程度的评价。

为了确保量表的科学性和可行性，量表初稿完成后各选取 3 名高等教育管理领域专家和 2 名经济学领域专家进行征求意见，并进行相应的文字修改，最终形成待测的量表（如表 4－2）和问卷（详见附录一）。

表 4－2　本研究采用的创业导向量表

维度	题项	很不符合	不符合	不确定	符合	非常符合
创新性	1. 在转型期，本校对办学定位、办学思路进行了大幅度的调整	1	2	3	4	5
	2. 本校比转型期之前更加注重以研发、创新、改革提供新的教育、科研等服务，拓展新的发展领域或服务市场	1	2	3	4	5
	3. 在转型期，本校推出了许多新的教育、科研服务与其他服务，启动许多新的改革措施	1	2	3	4	5
超前行动	4. 本校在同行竞争中，采取了比转型期之前更加主动的先发制人策略	1	2	3	4	5
	5. 本校经常先于竞争对手推出新的教育、科研等服务，进行新的管理改革或采用新的管理方法	1	2	3	4	5
	6. 本校历任高层管理者能经常审视高等教育发展趋势与需求变化，及时把握机会，提早行动应对变化	1	2	3	4	5
风险承担	7. 本校比转型期之前更加大胆地尝试具有一定风险的项目与改革	1	2	3	4	5
	8. 基于外部发展环境，本校倾向于采取比转型期之前更加果断、高效的行为方式实现大学的目标	1	2	3	4	5
	9. 当面临决策的不确定性时，本校倾向于采取比转型期之前更加大胆、积极的态度，以把握潜在机会	1	2	3	4	5

第二，试测。为了确保量表的信度和效度，在问卷正式发放前，安排对问卷进行试测。试测对象为 1999 年以前进入 A 大学工作的中层以上干部（或曾经的中层以上干部）和教师。发放问卷 40 份，回收问卷 36 份，有效问卷 36 份，问卷回收率和有效问卷率分别为 90% 和 100%。采用 SPSS17 软

件对问卷结果进行信度和效度分析，结果如下：

效度分析：采用"KMO 和 Bartlett 的球形度检验（K）"进行效度分析时，其中 KMO 的值如果大于 0.5，则说明因子分析的效度符合要求，可以进行因子分析；另外，如果 Bartlett 检验的 P 小于 0.001，说明因子的相关系数矩阵非单位矩阵，能够提取最少的因子同时又能解释大部分的方差，即效度可以。经过对该问卷的 SPSS 分析后得出：KMO = 0.668，大于 0.5；又 P = 0.000，小于 0.001，因此该问卷的效度良好，符合使用要求（如表 4－3 所示）。

表 4－3　问卷的效度

KMO 和 Bartlett 的检验		
取样足够度的 Kaiser-Meyer-Olkin 度量		.668
Bartlett 的球形度检验	近似卡方	117.673
	df	36
	Sig.	.000

信度分析：在信度分析中，一般分为三个等级，低信度为 Cronbach $\alpha < 0.35$，中信度为 $0.35 \leqslant$ Cronbach $\alpha < 0.70$，高信度为 Cronbach $\alpha \geqslant 0.70$。一般地，问卷需要达到"高信度"才具有使用价值。经过对该问卷的 SPSS 分析后得出，该问卷整体的 Cronbach α 系数为 0.823，其中创新性、超前行动和风险承担 3 个维度的 Cronbach α 系数分别为 0.721、0.744 和 0.761，均属于"高信度"（如表 4－4 所示）。因此本问卷的信度较高，符合使用要求。

表 4－4　问卷的信度

Reliability Statistics			
类别	Cronbach's Alpha	Cronbach's Alpha Based on Standardized Items	项数
问卷整体	.822	.823	9
创新性	.726	.721	3
超前行动	.742	.744	3
风险承担	.759	.761	3

因此，根据分析结果，本问卷的效度和信度均较高，符合使用要求，无须进行修改。

第三，正式问卷调查与结果分析。在试测基础上，进行正式的问卷调查，过程与结果如下：

问卷情况。问卷调查对象为1999年以前进入A大学工作的中层以上干部（或曾经的中层以上干部）和教师。发放问卷100份，回收问卷94份，有效问卷94份，问卷回收率和有效问卷率分别为94%和100%。有效问卷分布情况如表4-6所示。

结果分析：问卷结果如表4-5和4-6所示。从表4-5可见：

（1）问卷整体的平均得分为3.80分，处于“不确定”（3分）和“符合”（4分）之间，偏向于“符合”，说明就总体而言，受访对象认为，相对于转型期之前，A大学在转型期表现出更加明显的创业导向。

（2）从选项的分布情况来看（各题项平均比例），其排序为：符合（4分，59.69%）>不确定（3分，20.69%）>非常符合（5分，13.71%）>不符合（2分，4.61%）>很不符合（1分，1.30%），说明最多的受访者选择了“符合”，最少的选择了“很不符合”。

（3）三个维度的得分存在明显差异，其中“创新性”维度的得分最高，为4.06分，在“符合”（4分）和“非常符合”（5分）之间，略高于“符合”，说明受访对象认为，A大学在转型期表现出更明显的“创新性”；“超前行动”维度的得分次之，为3.72分，处于“不确定”（3分）和“符合”（4分）之间，偏向于“符合”，说明受访对象认为，转型期A大学在“超前行动”方面有中等程度的提升；“风险承担”维度的得分最低，为3.61分，处于“不确定”（3分）和“符合”（4分）之间，偏向于“符合”，说明受访对象认为，转型期A大学在“风险承担”方面有一定程度的提升，但提升幅度相对较低。由此可见，转型期A大学在创新性、超前行动、风险承担方面都有不同程度的提升，但创新性方面提升幅度最大，超前行动次之，风险承担提升幅度最小，说明A大学在创业方面表现出相对较高的创新性、中等的超前行动和相对较低的风险承担。

（4）9个题项的得分排序为：题项1（创新性1，4.19）>题项2（创新性2，4.05）>题项3（创新性3，3.94）>题项6（超前行动3，3.91）>题项4（超前行动1，3.72）>题项8（风险承担2，3.69）>题项9（风险承担3，3.61）>题项7（风险承担1，3.54）>题项5（超前行动2，3.53）。这同样说明，相对于“创新性”，A大学在“超前行动”和“风险承担”方面需要提升的空间更大。

表4-5 问卷结果统计

项目			得分分布（%）					平均分	
			1	2	3	4	5		
创新性	1	创新性1	0.00	2.13	2.13	70.21	25.53	4.19	4.06
	2	创新性2	0.00	3.19	10.64	63.83	22.34	4.05	
	3	创新性3	1.06	4.25	12.77	63.83	18.09	3.94	
超前行动	4	超前行动1	1.06	5.32	26.60	54.26	12.76	3.72	3.72
	5	超前行动2	3.19	6.39	29.79	55.32	5.32	3.53	
	6	超前行动3	1.06	2.13	14.89	68.09	13.83	3.91	
风险承担	7	风险承担1	3.19	5.32	31.91	53.19	6.39	3.54	3.61
	8	风险承担2	1.06	5.32	28.72	53.19	11.71	3.69	
	9	风险承担3	1.06	7.45	28.72	55.32	7.45	3.61	
平均值			1.30	4.61	20.69	59.69	13.71	3.80	3.80

从表4-6可见，不同类别的受访者对A大学创业导向的评价存在不同程度的差异：

（1）从不同“身份”受访者的评价得分差异来看，行政管理人员（3.82）>教学科研人员（3.79）>“双肩挑”人员（3.76），但总体差异程度并不明显。

（2）从不同“性别”受访者的差异来看，男（3.83）>女（3.71），但差异程度不大。

（3）从不同“年龄”受访者的差异来看，60岁以上（4.11）>50—59岁（3.85）>40—49岁（3.68），差距明显，同时呈现出“年龄越高评价得分越高”的特点。

（4）从不同“职称”受访者的差异来看，副高级（3.84）>正高级/中级（3.78），但差距不明显。

（5）从不同“学位”受访者的差异来看，无学位（4.02）>学士（3.83）>硕士（3.81）>博士（3.73），呈现出“学位越高评价得分越低”的特点，但除“无学位”受访者得分明显较高外，其他差距不大。

（6）从不同“职务”受访者的差异来看，校级领导（4.33）>机关中层领导（3.88）>其他职务或无职务（3.71）>学院领导（3.67），差距比较明显，其中“校级领导”的评价得分最高，而学院领导则最低。

表 4－6 有效问卷分布与各类人员得分情况

项目		人数	平均得分
身份	教学科研人员	28	3.79
	行政管理人员	47	3.82
	“双肩挑”人员	19	3.76
性别	男	68	3.83
	女	26	3.71
年龄	40—49 岁	43	3.68
	50—59 岁	42	3.85
	60 岁以上	9	4.11
职称	正高级	41	3.78
	副高级	29	3.84
	中级	24	3.78
学位	博士	33	3.73
	硕士	31	3.81
	学士	25	3.83
	无学位	5	4.02
职务	校级领导	7	4.33
	机关中层领导	33	3.88
	学院领导	37	3.67
	其他职务或无职务	17	3.71

第四，研究结论。从结果分析可以得出如下结论：①在转型期 A 大学的创业导向总体上有较大的提升，表现出更加明显的创业特征；②相对于转型期之前，A 大学在“创新性”维度获得较高程度提升，在“超前行动”维度获得中等程度的提升；在“风险承担”维度获得相对较低程度的提升；③不同类别的受访者对 A 大学创业导向的评价存在不同程度的差异。

二、创业特征质性描述

根据创业导向测度的结果，转型期 A 大学在反映组织创业特征的创新性、超前行动和风险承担三个维度均表现出不同程度的提升。在访谈和资料收集过程中，这些特征同样从不同侧面得到反映。通过下列亲历者的描述（下文仅分几方面，简要引述他们的描述），我们可以更加全面直观地感受该大学这段不同寻常的创业历程，以及A大学及其成员整体上作为一个创业者所表现出来的创业特征。

1. **关于学校整体转型**

A大学校长GX1教授认为：

上世纪末期以来，我们学校既面临着进入“211工程”和进驻大学城等一系列的重大战略机遇，也面临着转型的巨大挑战。学校立足实际，审时度势，直面挑战，抢抓机遇，与时俱进，展开了一场堪称“自我否定式”的革命性的宏大改革。最为突出的表现，就是我们先后多次调整办学定位，大胆探索转型。

自我否定式的改革，使我们学校赢得了“三大转变”，并在短短十多年的时间里实现了“一校变三校”。“三大转变”，是指我们实现了由传统师范院校向综合性师范大学的转变，由教学型大学向教学研究型大学的转变，由地方大学向国家重点建设大学的转变。“一校变三校”，是指我们的校园面积、校舍建筑面积、全日制在校学生、本科专业、硕士学位点等主要指标均增长了三倍多。还有一些办学条件和办学成就的增长则远远超过三倍，有的指标甚至达到十余倍以上。

回顾这十多年的历程，我觉得引领学校发展的最根本因素是“求实创新”。立足实际、改革创新，这是推动我们学校发展最为重要的动力源泉，也是我们学校和师生员工最为突出的精神风貌，是我们大学精神中最为重要的一个内容。

（根据访谈记录FT－20150610006整理）

2. **关于学科建设与科研发展**

A大学原副校长GX2教授（主管学科建设与科研工作）、现任副校长GX3教授（主管学科建设与研究生教育）、原科技处处长GZ1老师、原科技处副处长GZ2老师分别说：

GX2副校长：

2005年前后，我们出台了一系列学科建设和科研管理的文件，提出要以清晰评价为基础。在清晰评价的基础上，我们提出了一系列的发展目标和要求，用目标驱动来调动科研人员和各单位的积极性。当时很多人觉得很多目标是很难完成的，但回过头来看，实际上经过努力，很多目标都实现了，甚至超过原来的预想。学校科研人员的积极性和能力都被极大地调动起来。

“冲顶行动”投入了一千多万，当时也有一些领导担心投入这么大，如果达不到预期效果，浪费钱，也不好向全校老师交代。同时，因为冲顶行动是针对科技的，一些文科的单位和老师也有意见。所以阻力不小，我们有很大的压力。面对这些压力，记得当时有冲顶行动的成员（Y 教授）在冲顶行动启动仪式上表态，“如果完成不了，就是砸锅卖铁我也要把学校资助的钱还上”，可以说是对这种担心和质疑的回应，也反映了当时我们那种众志成城的决心。

可以说，“科研三大行动”是一个目标管理的很好例子，对学校的触动作用是很大的。我们当时有点像“百团大战”一样，各个学院、各个学科的人，为了突破学校的核心指标，一起协同奋斗！

（根据访谈记录 FT－20150915011 整理）

GX3 副校长：

在学科建设和学位点建设上，当时学校领导和各个层面的认识是高度一致的，热情也是空前的。

在学位点建设上，我们提前动了几年，就好走很多了。当时许多高校还没有大力发展学位点这种意识，竞争不是很激烈。后来大家都动起来了，竞争就激烈很多了。到最近几年，国家已经把口子收得很小，机会就越来越小了。正是我们动得早，才使我们的研究生教育获得了巨大的发展。

（根据访谈记录 FT－20150530005 整理）

GZ1 处长：

当时学校科研工作才刚刚起步，还是那种低水平的“生产队”的运作模式，一系列改革的触动作用是很大的，特别是量化管理措施的出台让很多老师感受到很大的压力，而且往往也触动一些人的利益，因此阻力蛮大。当时反对的人甚至说学校是要把“破车老牛硬拉上高速公路”，不切实际。但校领导信念很坚定，觉得要把科研搞上去非改革不可，否则学校就没希望，因此顶住了各方面的压力，特别是 Y 书记和 M 副校长。

科研改革，特别是激励措施出台确实起到了明显的作用，各单位和教师的科研热情、积极性、主动性确实有明显的提升，教师的科研参与度大大提高了。教师才是科研发展的决定性因素，他们的主动性和创造性上来了，科研也就上去了。学校在创新和拓展，老师也在主动出击，很多老师都在积极主动寻找各种机会，争取有好的突破。

（根据访谈记录 FT－20150510002 整理）

GZ2 副处长：

我觉得 2005 年前后一系列科研政策的出台，绝对是非常有创新的，特别是科研评价体系的建立、启动“科研三大行动”等方面。在日常科研管理上，我们也有很多的创新，包括建立信息跟踪机制、项目筛选机制、校内预评审制度、重大项目培育组织机制等。

掌握信息才能把握机会，在项目申报中，我们非常关注上级文件的变化、申报信息的及时收集和研究。由于比较好地抓住一些机会，我们这些年才能实现申报数量和命中率的双双提升。

改革肯定有很多风险，特别是“科研三大行动”的实施，当时实际上面临很大的风险，如果没有取得预期的成效，不仅我们会挨骂，校领导也不好过，尤其是主管科研的 M 副校长。在一次会议上他甚至说出了“如果搞不成功，我就自动辞职”的话，我们真的很佩服他。如果没有他在前面挡着，勇于承担风险，我们根本就不敢动了。

（根据访谈记录 FT－20150506001 整理）

3. 关于人才培养改革

教务处处长 GZ3 教授和教务处调研员 GZ4 老师分别说：

GZ3 处长：

人才就是大学的产品，我们只有不断创新，为社会提供新的、好的产品才能适应时代的要求。转型实质上就是社会对人才产品提出新的要求，我们要通过转型来适应这种新要求，也就是要不断培养出适应社会需要的毕业生。

因此这十多年我们重点就是不断进行人才培养种类和培养模式的创新，比如发展社会需要的非师范专业，进行综合班、XQ 班、大类培养、4＋2 教师教育模式等方面的培养模式改革，我们把它叫作“双线多元”的培养模式，希望以培养模式改革来推动各种改革创新。

改革肯定有困难、有风险，也有阻力，但是不改肯定是不行的。所以我们学校一直都在不停地进行教学的改革，关键是我们要尽量想得周到一些，不要出现大的问题，但适当的风险我们肯定也要冒，不然都不用干了。

（根据访谈记录 FT－20150930015 整理）

GZ4 老师：

这十几年，学校变化很大，本科这块的发展思路也在不断创新。师范专业要根据新要求不断改革创新，我们在培养方案、课程体系、实习实践模式、师范技能竞赛等方面都进行了改革。非师范专业大多才刚刚设立，我们以前并不是很熟悉，更是要不断摸索。我们通过“求实工程”“质量工程”等，投入不少的经费，实际上就是吸引全校的力量来进行教学的改革和创新。

（根据访谈记录 FT－20150929014 整理）

4. 关于人才队伍建设

A 大学人事处原副处长 GZ5 老师、生命科学学院副院长 GY1 教授分别说：

GZ5 副处长：

进入转型期后，学校在队伍建设，特别是高层次人才引进方面非常重视，思路开阔了许多，各个学院的观念也开放了很多，不像 90 年代的时候，有些学院非常保守，守着一亩三分地，“武大郎开店”，不愿引进人才，安于现状。

学校转型、扩招、学科与科研发展等，都对人才队伍提出越来越高的要求，各个学院和学科在引进人才方面的积极性是空前的，全校都在动脑筋怎么利用各种机会和各种关系引进人才。

学校出台了很多队伍建设的制度，很多还是挺有创新的。但在拉开待遇差距、投入大量经费进行高层次队伍建设方面，也有一些不同意见，有些还很激烈，领导面临不小的压力，但学校的态度是很明确的。现在看来，如果没有前些年大力进行队伍建设，学校的教学、科研是不可能发展得这么好的。

当然，引进人才也不可能说每个都引得非常成功，多少还是有点风险的，但总体是好的。

（根据访谈记录 FT－20150830010 整理）

GY1 副院长：

外籍院士 L. O. B. 教授的引进是我们开放思想的体现。当时省里出台了一个引进领军人才的人才工程，学校很想把握这个机会，发动各学院物色合适人选。大家当时都把眼光盯住国内比如北京、上海的院士，但没有联系到合适又愿意过来的。后来我就跟院长提议，能不能往国外考虑，引进国外的领军人才，并向大家介绍了我的导师的情况。大家眼前一亮，思路一下就开阔了。后来我们一报就成功了。

这种模式当时大家觉得是一个开创性的思路，很有示范作用，所以后来我们学校陆续又引进了一批高层次人才，都是参考了这样的一个成功模式来运作。这种模式使我们学校走在了其他高校的前面，很好地把握了机遇，从省里得到不少的经费支持，实力也明显得到提升。

（根据访谈记录 FT－20150615007 整理）

5. 关于办学空间拓展

A 大学原副校长、原 NH 校区首任院长 GX4 教授，A 大学原党委副书记 GX5 教授分别说：

GX4 副校长：

2000 年我们采用校地合作的方式创办 NH 校区，当时可以说是一种创举，在全省是第一家，在全国也有示范作用，后来很多学校都学我们。当时尽管有这样那样的担心，但校领导觉得就是应该大胆去尝试，哪怕承担一点风险。何况我们经过评估后觉得风险并不大。

（根据访谈记录 FT－20150526004 整理）

GX5 副书记：

大学城确定 10 所大学进驻，开始的时候省里根本没有考虑我们，但我们觉得这是一个难得的机会，所以就积极去争取。当时学校党委 Y 书记到教育厅和省政府都不知跑了多少趟，直到找到省长去争取，所以后来才把我们列进去。

由于经费投入很大，当时情况也不是很明朗，学校内部有很多人害怕有风险，提出反对意见。但 Y 书记力排众议，他觉得这是一个非常难得的机会，哪怕省里面只给我们 500 亩地，我们也要争取进驻大学城。后来事实证明，如果我们不敢冒这个险，就会错失大好的发展机会。

（根据访谈记录 FT－20150520003 整理）

6. 关于教育服务拓展与品牌输出

A 大学网络学院 GY2 院长，继续教育学院原院长 GY3 教授，继续教育学院现任院长 GY4 教授，A 大学原副校长、基础教育培训与研究院原院长

GX6 教授，学校社会服务处 GZ6 处长分别说：

GY2 院长：

我们在教育信息化方面有很好的基础。教育部开始进行网络教育试点后，我们学校马上意识到这是一个难得的机会，一定要努力争取，要走在别人的前面。当时学校 Y 校长就说，拿到网络学院的试点，是我们学校教育信息化的一个重大的突破。

教育信息化当时大家都在做，学校就是希望在全国做到最好，在全国办出我们的品牌。

回顾十几年的发展，我们就是在不断地改革，不断地创新，用技术创新来推动网络教育的发展，不断地掌握新技术，开发和应用新技术。在这方面我们在全国所有试点学校中是排在前面的，是领先的。不论什么时候，我们都要进行技术的创新，走在前头。用技术创新倒逼我们的改革，包括教育模式改革、项目的改革等，研发、课程、平台这些都要有创新，做到技术引领、模式引领。

我们是国家的继续教育示范基地，全国是 50 所。基地验收汇报时全国只有清华大学和我们两所学校做大会汇报。验收的专家惊叹地说："没想到网络教育是可以这样做的。"

（根据访谈记录 FT－20150702009 整理）

GY3 院长：

开放学院与"相沟通"都是省里面的试点项目，试点学校只有几所。我们能够成为试点学校本身就是我们主动争取、抢抓机遇的表现。这些都使我们走到了别人的前头，获得了很好的发展机遇。当时我们一获得信息就马上向领导汇报，并且以最快的速度、最大的努力去争取。在与高职高专学校"相沟通"这一块，我们在"相沟通"学校数量和学生数量方面应该是全省做得最好的，这与我们抢得先机不无关系。

（根据访谈记录 FT－20150925012 整理）

GY4 院长：

我们学校继续教育起步是比较早的，在 2000 年前后竞争还不是很激烈，我们抢得了先机，所以发展得很快。近几年竞争越来越激烈，再想发展难度就大多了。

我们是在体制内干体制外的活，不论是学校还是个人，市场风险是很大的，但我们只有积极与市场打交道，在市场中及时把握机会才能获得好的发展，我们就是要在市场中不断拓展新的领域。

（根据访谈记录 FT－20150928013 整理）

GX6 副校长：

在基础教育服务方面，我们实现了培训与研究的有机结合，在服务理念、培训模式、培训内容、合作方式、培训质量等方面都有很多的创新，并且在全国首创中美中小学教师和校长的双向交流培训项目。在创新基础上，我们主动出击，积极加强与上级部门的联系，与中小学和各类教育机构的合作，积极拓展服务领域，因此我们才能在短短的几年中就创立了品牌，在全国教师教育培训行业中有那么好的影响力。

（根据访谈记录 FT－20151016016 整理）

GZ6 处长：

我们在附属学校建设和基础教育品牌服务方面，创造了类似连锁经营的模式，但也会根据各所学校的实际和地方文化的特点进行创新，这样才能创造出我们的特色和品牌。

（根据访谈记录 FT－20150625008 整理）

透过这些亲历者的描述，我们不难发现，在转型期，A 大学不仅学校领导、各部门各单位领导都表现出更加明显的创新性、主动性和风险承担，而且最终落实到具体的教师和管理者个体身上，形成强大的改革创业的动力，从而推动学校的快速发展和顺利转型。

第二节　改革展望

在转型期 A 大学通过有效整合校内外各种有用资源，把握有利机会，积极创造社会和自身发展需要的价值，实现了顺利的转型，总体而言，各项转型目标都得到基本实现，为学校的进一步改革发展和创业提供了更好的基础。显然，转型创业的过程既有经验，也有教训和不足，而且随之而来也产生了一些新的问题。所有这些既反映了 A 大学自身的“个性”，也在一定程度上反映了师范大学的“共性”。总结这些经验教训，有利于师范大学在已有转型创业成效基础上，明确下一步改革的方向和重点，展望更加美好的未来。

一、改善创业驱动

如前所述，创业者既是创业的主体和灵魂，也是创业资源中最具创造性、能动性的部分，是创业的核心驱动力之一，应该从主客体辩证统一的角度来认识创业主体。作为组织创业的创业者，大学是群体意义的主体，由很多更小的群体和个体所组成，大学创业是这些个体、小群体以至于大群体作为一个整体的创业。师范大学转型作为一所大学的创业必然涉及全校所有层面的变革与创新，需要众多主体的参与，而组织成员创业热情的高低是决定其能否成功创业的关键，因此能否调动学校各个层面的创业热情就在很大程度上决定转型的成功与否。

在转型期，A 大学通过多种途径积极调动各个层面的积极性参与学校的改革创业，如通过一系列的工作会议和宣传工作，凝聚共识，引导和调动各方面的积极性；通过建立相应的激励机制调动积极性；通过建立责任机制推进改革的层层落实；等等。这些均在不同程度上提高了基层组织和个人的积极性。但整体而言，由于目前高校的管理体制机制还没有根本性的改变，固有的行政管理运作体系和惯性的行为模式仍然处于主导地位，行政主导型的运作模式导致其创业驱动的模式仍然是自上而下的模式，难以最大限度地调动各个层面的创业激情。在这种模式之下，创业更多成为各级单位领导的岗位职责和业绩要求，而较少或很少成为他们在强烈的成就动机驱动下的事业追求，这样所激发出来的创业热情终究有限，而且往往很容易掉进“个人利益最大化”的利益考量之中而逐步窒息，他们在创业过程中也难免瞻前顾后，患得患失，难以体现出较高程度的创新性、超前行动与风险承担。虽然创业与行政驱动之间并非互不相容，即使是最高程度的创业，也需要传统行政管理在其中扮演重要的角色。但总体来讲，“行政驱动型”运作往往更加强调等级制度、按程序办事和标准化，而创业精神更加强调抢抓机遇、追求创新、打破常规、超前行动、敢冒风险等，两者在某种意义上是有明显差异的，在实践中也往往难以避免相互抵触。

同时，行政驱动型的改革往往更多体现上级领导的意志，容易在有意无意中忽视下级单位、各院系和普通教师的作用，在创业机会的捕捉、创业项目的决策与实施过程中，基层单位和普通教师的参与度往往较低，容易产生“事不关己高高挂起”的想法，创业热情很难真正调动。在对 A 大学的调查研究过程中，笔者发现，转型期其各项改革项目的推动，基本上采用的是行政运作的模式，学校虽然也很想调动各个层面的积极性，但很难突破既有的框框，校领导、职能部门实际上起到绝对的主导作用，学院等基层单位和普通教师有所作为的空间有限。因此主动性和积极性自然受到影响，创业激情并没有被充分激活。

就如在调研中，有些学院领导和老师所反映的那样：学院在办学中的自主权有限，导致他们主动创业的积极性不高，往往是根据学校定下的框框来配合，在有限的范围内发挥创造性；普通教师很难会主动思考学校改革发展的事情，除非跟他的利益有直接的关系；除非学院领导和学科带头人，普通老师即使发现某种对学校发展有利的机会，也很少会主动向学校提出建议。这些都说明，基层单位和普通教师的积极性还没有充分发挥。

此外，不同程度的行政化倾向也难以避免一定程度的官僚主义，难以适应创业对快速响应能力的要求，按部就班的审批决策机制往往难以适应瞬息万变的市场环境，容易使高校错失良机。在转型创业中，为了更好地与市场打交道，A 大学建立了一些相对独立、具有更大灵活性的业务部门（伯顿·克拉克称为“外围机构”或“拓展的外围”），如网络教育学院、继续教育学院、产业集团、后勤实体、科技孵化机构、教育发展中心、社会服务与产学研合作处等，使它们在一定程度上拥有更多的自主权，应该说起到了良好的作用。但总体而言，学校管理在某种程度上存在的行政化倾向及其所固有的保守性还没有根本性的改变，而这显然不利于创业的有效实施。

因此，尽管师范大学在转型期表现出更加明显的创业特征，而且在某些项目上表现出明显的创业导向，但就整体而言，其创业程度还是较低的，不仅与多数创新型企业的创业程度无法比较，与国外创业型大学相比也有明显的差距，因此还不是真正意义上的“创业型组织”。在接下来的创业中，师范大学必须着力改善创业驱动，努力实现从“自上而下”向“上下联动”的转化，最大限度激发创业的激情。具体而言，可以重点从如下几方面推进改革：

一是简政放权。对于师范大学创业而言，“强有力的领导核心”和“激活的学术心脏地带”① 同等重要，但目前的情况是，领导核心的引领作用有待改善，而基层学术单位（如各院、系、研究所、教研室等）的积极性并没有被充分激活。因此必须通过体制机制和学校领导方式的改革，简政放权，在人、财、物的管理和各项事务的决策上赋予基层单位和老师更多的自主权，更好地调动他们的积极性与创造性，以便他们能够在创业机会识别、创业资源整合等方面发挥更大的作用，而学校更多通过制度执行情况监控、绩

---

① 克拉克. 建立创业型大学：组织上转型的途径［M］. 王承绪，译. 北京：人民教育出版社，2003.

效评估、业务指导与服务等方式进行宏观的管理。

二是强化学术权力。目前，高校普遍存在行政权力与学术权力失衡问题，导致突出的“行政化”现象。从A大学创业的实践来看，这也是导致创业驱动无法从“自上而下”走向“上下联动”的重要原因。只有更大程度地强化学术权力的地位和作用，才能更加充分地调动教师和基层学术组织的创业激情，真正实现上下联动。目前，许多大学都在进行现代大学制度的建设和大学治理结构的探索，具有重要的意义。但总体而言，到目前为止，许多大学成立的学术委员会、专门委员会、分委员会等学术治理机构仍然没有真正发挥实质性的作用，仍然没有摆脱“行政驱动型运作”的尴尬局面，如何更好地强化和落实学术权力将是师范大学在未来必须着力探讨和改革的重要内容。

三是优化激励制度。人本管理理论认为，有效的激励可以提升人的积极性与创造性，提高工作的成效①。在师范大学的转型创业中，激励制度建设往往是学校制度建设的重要内容和推动创业工作的重要手段。但从A大学的创业实践来看，师范大学的激励制度仍然存在如下一些问题，有待在接下来的实践中进一步加以改革完善：如缺乏系统观念的指导，没有形成完整的激励体系，各种激励措施之间缺乏有效协同；物质激励与精神激励失衡，正激励与负激励失衡；激励工作没有建立在科学的考核与评价的基础之上，激励的科学性和公平性常常受到质疑；尚未构建起一种比较完善的基于知识和创新的激励机制，不能适应创新创业的需要；等等②。

四是加强创业文化建设。文化是推动实践的强大力量。但从A大学的创业实践来看，其创业实践并没有建立在系统的创业文化建设基础之上，创业文化建设明显落后于实践的发展需要。对于一系列的转型和改革，学校尽管会进行宣传发动，但由于目前大学的宣传工作更多定位于党政方针、政策的宣传，实际上很难肩负起创业型校园文化建设的重任，其指导思想、工作内容和运作方式都与创业文化建设的实际要求有较大的差距。建立以创新精神、领先意识和风险意识为重点的创业文化，需要学校从战略高度上加以全面规划，明确指导思想、建设目标、建设内容、具体措施、支撑和保障机制、工作进展等等一系列的内容，全校联动，并在实践中持之以恒才能取得成效。而这亟待成为师范大学今后推进创业的重要举措。

---

① 芮明杰，杜锦根. 人本管理［M］. 杭州：浙江人民出版社，1997.

② 王楚鸿. 激励理论在高校科研管理中应用的探讨［J］. 科技管理研究，2004（4）：74－76.

二、促进内涵发展

经过十几年的努力创业，A 大学获得了巨大的发展。就学校的整体发展而言，该校领导用“一校变三校”来形容转型期所取得的成就（其内涵如前所述）。具体而言，转型期该校在如下各方面均取得了明显的拓展（1999 年与 2013 年比较）：如校园面积的拓展（从 1 268.5 亩增长到 3 019.8 亩）；专业规模的拓展（本科专业从 25 个增长到 83 个）；学生规模的拓展（全日制学生从 13 551 人增加到 35 198 人）；重点学科的拓展（国家级重点学科从 0 个增长到 4 个，省级重点学科从 8 个增长到 22 个）；学位点的拓展（博士点从 5 个增长到 98 个，硕士点从 44 个增长到 186 个）；经费的拓展（年办学经费从 2.69 亿元增长到 17.92 亿元）；队伍的拓展（专任教师从 1 001 人增长到 2 105 人，高层次人才大量增加）；项目的拓展（纵向科研项目从 73 项增长到 428 项）；服务的拓展（教育服务学生规模大幅度增加，横向科研经费大幅度增加等）；等等。虽然这些指标并不仅仅是简单的数量变化，但不论是“一校变三校”还是各种数量的增长，更多体现了学校规模和外延拓展的成效，较少体现学校内涵发展所取得的成绩。总体而言，转型期师范大学的成长模式基本上还是“以外延拓展为主”的模式。具体从三大核心目标的实现来看：

在学术水平提升方面。A 大学在学科建设、队伍建设和科研发展等方面都获得了一系列的提升，但也存在不少的问题：如在学科建设上，学科门类不断拓展，重点学科不断增加，但学科的深度融合还明显不足，学科的综合性还更多停留在表面上，真正的综合优势还没有充分体现出来；学位点数量明显增加，博士点已经覆盖学校的几乎所有的学科，今后几乎没有什么新的增长空间，以大量增加学位点为重点的发展模式必须实现向内涵发展模式的转变。在队伍建设上，通过加大投入，大力引进高层次人才，队伍建设的各类统计指标都有明显的提升，但在所引进人才如何深度融入学校事业发展、如何处理引进人才与本土人才的协调发展问题、如何为各类人才发展提供良好的服务环境等方面则明显滞后，这不仅在一定程度上造成引进人才与本土人才的隔阂，难以充分发挥“团队作战”的优势，也难以避免引进人才的“花瓶效应”和“水土不服”的问题，因此更加深入的内涵式改革势在必行。从科研发展来看，不论是项目经费和成果数量都在不断增加，但在真正解决国家重大的战略问题与现实的社会经济发展问题上，A 大学还明显乏力，还没有真正取得有显示度的创新与突破，因此还有赖于更加深入的改革创新。正如该校原副校长 GX2 教授所言，“我们从很低的水平起步，经过十几年的发展，初步建立了科研发展的‘高原’平台，但还没有‘高峰’，在解决重大现实问题上也还没有明显的突破，因此不论是在‘顶天’还是在‘立地’上，都还任重道远”①。

在教育模式变革方面。A 大学专业数量和学生规模都实现了大幅度增加，非师范专业大量发展，研究生比例明显提高，继续教育也得到明显拓展，同时投入经费设立大量的教改项目推进教学的各项改革创新，但总体而言，人才培养改革的深度明显不足，人才培养质量的提升并未达到预期。如在专业综合化方面，尽管建立了综合化的专业体系，但非师范专业在改革发展中还存在不少的问题（如培养模式与师范专业趋同、实践教学实效性差、社会认可度相对较低等），专业之间的协同明显不足，发挥学科综合优势提高人才综合素质尚没有取得实质性成效；在教师教育改革方面，教育模式的改革幅度不大，虽然也进行了小范围的“4+2 分段式”培养模式改革试点，但总体上还是沿用“混合式”培养模式；在职前职后教育的“一体化”方面，表面来看，学校在承担职后教育方面得到明显的拓展，已经实现了“一体化”，但如果从职前与职后教育的培养内容、培养方式、培养资源等的深度融合、有效共享的角度来看，则做得远远不够，他们分属校内不同的部门来管理，缺少有效的协同；在多元化人才培养模式改革方面，存在覆盖面过小，部分试点没有达到预期效果、难以大面积推广等问题，对学校整体培养质量的提升作用没有充分发挥；从大量教学改革项目的实施情况来看，也不同程度存在华而不实的现象，相当部分教改项目并未产生实效，真正落实到学生培养质量的提升上；而研究生教育大规模扩展后，面临着如何同步提升培养质量，特别是如何提高应用型研究生培养质量的问题，这些方面，A 大学尽管已经作出了较大的努力，但效果还不是很明显；等等。所有这些都说明，在如何加强内涵建设，将一系列改革转化为实实在在的人才培养质量方面，师范大学还有很长的路要走。

在服务与资源拓展方面。A 大学通过创业实现了服务的拓展、办学空间和办学经费的拓展，但也面临一系列的内涵发展问题：从办学空间拓展来看，在实现校园面积拓展的基础上，A 大学并没有及时做好校区发展的顶层设计，真正推动“一校三区”的统筹协调发展，校区之间学科布局不合理，资源共享度差，相互支撑性不高，空间拓展并未明显带来学校整体办学效益的同步提升，亟须进一步推进改革。在服务拓展和经费拓展上，A 大学则存在各类服务项目的发展很不平衡、部分项目发展潜力不足、资产运营效益不

① 摘录自 GX2 教授访谈记录（编号：FT－20150915011）。

高、资金拓展渠道仍然单一、动力机制不能与时俱进等问题，仍然需要通过深化改革和内涵建设来加以改进。

反思创业的历程，应该说，转型期A大学在教学、科研与社会服务发展中走出的是一条惯常采用的“先数量后质量、先外延后内涵”的创业之路，内涵发展明显滞后于外延的拓展，而这也往往是大多数师范大学面临的问题。在新的发展时期和新的起点上，师范大学必须调整发展思路，积极推动学校从外延拓展向内涵发展的转变：

一是要强化质量意识。随着转型的基本完成和实力的提升，师范大学面临的“量”与“质”的关系问题已经发生了明显的改变，应该从主要是对数量的追求，更多转向对质量的追求。在人才培养方面，在专业、学位点与办学规模扩张的基础上，应该将主要精力集中到人才培养质量的提升上来，加强教育教学工作的内涵建设，强化品牌意识，突出培养特色，更好地为社会培养高素质有特色的人才。在科研工作中，要在“顶天”和“立地”两个方向上同时强化对质量的要求，在科学理论与技术探索上，强化创新、高端、前沿与引领，促进学校从“高原”走向“高峰”；在应用开发与科研服务上，要脚踏实地，确实解决生产、生活中的实际问题，为社会与经济发展提供高质量的科研服务。在学科发展与平台建设等方面，要有更高的发展定位，建立覆盖面更广、含金量更高的一系列基地与平台，促进学校百尺竿头更进一步。在学校整体发展上，则要结合自身的实际，确立更加科学的发展定位，以追求卓越的精神为引领，构筑自身的质量目标体系。

二是要强化可持续发展意识。要紧紧围绕学校核心竞争力的构建，正确处理好短期发展与长期发展的关系问题，使两者相互协调，相互促进，共同促进学校的长期可持续发展。在实际工作中，要下大力气着力解决一系列制约长远发展的深层次问题，如结构不合理问题（如校区发展布局、学科结构、专业结构、队伍结构、资源结构、服务结构等）、体制机制不顺问题（如机构设置不合理、制度不完善、机制不畅顺等）、教育行政化问题等，通过对这些问题的改革，优化结构、理顺关系、激发活力，促进各项事业的协调有序发展。

三是要进一步深入推进各项改革。在转型过程中，师范大学尽管推进了很多的改革，但相当部分改革仍然存在蜻蜓点水、浅尝辄止、遇到困难就往回缩的情况，部分改革则还停留在初步试验阶段，或者仅仅起到点缀作用而没有发挥实质性的作用。随着学校的发展和内外部环境的进一步变化，许多改革亟须进一步深入推进，使其真正落到实处、发挥作用，促进学校实现新的跨越。在改革创业中，师范大学要保持战略定力，不随风而动、随波逐流，要持之以恒，着力解决深层次的问题、难啃的问题，切忌追求表面效应，华而不实、心浮气躁。

三、推动教科协同

在不同时期不同类别的大学中，教学与科研呈现不同的关系模式。在早期大学中，教学是大学的唯一职能。1809 年洪堡创办柏林大学，首次将科研职能引入大学，提出“通过研究进行教学”、“教学与研究相统一”的办学原则，科研在很大程度上仍然是为教学服务的。随着大学的发展，科研职能的独立性不断增强，研究不再仅仅是为教学服务，教学与科研的关系也更加多元。根据教学与科研的不同关系模式，人们一般将大学划分为教学型大学、教学研究型大学和研究型大学。但不论在哪种类型的大学中，教学始终是大学最基础的职能，科学研究始终需要在不同程度上肩负起为教学服务的神圣使命。可以说，教学与科研的协调发展是大学健康发展的基本保证，也是高水平大学的基本特质。但教学和科研作为大学两个既相互联系又相对独立的职能，存在既合作又竞争的关系，在具体的大学和大学发展的特定阶段，教学与科研的关系呈现更加复杂的状况，两者未必能够和谐相处，如何处理教学与科研的关系往往成为许多大学面临的重要课题。

从某种意义上来讲，师范大学转型也是教学与科研关系模式的转型，因此，促进教学、科研的和谐发展自然成为转型需要解决的重要问题。转型之初，A 大学确立了从教学型大学向教学研究型大学转型的目标，将加强科学研究、提升学术水平作为提高学校整体办学实力和人才培养质量的重要支撑来发展。经过十几年的创业，A 大学既收获了科研发展带来的甜蜜，也收获了教学与科研失衡所带来的新烦恼，需要在新的历史阶段加以有效解决。具体而言，其教学与科研的失衡突出体现在两方面：一是科研对教学的支撑不足。由于研究工作缺乏对教学问题的聚焦，研究成果没有被有效运用于教学，科研资源与教学资源的共享度差，课题研究缺少学生参与，与学生的研究能力培养脱节，科研对教学的反哺作用没有充分体现出来，因此学校的学术发展与人才培养质量提升之间没有建立紧密的联系。这与转型前的构想存在明显的差异，结果是学校的学术水平提升了，而教学的质量、人才培养的学术性却没有得到同步的提升。二是教学与科研构成了资源竞争的对手。从以教学为中心，向教学科研并重转变，学校必然在科研上投入更大的资源和精力，从而挤压教学投入的份额，形成了教学与科研相互竞争的局面。科研的发展导致了教学投入的相对不足，尤其是教师精力投入的不足。随着高等教育大环境的变化和学校出台一系列鼓励教师科研的政策，科学研究往往能够给教师在报酬、晋升、名誉和学术发展等方面带来多维度、长效的激励作用，甚至是马太效应性质的激励作用，而教学的激励措施却往往呈现“低强度”和“一次性”的特点，对教师的长远发展和回报难以发挥足够的促进作用，因此造成教师热衷科研而远离教学。而一切的教育教学改革如果离开了教师的投入与奉献，就不可能落到实处，人才培养质量提升也就只能是“镜中花”、“水中月”。从这方面来看，科研不仅没有很好地为教学服务，而且分流了大量的教学资源，限制了教学质量的提升。

在调研过程中，笔者深深感受到，这所成功实现从教学型大学向教学研究型大学转型后的师范大学，正在受到如何协调教学与科研关系带来的困扰。据了解，实际上，自转型之初该校提出“教学、科研两个中心”开始，关于教学、科研的地位之争就已经开始，后来该校虽然重新提出了“教学是立校之本，科研是强校之路”的新论述，并对教学和科研的激励手段进行了一定程度的调整平衡（如提高科研奖励的准入门槛，降低奖励的额度；设立更多的教学类奖励，适当提高奖励额度等），但并没有真正平息这种争论。近年来，随着科研的快速发展和由此带来的教师对教学不同程度的忽视，教学与科研失衡问题更加受到广泛的诟病。而据笔者所知，这种问题，恐怕是许多同类型高校的共同困扰，与我国自上而下的学术评价（包括对大学的评价和对教师个人的评价）中的“重科研轻教学”倾向密切相关，在短期内很难根本改变。但对于师范大学而言，并非毫无办法，在目前的情况下，他们仍然可以通过一系列的内部改革来最大限度地弥合教学与科研之间的矛盾，促进教学科研的协同发展：

一是要平衡教学科研的激励力度。学校应该深入研究教学与科研激励的不同特点，据此对薪酬、激励制度进行科学的顶层设计，努力平衡两者的关系。正如前面所述，科研激励往往具有多维度和长效性的特点，而目前教学激励往往是一次性和短效的。因此从改革的方向来说，应该努力构建更加多维度和长效性的教学激励措施，让教师通过教学获得长效的回报和发展。在激励制度的具体设计上，不应该仅仅以学校所发放酬金或奖金的单一维度来衡量教学与科研是否平衡，而应该将后续的连锁效应考虑在内，从更加综合、全面的视角来考虑、平衡两者的力度。

二是要平衡教学科研的资源投入。转型期的师范大学，科研工作往往处在“爬坡阶段”，教学工作很容易受到有意无意的忽视，说起来重要，干起来次要，其“中心”地位在实际工作中往往没有得到有效的落实和保障。特别是在资源投入的分配上，教学往往并没有真正体现出“中心地位”，教学资源也很容易在实际工作中被不知不觉地挤占或挪用。完成转型后，师范大学应该尽快扭转教学科研投入失衡的状况，重新审视教学和科研的关系，全面平衡教学和科研的投入，避免顾此失彼。要建立刚性的制度，优先确保教学的基本投入，特别是要从学校新时期的战略定位出发，从高素质人才培养需要的标准来衡量教学的投入，而不是从教学是否出问题这一“底线”来衡量教学投入足够与否。

三是要积极建立科研反哺教学的机制。要通过体制机制的改革，建立科研资源与教学资源共享的机制，科研团队、实验室、基地、课题、成果和学术会议等科研资源要以适当的方式向教学开放，实现有效共享。要从正负激励两方面促进教师将科研成果带入课堂，大幅度提高学生参与课题研究和课外科研活动的比例，既为创新人才培养提供支撑，也为教师科研活动注入新生力量，促进教学和科研的有效协同和“双赢”发展。同时要积极探索科研机构与学院合作培养人才的机制，让研究机构在人才培养中扮演更加重要的角色。

四是要积极推进研究性教学模式的改革。在学校层次提升的基础上，师范大学要探索建立有别于以往教学型大学的教育教学模式，使其与教学研究型大学（或研究型大学）、综合性大学的人才培养目标相适应。通过积极探索研究性教学，改革传统教学模式，提高创新性人才培养质量，并以研究性教学为纽带，带动教学与科研的协同发展。

在新的历史时期，许多师范大学的科研工作需要百尺竿头更进一步。但如果将教学工作排除于或边缘化于“高水平大学建设”或“一流大学建设”之外，长此以往，必将带来严重的后果，影响人才培养的质量和办学的声誉，最终损害到学校的长期可持续发展，阻碍高水平大学建设的进程。因此采取有效措施平衡教学和科研的关系，促进教学和科研的和谐发展至关重要。

四、优化资源拓展

在转型期，A 大学根据自身科研服务相对较弱、教育服务基础相对较好的特点，选择了以教育服务为主的服务与资源拓展策略，这不失为一种扬长避短的策略性选择，在实践中，教育服务确实也得到了明显的拓展，为社会创造了巨大的价值，也为学校办学声誉提升和资源拓展作出了重要的贡献。但与此同时，科研服务的提升相对乏力，对学校资源拓展的贡献度明显偏低。这一方面与师范大学原有的学科基础密切相关；另一方面也说明学校在学科综合化转型方面虽有进展，但学科的深度融合仍然不足，学科的综合实力还有待提升，在发挥多学科综合优势开展科研服务方面还有很长的路要走。同时也反映，学校在推进产学研合作和科研服务方面的力度还相当不足，各单位和科研人员在科研服务方面的热情还没有被充分调动起来。另外，在如何处理“顶天”和“立地”的问题上，A 大学尽管提出了“顶天”“立地”并重的口号，并在科研激励措施中作出适度的调整，加强对“立地”的鼓励。但总的来说，不论是学校的层面，还是教师个体的层面，仍然很难摆脱“顶天”为主的导向和思维惯性，这当然也与自上而下的各类评价体系密切相关。

在科研服务方面，转型期 A 大学从政策鼓励和资源扶持上，有意识强化对科研服务的支持，也取得了一些新的进展，特别是在承担横向科研项目和获取横向经费方面取得了明显的进步（仅仅是与自身的纵向比较而言，而与其他大学的横向比较而言，其实仍然明显不足），但总的来说，在科技成果转化和产业化运营方面还没有根本性的改变。科技服务经费大多以横向课题经费方式进入学校，真正创新性强、应用价值高、成熟度好、成功实现转化和产业化生产，为学校带来利润的项目还少之又少，反映科技成果转化情况的各类科技指标（如技术转让和专利出售）很低。如根据对 A 大学科技处的了解，除 2010 年该校“环境空气质量自动监测系统”系列技术转让获得转让费 500 万元外（是该校近 10 年单笔金额最大的一次成果转让），近 10 年该校每年科技成果转化合同金额多数年度没有超过 100 万元，专利成果出售合同金额大多年份没有超过 50 万元，说明该校在科技成果转化方面的能力还明显偏弱。

同时，近年由该校创办的项目型科技创新公司虽然展现良好的发展势头，但都还处在探索发展的阶段，尚没有为学校带来真正的收益，没有在学校资源拓展中作出应有的贡献。而已经建立的各类科技孵化机构（如科技园、产学研示范基地等），其运营的效果也并不理想，成功孵化的科研成果很少，与地方的深度合作还亟待推进。

在决策咨询服务和综合性社会服务方面，该校同样也在有意识地加强，并在一些方面取得一定的进展（如在教育综合改革、产业转移、心理健康服务等方面），产生良好的社会效益。但总的来说，在主动服务的意识方面，服务的广度和深度方面都还存在不少问题。根据对 A 大学社科处的了解，该校在国家和区域事关国计民生、经济建设与社会发展等一系列重大议题中，参与度仍然偏低，很少能够真正发挥“智库”的功能，在充分发挥人文社会学科的综合优势为社会服务方面，其广度和深度仍有较大的提升空间。

此外，由于在推进科研服务、特别是科技成果产业化方面，还不同程度存在管理体制不顺、制度不完善且监督不到位、专业人才不足、知识产权保护运营不力等问题，科研成果转化中往往存在“墙内开花墙外香”的问题，校有知识产权要不被贱卖，要不成为个别科研人员谋求个人收益的手段，没有真正对学校的资源拓展起到实质性的贡献。由此可见，A 大学在科研服务创业方面还有很长的路要走。而大力推进科研服务，才能使师范大学获得更高社会地位和更加宽广的资源渠道，促进学校的更好发展。

另外，在如何提高校有资产的运营效益和争取社会捐赠方面，师范大学也还存在不少问题。在转型期，A 大学虽然大力进行后勤管理体制机制的改革和校办企业的改制，取得了一定的成效，但校有资产的运营效益仍然明显偏低，相对于其庞大的校有资产（包括有形资产和无形资产）和良好的地域优势，校办产业和后勤实体每年在资金拓展上的贡献率和显示度明显不足，仍有很大的潜力可挖。在争取社会捐赠方面，该校长期重视不足，方法不多，每年获得的捐赠收入比例很小，对学校资金拓展的贡献度很低，同样需要大力拓展。

据了解，A 大学的情况具有一定的代表性。科研服务能力的相对不足和其他渠道筹资能力明显偏弱，使师范大学在自筹资金拓展上过多依赖于教育服务，形成“瘸腿多元”（即表面上筹资渠道已经实现多元化，但各种渠道之间很不平衡）的筹资格局，需要其继续通过各方面的努力，逐步建立更加协调的多元化筹资渠道，确保学校各项事业的更好发展。具体而言，重点需要在如下几方面有更大的作为：

一是要调整优化教育服务的结构。在高等教育大众化之前，高考录取率很低，落榜生比例很大，高等学历教育和自学考试市场需求很大，成为许多师范大学开展教育服务和拓展办学资源的主要渠道，但随着高考录取率的大幅提高和落榜生的大幅减少，机会窗口正在逐步萎缩，同时教育服务的竞争也越来越激烈。师范大学必须及时根据市场需求和竞争形势的变化调整教育服务的定位、内容与方式，积极进行教育服务的创新，才能以特色的服务、高质量的服务创抓市场机遇、获得竞争优势。总体而言，师范大学教育服务应该从职前学历教育服务为主向职后教育服务为主转变、从相对单一的服务向多元化的服务转变、从大学主导的卖方市场型服务向市场需求为导向的买方市场型服务转变、从常规通用型服务向特色个性化服务转变、从零散型服务向高度整合的一体化综合型服务转变、从低端服务向高端服务转变。

二是要大力提高科研服务的能力。在综合化转型过程中，师范大学大量增加了应用型学科专业的建设，但由于起步较晚，应用型学科基础偏差、实力偏弱的状况仍然没有实质性的改变，多学科深度交叉融合的综合优势还没有真正形成，利用多学科力量开展重大应用研究的能力还相对较弱。在接下来的改革创业中，师范大学仍然应该根据自身的实际，坚持有所为有所不为的重点发展策略，集中优势力量开展科研服务，认准方向，持之以恒，重点突破若干重大技术，形成真正能够产业化的产品，并在若干社会服务领域形成自身的竞争优势，确立自身的服务品牌，通过有效的产业化运作确实为学校拓展经费作出贡献。为此，师范大学需要对推进产学研合作和科研创业的一系列体制机制进行实质性的改革，并积极进行相关人才队伍的建设，如产业经营人才、知识产权管理人才等。

三是要进一步提高自身的资源运营效益。校有资产运营效益不高是大学的普遍性问题，原因非常复杂，而体制机制的制约是根本。要通过更加科学彻底的改革，突破传统体制的框框，进一步盘活校有资产，完善成本核算机制和绩效评估制度，让巨大的校有资产通过有效运营，真正在学校资源拓展上作出重要的贡献。

四是要努力拓展新的资源渠道。在常规渠道基础上，师范大学还需要积极拓展新的资源渠道。如通过做好校友服务工作和加强与社会的深度联系，努力争取更多的社会捐赠；通过与地方政府、企事业单位，甚至国外高校与科研机构建立广泛的联盟关系，共享相关的资源，扩充自身的资源；通过银行贷款、吸引风险投资等方式筹措办学经费；等等。

五、推进文化融合

大学文化冲突是一个非常复杂的范畴，从不同的角度可以有很多不同的观察和解读。师范大学的转型，必然带来观念与文化的转变，从某种意义上也是大学文化的转型，而转型的过程，往往就是新老文化交织、冲突、此消彼长的过程。转型期师范大学主要面临两方面的文化冲突，需要其在实践中不断加以化解，并促进文化的融合和创新：

一是“师范”文化与“大学”文化的冲突。长期以来，我国师范教育中长期存在“学术性”与“师范性”之争，争论的焦点是，师范教育中到底应该更加偏重学科专业知识的培养（所谓的“学术性”）还是应该更加偏重教师职业知识与技能的培养（所谓的“师范性”）。而在师范大学组织文化的层面上，实际上同样存在“学术性”与“师范性”之争，这与我国师范大学兼有“师范”和“大学”两种特性不无关系。许美德（Ruth Hayhoe）教授认为，由于“师范”和“大学”起源不同（大学起源于12—13世纪的中世纪大学；而“师范”作为专门培养教师的教育机构，最早起源于17—18世纪的法国和德国，最早的高等师范教育机构——法国的高等师范学校始建于1794年[1]），价值观也明显不同（详见表4－7）；而中国的师范大学是糅合了“师范”和“大学”两种价值的“一种独特的中国高校”[2]。

表4－7　大学和师范学院的比较

大学	师范学院
理论	实践
专业的知识学科	综合的学习领域
重视知识习得的非主观方式	知识习得的道德引导
相对非个人化的环境	师生关系密切的教育环境
对所有问题/知识探究的自由追求	以行动为圭臬、情境为中心的知识
学术自由和自治	国家控制、专业问责
致力于高深理解和长期变化	对高水准的实践的职业定位

资料来源：许美德，李军. 世界教师教育发展的历史比较［J］. 教育研究，2009（6）：54.

尽管许美德教授似乎乐观地认为，在中国独特的文化背景下，“师范”和“大学”的价值冲突并不存在，但实际情况恐怕并非如此。正是这种“糅合”使师范大学需要同时兼顾和满足“师范”和“大学”的价值需求，导致长期存在“学术性”与“师范性”之争，并在不同层面上以不同面目表现出来。在转型期，师范大学确立了“在保持教师教育特色基础上实现综合化转型”的目标，并相应推动学校从教学型（或教学研究型）大学向教学研究型（或研究型）大学的转型。实质上就是希望“把师范性、学术性和综合性结合起来，以学术性作为师范性的基础，以综合性强化师范性”。从文化和价值观的角度来看，实际上，转型就是在原来“师范”文化占主导地位的基础上，强化了“大学”的文化和价值，希望以“大学”的文化来改造和提升“师范”的文化。尽管总体上来看，这种“改造”似乎并没有导致激烈的对抗，但两种文化客观存在的差异实际上仍然在不同层面上表现出来，如在办学方向上表现为“教师教育特色”与“综合性”之争，并在一定程度上演化为应该重视教学与还是重视科研之争，而在师范生培养上的“师范性”与“学术性”之争似乎也还没有完全画上句号。因此，“师范”

---

① SMITH R J. The ecole normale superieure and the third republic［M］. Albany：State University of New York，1982.

② 许美德，李军. 世界教师教育发展的历史比较［J］. 教育研究，2009（6）：54－62.

文化与“大学”文化的融合仍将是一个漫长的过程，需要师范大学未来更多的探索和实践。

文化的融合是指不同特质的文化通过相互接触、交流、沟通，进而相互吸收、渗透、学习而融为一体的过程。这一过程往往历经接触、撞击、筛选和整合的不同阶段。显然，文化的差异必然产生矛盾，而矛盾是推动事物发展的动力，文化的融合并非完全消除彼此的差异，更非你死我活，而是取长补短，相互促进，推动新文化产生的过程，而新的文化必须与特定历史阶段大学的发展相适应才能更好地促进大学的发展。师范大学需要在新的历史阶段，更加深入地审视“师范”文化与“大学”文化的融合问题，使新的文化与大学实现历史的、具体的契合，成为推动学校发展的强大动力。

二是学术文化与市场文化的冲突。世纪之交，世界高等教育越来越呈现出市场化的发展趋势。在市场化的背景之下，我国高等教育传统的“国家模式”正在经历深刻的变化，越来越多受到市场因素的影响与制约，而市场文化正在以多种方式迅速突破大学的围墙，影响高校及其成员的行为模式。在转型期，市场化对于师范大学的影响显而易见，它不仅对师范大学的生存发展带来巨大的挑战，也为其提供难得的发展机遇。同时，“市场化”从文化观念、价值取向和办学导向上对师范大学产生深刻的影响，使其从封闭走向开放，从计划经济时代的以国家计划需求为唯一导向，向面向社会自主办学、满足社会多元化需求为导向转变。国家的战略需求、社会经济的发展需求、学生的需求等所有的外部需求都在市场化的视角下统一为“市场需求”。师范大学要想成功转型，获得自身的发展，就必须更好地满足“市场需求”（这里作广义的理解）。从创业的视角来看，价值创造的前提是存在未被满足的需求，满足需求才能创造价值。因此，“顾客导向”是创业的本质特征之一①。但大学的“顾客”是多种多样的，问题的关键是，大学是否真的要不加鉴别地满足所有“顾客”的需求？

希拉·斯劳特将大学及其成员为争夺教育经费而进行的市场化行为和学术创收活动称为“学术资本主义”②。可以说，学术资本主义（或学术资本化）是知识经济时代的产物，也是高等教育市场化的突出表现。它将“学术”与“资本”紧密联系在一起，是大学发展到一定历史阶段的产物，成为大学及其成员适应社会现实的生存选择。在转型期，作为对计划体制下相

① 张玉利，李乾文．创业导向、公司创业与价值创造［M］．天津：南开大学出版社，2009：22.

② 斯劳特，莱斯利．学术资本主义：政治、政策和创业型大学［M］．梁骁，黎丽，译．北京：北京大学出版社，2008.

对封闭的传统办学模式的变革，师范大学确立了更加开放的办学理念，明显提高了对社会需求的服务意识和响应能力，积极为社会创造更多的价值。同时为了大量拓展办学经费，支撑学校的顺利转型，“学术资本化”成了其创收的核心手段。无论是教育服务的拓展、科研服务的拓展、综合性服务的拓展，还是校内的管理，经济的手段和市场化的手段被越来越广泛地应用。与此同时，市场文化的影响也潜移默化地改变着学校师生员工的价值观和行为模式，对原有的大学文化造成明显的冲击，学术文化与市场文化的冲突体现在学校的各个层面。市场文化是一把双刃剑，市场文化中的效率意识、公平意识、机会意识、服务意识等为相对封闭的传统师范大学带来了积极的影响，但同时市场文化中存在的利润至上、急功近利现象也对其带来明显的负面冲击，导致功利思想、浮躁心理的盛行，敬业精神、奉献精神的缺失等等。此外，市场需求也在很大程度上改变学者的学术品位和学术方向，在一定程度上导致了学术的“低俗化”。因此，如何正确地看待和处理市场文化所带来的冲击，用其之利，避其之害，将是师范大学面临的重要课题。

可以说，学术资本主义的泛滥和大学过度的市场化，必然带来大学的功利化和庸俗化，对大学学术的健康发展造成严重的侵害。因此，必须将学术资本主义限定在特定学科和伦理边界之内，才能保证学术价值的充分实现以及大学使命的完整承担①。正如前文所述，转型期师范大学必须兼顾社会价值与自身价值的实现，坚持“社会导向”与“学术导向”的平衡。著名高等教育学者亚伯拉罕·弗莱克斯纳认为：“大学不是风向标，不能流行什么就迎合什么。大学应不断满足社会的需要，而不是它的欲望”②。因此在未来的改革中，师范大学既要进一步拓展社会服务，又要与社会保持适当的距离，确保学术的健康发展，更好地发挥引导社会的作用。

综上所述，尽管师范大学大多已经顺利实现了转型，但仍然存在不少的问题（并不局限于上述的内容），需要其在新的历史阶段继续以创业的精神大力推进改革创新，才能实现新的跨越。而对于所有师范大学而言，“转型”只是其漫长创业历程中的一个短暂的片段，从“转型”的经验教训中获取营养，明确进一步改革的方向，才能为学校的长期发展提供真正的帮助，照亮其前进的征程！从师范大学成功转型的创业实践来看，我们有理由相信，师范大学的明天会更加美好！

---

① 蔡辰梅，刘刚．论学术资本化及其边界［J］．高等教育研究，2013（9）：8－14．

② 弗莱克斯纳．现代大学论：美英德大学研究［M］．徐辉，陈晓菲，译．杭州：浙江教育出版社，2001：3．

附录一："转型期师范大学创业导向"调查问卷

尊敬的领导/老师：

您好！

20世纪90年代末期以来，面对高等教育体制改革和一系列复杂的内外部环境变化，师范大学集体进入了"转型期"。为了研究转型期师范大学的创业导向，特盛情邀请您填写如下问卷（调查对象为1999年以前进入所在师范大学工作的教师）。本调查问卷采用匿名方式进行，所有资料仅供学术研究之用，我们会严格保密，敬请放心填写。

您的帮助对我们非常有价值，感谢您的大力支持！

联系人：（略）
联系方式：（略）

一、个人基本情况【请在相应栏目打"√"】

1. 您的身份：
教学科研人员□；　行政管理人员□；　"双肩挑"人员□；　其他□
2. 您的性别：男□；　女□
3. 您的年龄：
30岁以下□；　30－39岁□；　40—49岁□；　50—59岁□；60岁以上□
4. 您的职称：正高级□；　副高级□；　中级□；　初级□；　无职称□
5. 您的最高学位：博士□；　硕士□；　学士□；　无学位□
6. 您的行政职务或曾经担任的最高行政职务（退休的请填退休前职务）：
校级领导□；　机关中层领导□；　学院领导□；其他职务或无职务□

二、问卷正文【请在相应栏目打"√"】

请对"转型期"（20 世纪 90 年代末期以来）您所在师范大学的行为特征作出评价。

题项	很不符合	不符合	不确定	符合	非常符合
1. 在转型期，本校对办学定位、办学思路进行了大幅度的调整	1	2	3	4	5
2. 本校比转型期之前更加注重以研发、创新、改革提供新的教育、科研等服务，拓展新的发展领域或服务市场	1	2	3	4	5
3. 在转型期，本校推出了许多新的教育、科研服务与其他服务，启动许多新的改革措施	1	2	3	4	5
4. 本校在同行竞争中，采取了比转型期之前更加主动的先发制人策略	1	2	3	4	5
5. 本校经常先于竞争对手推出新的教育、科研等服务，进行新的管理改革或采用新的管理方法	1	2	3	4	5
6. 本校历任高层管理者能经常审视高等教育发展趋势与需求变化，及时把握机会，提早行动应对变化	1	2	3	4	5
7. 本校比转型期之前更加大胆地尝试具有一定风险的项目与改革	1	2	3	4	5
8. 基于外部发展环境，本校倾向于采取比转型期之前更加果断、高效的行为方式实现大学的目标	1	2	3	4	5
9. 当面临决策的不确定性时，本校倾向于采取比转型期之前更加大胆、积极的态度，以把握潜在机会	1	2	3	4	5

附录二：A 大学教师访谈提纲

访谈对象：________ 职务/曾任职务：________职称：____________
联系方式：________访谈时间：________ 访谈记录编号：__________

1. 1999 年以来，你们学校是否对办学定位和发展战略作出调整？调整幅度如何？具体的内容是什么？为什么要作出这些调整？您觉得这些调整是否切合实际？

2. 在您的印象中，1999 年之前你们学校整体办学水平（或具体询问某方面的情况，如教学、科研、队伍建设等，具体根据受访对象情况确定）如何？相对于当时的情况，您对目前学校整体办学水平和实力（或具体某方面的工作）如何评价？有没有实质性突破？主要有哪些突破？

3. 您认为 1999 年以来，在你们学校（或具体某方面）发展过程中有哪些有利的内外部条件和发展机会？学校一般通过什么途径收集这些有利的信息？采用什么方式对这些信息进行筛选、评价和决策？

4. 为了把握和利用有利的发展机会，你们学校采取了哪些主要的措施或进行了哪些改革创新？整合了哪些内、外部的资源？您觉得这些措施和改革是否及时？是领先于还是落后于其他高校？

5. 对于上述的这些改革，你们学校各方面（包括领导层、职能部门、学院和教师等）的态度和反应如何？校内和校外有没有什么阻力、困难和风险？您和学校高层是如何看待和处理这些困难和风险的？

6. 在上述这些改革创新过程中，哪些人发挥了关键作用？校领导、职能部门、学院、教师等分别承担了什么角色？

7. 您觉得你们学校的战略调整和改革（学校整体或具体某方面）有没有达到预期的目标？还有哪些需要改进的地方？您有什么建议？

参考文献

（一）中文文献

1. 著作类（含工具书）

［1］克拉克．大学的持续变革：创业型大学新案例和新概念［M］．王承绪，译．北京：人民教育出版社，2008.

［2］克拉克．建立创业型大学：组织上转型的途径［M］．王承绪，译．北京：人民教育出版社，2003.

［3］克拉克．高等教育系统［M］．王承绪，译．杭州：杭州大学出版社，1994.

［4］陈向明．质的研究方法与社会科学研究［M］．北京：教育科学出版社，2009.

［5］辞海编辑委员会．辞海［M］．上海：上海辞书出版社，1980.

［6］科伯．高等教育市场化的底线［M］．晓征，译．北京：北京大学出版社，2008.

［7］德鲁克．创新与创业精神［M］．张炜，译．上海：上海人民出版社，2002.

［8］顾明远．教育大辞典［M］．上海：上海教育出版社，1998.

［9］顾明远，檀传宝．2004：中国教育发展报告：变革中的教师与教师教育［M］．北京：北京师范大学出版社，2004.

［10］埃兹科维茨．大学与全球知识经济：大学—产业—政府关系的三重螺旋［M］．夏道源，等译．南昌：江西教育出版社，1999.

［11］埃兹科维茨．国家创新模式：大学、产业、政府“三螺旋”创新战略［M］．周春彦，译．北京：东方出版社，2005.

［12］埃兹科维茨．麻省理工学院与创业科学的兴起［M］．王孙禹，袁本涛，等译．北京：清华大学出版社，2007.

［13］蒂蒙斯，斯皮内利．创业学［M］．周伟民，吕长春，译．北京：人民邮电出版社，2005.

[14] 德兰迪. 知识社会中的大学 [M]. 黄建如，译. 北京：北京大学出版社，2010.
[15] 克尔. 大学之用 [M]. 高铦，高戈，汐汐，译. 北京：北京大学出版社，2008.
[16] 朗格朗. 终身教育引论 [M]. 周南照，陈树清，译. 北京：中国对外翻译出版社，1985.
[17] 李德顺. 价值论 [M]. 北京：中国人民大学出版社，2007.
[18] 李德顺. 价值论原理 [M]. 西安：陕西人民出版社，2002.
[19] 李晶. 组织创业气氛机制研究 [M]. 北京：中国社会科学出版社，2010.
[20] 李连科. 哲学价值论 [M]. 北京：中国人民大学出版社，1991.
[21] 刘志阳. 创业学 [M]. 上海：格致出版社、上海出版社，2008.
[22] 卢晓中. 高等教育概论 [M]. 北京：高等教育出版社，2009.
[23] 赫里斯，彼得斯，谢泼德，等. 创业管理 [M]. 北京：机械工业出版社，2010.
[24] 多林格. 创业学：战略与资源 [M]. 王任飞，译. 北京：中国人民大学出版社，2003.
[25] 莫里斯，库拉特科. 公司创业：组织内创业发展 [M]. 杨燕绥，等译. 北京：清华大学出版社，2005.
[26] 潘懋元，王伟廉. 高等教育学 [M]. 福州：福建教育出版社，2007.
[27] 潘懋元. 现代高等教育思想的演变：从20世纪至21世纪初期 [M]. 广州：广东高等教育出版社，2008.
[28] 裴娣娜. 教育科学研究方法 [M]. 沈阳：辽宁大学出版社，2001.
[29] 瞿葆奎. 中国教育研究新进展·2000 [M]. 上海：华东师范大学出版社，2001.
[30] 芮明杰，杜锦根. 人本管理 [M]. 杭州：浙江人民出版社，1997.
[31] 孙伟平. 价值哲学方法论 [M]. 北京：中国社会科学出版社，2008.
[32] 孙振东. 教育研究方法论探索 [M]. 重庆：重庆大学出版社，2008.
[33] 斯劳特，莱斯利. 学术资本主义：政治、政策和创业型大学 [M]. 梁骁，黎丽，译. 北京：北京大学出版社，2008.
[34] 弗莱克斯纳. 现代大学论：美英德大学研究 [M]. 徐辉，陈晓菲，译. 杭州：浙江教育出版社，2001.
[35] 杨梅英，熊飞. 创业管理概论 [M]. 北京：机械工业出版社，2008.
[36] 易高峰. 崛起中的创业型大学：基于研究型大学模式变革的视角

[M]. 上海：上海交通大学出版社，2011.
[37] 张岱年. 文化与价值 [M]. 北京：新华出版社，2004.
[38] 张红霞. 教育科学研究方法 [M]. 北京：教育科学出版社，2009.
[39] 张映红. 公司创业战略：基于中国转型经济环境的研究 [M]. 北京：清华大学出版社，2005.
[40] 张玉利，李乾文. 创业导向、公司创业与价值创造 [M]. 天津：南开大学出版社，2009.
[41] 张玉利，李新春. 创业管理 [M]. 北京：清华大学出版社，2006.
[42] 中国上海科学研究院语言研究所. 现代汉语词典 [M]. 北京：商务印书馆，2004.

2. 学位论文类

[43] 安文旭. 澳大利亚创业型大学发展策略研究：以莫纳什大学为个案 [D]. 沈阳：沈阳师范大学，2011.
[44] 陈静. 基于三螺旋理论的区域创新体系研究：兼论创业型大学的建设意义与途径 [D]. 北京：北京交通大学，2008.
[45] 陈克现. 地方高师院校教师教育模式的转型研究：基于教师教育学科的视角 [D]. 武汉：中南民族大学，2010.
[46] 成春燕. 我国省属重点工科大学发展研究：创业型大学的视角 [D]. 南京：南京师范大学，2011.
[47] 高明. 英美创业型大学管理模式比较及启示 [D]. 沈阳：东北大学，2012.
[48] 胡玲翠. 教师教育开放背景下师范大学综合化转型研究 [D]. 西安：陕西师范大学，2014.
[49] 李福华. 中国创业型大学研究：基于三螺旋理论视角 [D]. 青岛：青岛大学，2013.
[50] 李莉莉. 创业型大学：斯坦福大学办学模式变革研究 [D]. 长春：吉林大学，2009.
[51] 李士萍. 改革开放以来教师教育历史发展的研究 [D]. 保定：河北大学，2006.
[52] 李威. 美国创业型大学与区域经济互动发展研究 [D]. 天津：天津师范大学，2012.
[53] 李玮. 试论高等师范院校的合理转型 [D]. 上海：上海师范大学，2006.

[54] 梁镜源. 中国创业型大学建设的基本模式及发展取向研究 [D]. 长春: 东北师范大学, 2013.
[55] 刘芬. 中国特色创业型大学建设研究: 以重庆师范大学为例 [D]. 重庆: 重庆师范大学, 2011.
[56] 刘叶. 建立创业型大学: 管理上转型的路径 [D]. 武汉: 华中科技大学, 2010.
[57] 娄立志. 论目前我国教育的主导价值 [D]. 上海: 华东师范大学, 2001.
[58] 罗泽意. 制度变迁视角下大学创业趋向研究: 基于农业院校的案例 [D]. 南京: 南京农业大学, 2011.
[59] 马鸿佳. 创业环境、资源整合能力与过程对新创企业绩效的影响研究 [D]. 长春: 吉林大学, 2008.
[60] 马志强. 西方创业型大学的兴起和发展 [D]. 开封: 河南大学, 2007.
[61] 潘发勤. 西方学术资本主义和创业型大学研究: 以英美澳为例 [D]. 杭州: 浙江大学, 2005.
[62] 彭柳. 基于教育国际化背景下的创业型大学的理论与实践研究 [D]. 成都: 西南交通大学, 2009.
[63] 彭绪梅. 创业型大学的兴起与发展研究 [D]. 大连: 大连理工大学, 2008.
[64] 王芳. 消退与重塑: 我国师范大学的教师教育特色 [D]. 长沙: 湖南师范大学, 2007.
[65] 王军胜. 创业型大学视角下民办本科高校转型路径研究 [D]. 天津: 天津大学, 2013.
[66] 王梅. 创业型大学: 一个新的大学理念之践履 [D]. 兰州: 兰州大学, 2011.
[67] 王雁. 创业型大学: 美国研究型大学变革模式的研究 [D]. 杭州: 浙江大学, 2006.
[68] 王奕骄. 我国"师范教育"向"教师教育"的转型研究: 兼论N校个案 [D]. 南京: 南京师范大学, 2012.
[69] 王钟斌. 创业型大学发展的成功经验及启示 [D]. 杭州: 浙江工业大学, 2012.
[70] 翁默斯. 我国地方院校向创业型大学转型的多案例研究 [D]. 杭州: 浙江工业大学, 2012.

［71］徐建华. 从封闭走向开放：历史视野下的中国教师教育改革研究（1978—2008）［D］. 金华：浙江师范大学，2009.

［72］许晓云. 国外创业型大学特征及成功因素分析：以麻省理工学院为例［D］. 武汉：华中师范大学，2010.

［73］杨茜. 创新创业型大学评价指标体系的研究［D］. 南京：南京工业大学，2013.

［74］于兴国. 转型期中国教师教育政策研究［D］. 长春：东北师范大学，2002.

［75］张健. 公司创业战略的概念发展与综合模型的实证研究［D］. 北京：清华大学，2004.

［76］张金萍. 国外创业型大学的理论研究［D］. 北京：首都师范大学，2008.

［77］张静. 创业型大学组织特征探究［D］. 厦门：厦门大学，2009.

［78］张森. MIT 创业型大学发展史研究［D］. 保定：河北大学，2012.

［79］张伟. 我国创业型大学组织发展研究：以湖北经济学院为个案［D］. 武汉：华中师范大学，2009.

［80］朱智怡. 美国创业型大学科研组织的个案研究：从组织行为学的角度［D］. 金华：浙江师范大学，2013.

3. 期刊论文类（及其他）

［81］2011 首都教育发展协同创新中心课题组. 教师教育模式的变革：关于首都师范大学办学转型的初步研究［J］. 首都师范大学学报（社会科学版），2014（4）：1－10.

［82］蔡辰梅，刘刚. 论学术资本化及其边界［J］. 高等教育研究，2013（9）：8－14.

［83］陈昌贵. 国际合作：高等学校的第四职能：兼论中国高等教育的国际化［J］. 高等教育研究，1998（5）：11－15.

［84］丁小浩，李锋亮，孙毓泽. 我国高等教育投资体制改革 30 年：成就与经验、挑战与完善［J］. 中国高教研究，2008（6）：1－5.

［85］董保宝，葛宝山. 经典创业模型回顾与比较［J］. 外国经济与管理，2008（3）：19－28.

［86］段兆兵，王伦. 论地方师范大学面临的挑战、机遇及应对策略［J］. 教师教育研究，2010（3）：22－26.

［87］方展画. 高等教育“第四职能”：技术创新［J］. 教育研究，2000

(11)：19－24.
[88] 冯振业，杨鹤. 对大学第四职能：国际文化交流与合作的一些理解［J］. 国家教育行政学院学报，2003（6）：61－66.
[89] 傅修延. 坚守地方师范大学使命，构建教师教育创新平台［J］. 中国高等教育，2010（20）：27－29.
[90] 甘晖. 学科综合化：高水平师范大学转型的战略选择：以陕西师范大学为例［J］. 高等教育研究，2013（4）：54－59.
[91] 高有华. 世界教师教育的转型趋势和中国教师教育发展策略［J］. 辽宁教育研究，2007（9）：94－97.
[92] 葛宝山，董保宝. 基于动态能力中介作用的资源开发过程与新创企业绩效关系研究［J］. 管理学报，2009（4）：520－526.
[93] 葛宝山，王立志，姚梅芳，等. 经典创业模型比较研究［J］. 管理现代化，2008（1）：10－12.
[94] 龚廷泰. 高等师范院校科研发展的目标方位及其实现［J］. 南京师大学报（社会科学版），1996（1）：16－20.
[95] 关信平. 经济—社会转型、全球化与中国城市贫困问题［Z］. 北京：转型中的中国社会学术研讨会. 2001－12－29.
[96] 郭桂英，方洪锦. 对多学科合并大学"综合性"的探讨［J］. 武汉水利电力大学学报（社会科学版），1999（3）：59－61.
[97] 韩清林. 积极推动师范教育转型，构建开放式教师教育体系［J］. 教育研究，2003（3）：54－60.
[98] 贺祖斌. 地方师范院校教师教育在转型中的困惑和对策［J］. 教师教育研究，2009（5）：61－65，69.
[99] 胡萍，谢磊，沈键，等. 国内外创业理论研究综述［J］. 浙江树人大学学报，2008（6）：52－56.
[100] 华东师范大学"师范大学改革与发展咨询会议"秘书组. 认清形势，积极进取，开创师范大学改革与发展的新局面："师范大学改革与发展咨询会议"综述［J］. 高等师范教育研究，1999（5）：3－8.
[101] 黄亲国. 高等教育的学术导向和社会导向［J］. 现代教育科学，2004（3）：17－19.
[102] 黄崴. 从"师范教育"到"教师教育"的转型［J］. 高等师范教育研究，2001（6）：14－16，7.
[103] 纪宝成. 世纪之交中国高等教育管理体制改革的历史回顾［J］. 中国高教研究，2013（8）：6－13.

[104] 江秀乐，袁奋光．重点师范大学建设与教师教育创新［J］．教育研究，2003（6）：28－32.

[105] 姜彦福，沈正宁，叶瑛．公司创业理论：回顾、评述及展望［J］．科学学与科学技术管理，2006（7）：107－115.

[106] 教育部．2003 年教育大事记[EB/OL][2014－12－12]. http://www.moe. edu. cn/publicfiles/business/htmlfiles/moe/moe _ 1004/200507/9364.html.

[107] 李北群，徐月红．对我国再度兴起学院制的思考［J］．中国高教研究，2008（1）：33－35.

[108] 李广平．土耳其教师教育的高等教育化与大学化转型［J］．外国教育研究，2009（7）：7－10.

[109] 李梅，姚晓蒙．大众化背景下师范大学的发展路径选择：以华东师范大学、西南大学为例［J］．教师教育研究，2010（5）：18－21，47.

[110] 李乾文．公司创业活动与绩效关系测度体系评介［J］．外国经济与管理，2005（2）：6.

[111] 林强，姜彦福，张健．创业理论及其架构分析［J］．经济研究，2001（9）：85－94.

[112] 林永柏，曾蜀云，姜平平．综合性大学的涵义及特征刍议［J］．现代教育科学，2009（1）：91－94，97.

[113] 刘复兴．我国教师教育的转型与政策导向［J］．高等师范教育研究，2002（4）：20－26.

[114] 刘复兴．我国教师教育转型中的政策问题［J］．当代教育科学，2004（11）：19－23.

[115] 刘建银．大众化进程中我国教师教育体系转型的走向与反思［J］．高教探索，2012（1）：141－147.

[116] 刘湘溶．师范大学发展战略几个重大问题的思考［J］．湖南师范大学社会科学学报，2005（1）：82－86.

[117] 刘旭，白解红．我国教师教育转型期师范大学办学模式改革略论［J］．教师教育研究，2006（3）：9－12.

[118] 吕立志．论新资源在新经济中的地位和作用［J］．中国软科学，2001（9）：21－25.

[119] 特罗．从精英向大众高等教育转变中的问题［J］．王香丽，译．外国高等教育资料，1999（1）：1－30.

[120] 马陆亭，刘红宇．高教财政投入和社会投入占 GDP 比例的政策价值

[J]. 华中师范大学学报（人文社会科学版），2015（1）：150-160.
[121] 马晓雄. 关于师范教育向教师教育转型的几点思考［J］. 高等师范教育研究，2003（4）：8-13.
[122] 梅新林. 省属师范大学教师教育的改革与创新：以浙江师范大学为例［J］. 国家教育行政学院学报，2009（3）：14-17.
[123] 孟凡. 从“985工程”、“211工程”看我国世界一流大学建设的几对矛盾［J］. 黑龙江高教研究，2010（1）：29-32.
[124] 潘懋元，吴玫. 从师范教育到教师教育［J］. 中国高教研究，2004（7）：13-17.
[125] 戚攻. 论中国社会转型中的“边缘化”［J］. 西南师范大学学报（人文社会科学版），2004（1）：58-63.
[126] 乔建中. 基础教育“八次课改”的历史轨迹与研究脉络［J］. 江苏教育研究，2012（3C）：18-22.
[127] 饶扬德. 企业资源整合过程与能力分析［J］. 工业技术经济，2006（9）：72-74.
[128] 任玉珊. 应用型工程大学的组织转型［J］. 高等工程教育研究，2010（6）：150-153.
[129] 沈有禄. 国外教师教育模式转型及其启示［J］. 现代教育科学，2010（4）：89-92.
[130] 盛子同. 论师范大学向综合性大学的转型［J］. 教育评论，2005（5）：27-30.
[131] 司晓宏. 论高等师范院校的学科建设［J］. 学位与研究生教育，1998（5）：46-49.
[132] 宋永忠. 师范大学转型不能丢掉教师教育特色［J］. 中国高等教育，2006（5）：57-58.
[133] 眭依凡. 改造社会：未来大学新职能［J］. 上海高教研究，1999（3）：1-5.
[134] 檀传宝. 何谓与何为：关于北京师范大学转型的初步研究［J］. 教师教育研究，2003（6）：1-7.
[135] 万明钢. 师范院校的转型与教师教育培养模式探索［J］. 西北师大学报（社会科学版），2004（6）：96-100.
[136] 王朝云. 创业机会的内涵和外延辨析［J］. 外国经济与管理，2010（6）：23-30.
[137] 王楚鸿. 不同类别高校科技投入产出比较：基于近十五年（1992—

2006）统计数据的分析［J］. 广州大学学报（社会科学版），2009（1）：63－67.

［138］王楚鸿. 高校科研力量分散化问题的思考［J］. 高教探索，2003（4）：32－34，11.

［139］王楚鸿. 激励理论在高校科研管理中应用的探讨［J］. 科技管理研究，2004（4）：74－76.

［140］王楚鸿. 转型期师范大学科研创业：H 大学的探索与实践［J］. 高教探索，2015（7）：22－28.

［141］王德林. 西方高等教育学术导向与社会导向的历史演变［J］. 交通高教研究，2003（4）：38－42.

［142］王洪才. 大学“新三大职能”说的缘起与意蕴［J］. 厦门大学学报（哲学社会科学版），2010（4）：5－12.

［143］王克勤，马建峰，盖立春，等. 师范教育的转型与教师教育发展［J］. 教育研究，2006（4）：76－79.

［144］王荣顺，李广平，张贵新，等. 对师范院校发展与转型的思考［N］. 中国教育报，2004－12－17（4）.

［145］王伟廉. 人才培养模式：教育质量的首要问题［J］. 中国高等教育，2009（8）：24－28.

［146］王伟廉. 试论高等教育思想中的基本理论问题［J］. 教育研究，1994（7）：17－22.

［147］温凤媛. 教师教育转型背景下地方师范大学的发展策略［J］. 辽宁教育研究，2007（5）：30－31.

［148］温正胞. 创业型大学：比较与启示［R］. 上海：华东师范大学，2008.

［149］吴金法. 创业理论：多元的研究视角［J］. 温州职业技术学院学报，2006（4）：9－12.

［150］吴跃文. 论高师院校转型［J］. 浙江社会科学，2003（7）：96－100.

［151］夏亮. 关于创业机会来源观点的比较研究［J］. 科技创业，2009（5）：28－29.

［152］谢安邦. 教师教育转型时期的体制创新和制度建设［J］. 教育研究，2004（9）：7－10.

［153］谢维和. 我国教师培养模式的制度改革：兼评当前高等师范院校的改革与转型［N］. 中国教育报，2002－03－02：（003）.

[154] 许美德，李军. 世界教师教育发展的历史比较［J］. 教育研究，2009（6）：54－62.
[155] 阎凤桥，毛丹. 中国高等教育规模扩张机制分析：一个制度学的解释［J］. 高等教育研究，2013（11）：25－35.
[156] 阎光才. 美国教师教育机构转型的历史经验及其启示［J］. 教师教育研究，2003（6）：73－74.
[157] 杨捷. 美国教师教育大学化转型述评［J］. 比较教育研究，2012（12）：24－29.
[158] 杨露. 美国教师教育机构转型的历程及其经验启示［J］. 学术交流，2014（9）：221－225.
[159] 余玲玲，华维勇. 师范大学持续改革的困境与出路［J］. 高教探索，2012（2）：24－26.
[160] 俞建伟. 学院制改革与高校内部权力结构调整［J］. 现代大学教育，2001（4）：66－68.
[161] 禹旭才. 社会批判：大学必要的职能［J］. 江苏高教，2007（6）：19－21.
[162] 袁奋光. 我国重点师范大学应逐步实现“三个转型”［J］. 高等教育研究，2005（1）：58－61.
[163] 张爱龙. 我国高等学校的一种分类法［J］. 中国高等教育，2001（3－4）：62.
[164] 袁锐锷. 世界师范教育的过去和未来［J］. 高等师范教育研究，1997（1）：11－12.
[165] 张斌贤. 论高等师范院校的转型［J］. 教育研究，2007（5）：19－24.
[166] 张弛. 转型时期高师院校学科建设策略研究［J］. 清华大学教育研究，2006（1）：90－95.
[167] 张岱年. 论价值的层次［J］. 中国社会科学，1999（2）：3－10.
[168] 张宏云，杨乃定，郭雯. 创业导向量表发展综述［J］. 研究与发展管理，2011（2）：41－47.
[169] 张映红. 公司创业理论的演化背景及其理论综述［J］. 经济管理·新管理，2006（14）：4－10.
[170] 赵金保，张俊宗. 论传统师范大学的现代转型［J］. 西北师大学报（社会科学版），2000（3）：1－6.
[171] 赵沁平. 发挥大学第四功能作用，引领社会创新文化发展［J］. 中国高等教育，2006（15/16）：9－11.

［172］赵颖，郝德永．当代英、美课程经营与课程思想的新冲突［J］．外国教育研究，1997（2）：47－52．
［173］郑师渠，方增泉．师范大学的特色发展战略和高师改革趋向［J］．教师教育研究，2006（6）：7－9．
［174］郑师渠．论高师院校转型［N］．北京师范大学校报，2004－07－09．
［175］钟秉林．高等教育创新与教师教育和师范院校的转型［J］．中国大学教学，2004（1）：15－16．
［176］钟秉林．关于师范大学改革和发展几个问题的思考［J］．教育与职业，2011（32）：5－8．
［177］钟秉林．观念和制度创新：大学的核心竞争力与师范院校的转型［J］．北京师范大学学报（社会科学版）．2003（5）：3－11．
［178］钟秉林．教师教育的发展与师范院校的转型［J］．教育研究，2003（6）：22－27．
［179］钟秉林．师范大学转型与高师教育走向［N］．光明日报，2001－10－25（B01）．
［180］钟秉林．探索有中国特色的教师教育之路：写在北京师范大学建校一百周年之际［J］．求是杂志，2002（17）：46－52．
［181］钟晨音．师范大学转型过程中发展目标定位的解读与思考［J］．高等教育研究，2008（2）：29－34．
［182］钟启泉，王艳玲．从师范教育走向教师教育［J］．全国教育展望，2012（6）：22－25．
［183］周川．中国高等教育管理体制改革的政策分析［J］．高等教育研究，2009（8）：49－54．
［184］周福盛．我国教师教育转型的历史背景和现实基础［J］．宁夏大学学报（人文社会科学版），2005（6）：112－117．
［185］周钧，朱旭东．美国教师教育大学化形成的路径研究［J］．高等教育研究，2005（12）：60．
［186］朱国仁．知识经济时代高等学校的职能［J］．机械工业高教研究，1999（2）：6－10．
［187］朱仁宏，陈灿．创业研究前沿理论发展动态［J］．当代经济管理，2005（1）：13－20，31．
［188］朱旭东．国外教师教育模式的转型研究［J］．现代教育科学，2001（5）：52－58．

(二) 外文文献

1. 著作类

[189] BLOCK Z, MACMILLAN I C. Corporate venturing: creating new business within the firm [M]. Boston, MA: Harvard Business School Press, 1993.

[190] COVIN J G, SLEVIN D P. The development and testing of an organizational-level entrepreneurship scale [M] //RONSTADT R, HORNADAY J A, PETERSON R, et al. Frontiers of Entrepreneurship Research - 1986. Wellesley, MA: Babson College, 1986: 628 - 639.

[191] GIBBONS M, LIMOGES C, NOWOTNY H, et al. The new production of knowledge [M]. London: Sage, 1994.

[192] ETZKOWITZ H, LEYDESDORFF L. Universities and the Global Knowledge Economy: A Triple Helix of University-Industry-Government Relations [M]. London: Pinter Press, 1997.

[193] ETZKOWITZ H, WEBSTER A, HEALEY P. Capitalizing knowledge: new intersections of industry and academia [M]. State Univ. of New York Press, 1998.

[194] ETZKOWITZ H. The second academic revolution: MIT and the rise of entrepreneurial science [M]. New York: Gordon & Breach Press, 2002.

[195] SMITH R J. The ecole normale superieure and the third republic [M]. Albany: State University of New York, 1982.

[196] SCHOLLHAMMER H. Internal corporate entrepreneurship [M] // KENT C A, SEXTON D L , VESPER K H, et al. Encyclopedia of entrepreneurs. Englewood Cliffs, NJ: Prentice Hall, 1982: 209 - 223.

[197] SLAUGHTER S, RHOADES G. Academic capitalism and the new economy: Markets, state and higher education [M]. Baltimore: the Johns Hopkins University Press, 2004.

[198] STEVENSON H H, GROUSBECK H I, Roberts M J, et al. New Business Ventures and Entrepreneur [M]. Homewood: Irwin. 1999.

[199] WINTER S. Knowledge and competence in strategic assets [M] //TEECE D, ed al. The Competitive Challenge. Cambridge, MA: Ballinger, 1987: 159 - 184.

[200] TIMMONS J A. New venture creation: entrepreneurship for 21st century, 5th edition [M]. New York: McGraw—Hill, 1999.

2. 期刊论文类

[201] BARRINGER B R., BLUEDORN A C. The relationship between corporate entrepreneurship and strategic management [J]. Strategic Management Journal, 1999, 20 (5): 421 -444.

[202] BARNEY J B. Firm resource and sustained competitive advantage [J]. Journal of Management, 1991, 17 (1): 99 -120.

[203] BURGELMAN R A. A model of the interaction of the strategic behavior, corporate context, and the concept of strategy [J]. Academy of Management Review, 1983, 8 (1): 61 -70.

[204] COVIN J G, SLEVIN D P. Strategic management of small firms in hostile and benign environments [J]. Strategic Management Journal, 2010, 10 (1): 75 -87.

[205] COVIN J G, SLEVIN D P. The influence of organization structure on the utility of an entrepreneurial top management style [J]. Journal of Management Studies, 1988, 25 (3): 217 -234.

[206] COVIN J G, SLEVIN D P. A conceptual model of entrepreneurship as firm behavior [J]. Entrepreneurship Theory and Practice, 1991, Fall: 10.

[207] SIRMON D G, HITT M A. Managing Resources: Linking Unique Resources, Management, and Wealth Creation in Family Firms [J]. Entrepreneurship Theory & Practice, 2010, 27 (4): 339 -358.

[208] DOUGHERTY D, HELLER T. The illegitimacy of successful product innovation in established firms [J]. Organization Science, 1994, 5 (2): 200 -218.

[209] ETZKOWITZ H. Entrepreneurial scientists and entrepreneurial universities in American academic science [J]. Minerva, 1983, 21 (2/3): 198 -233.

[210] ETZKOWITZ H. Entrepreneurial science in the academy: A case of the transformation of norms [J]. Social Problems, 1989 (36): 14 -29.

[211] ETZKOWITZ H, LEYDESDORFF L. The triple helix of university-industry-government relation: a laboratory for knowledge-based economic development [J]. European society for the study of science and technology review, 1995, 14 (1): 14 -19.

[212] GARTNER W B. A conceptual framework for describing the phenomenon of new venture creation [J]. Academy of Management Review, 1985, 10

(4): 696 – 706.

[213] GARTNER W B. What are we talking about when we talk about entrepreneurship [J]. Journal of Business Venturing, 1990, 5 (1): 15 – 28.

[214] GUTH W D, GINSBERG A. Corporate entrepreneurship [J]. Strategic Management Journal, 1990, 11 (Summer): 5 – 15.

[215] HITT M A, BIERMAN L, SHIMIZU K, et al. Direct and moderating effects of human capital on strategy and performance in professional service firms: a resource-based perspective [J]. Academy of Management Journal, 2001, 44 (1): 13 – 28.

[216] HORNSBY J, NAFFZIGER D, KURATKO D, et al. An interactive model of the corporate entrepreneurship process [J]. Entrepreneurship Theory and Practice, 1993, (2): 31.

[217] HOSKISSON, et al. Strategy in emerging economy [J]. The Academy of Management Journal, 2000 (3): 249 – 267.

[218] KHANDWALLA P N. Some top management styles , their context and performance [J]. Organization & Administrative Sciences, 1976, 7 (4): 21 – 51.

[219] LOW M B, MACMILLAN I C. Entrepreneurship: past research and future challenges [J]. Journal of Management, 1998, 14 (2): 139 – 161.

[220] LUMPKIN T, DESS G. Clarifying the entrepreneurial orientation construct and linking it to performance [J]. Academy of Management Review, 1996, 21 (1) 135: 172.

[221] MCDOUGALL P P, OVIATT B M. New venture internationalization, strategic change, and performance: a follow-up study [J]. Journal of Business Venturing, 1996, (11): 23 – 40.

[222] MILLER D, FRIESEN P H. Innovation In Conservative and Entrepreneurial Firms: Two Models of Strategic Momentum [J]. Strategic Management Journal, 1982, 3 (1): 1 – 25.

[223] MILLER D. The correlates of entrepreneurship in three types of firms [J]. Management Science, 1983, 29 (7): 770 – 791.

[224] MILLER D. Relating Porter's business strategies to environment and structure: analysis and performance implications [J]. Academy of Management Journal, 1988, 31 (2): 280 – 308.

[225] MILLER D, DROGE C, TOULOUSE J M. Strategic process and content as mediators between organizational context and structure [J]. Academy of Management Journal, 1988, 31 (4): 544 - 569.

[226] MORRIS M H, LEWIS P S, SEXTON D L. Reconceptualizing entrepreneurship: an input-output perspective [J]. Sam Advanced Management Journal, 1994, 59 (1): 21 - 31.

[227] DEEM R. Globalisation, new managerialism, academic capitalism and entrepreneurialism in universities: Is the local dimension still important [J]. Comparative Education, 2001, 37 (1): 7 - 20.

[228] SHANE S. Uncertainty avoidance and the preference for innovation championing roles [J]. Journal of International Business Studies, 1995, 26 (1): 47 - 68.

[229] SHANE S, VENKATARAMAN S. The promise of entrepreneurship as a field of research [J]. Academy of Management Review, 2000, 25 (1): 217 - 226.

[230] HUNT S D, MORGAN R. The resource - advantage theory of competition: Dynamics, path dependencies, and evolutionary dimensions [J]. Journal of Marketing, 1996, (4): 107 - 114.

[231] ZAHRA S A. Predictors and financial outcomes of corporate entrepreneurship [J]. Journal of Business Venturing, 1991, (6): 259 - 285.

[232] ZAHRA S A, COVIN J G. Contextual influences on the corporate entrepreneurship-performance relationship: A longitudinal analysis [J]. Journal of Business Venturing, 1995, 10 (1): 43 - 58.

[233] ZAHRA S A, GARVIS D M. International corporate entrepreneurship and firm performance: the moderating-effect of international environmental hostility [J]. Journal of Business Venturing, 2000 (15): 469 - 492.

后　记

本书是在我的博士论文的基础上整理修改而成的。谨以此书献给读者和所有关心支持过我的老师、同学、领导、同事和家人，并将其作为“读博生活”的一个小结。

读博数载，一边工作一边学习，其中的艰辛自不待言。但完成论文写作，最大的感受不是疲倦，不是自豪，而是感激。学位论文绝不仅仅是自己一个人心血的体现，更凝聚着许许多多人的真诚帮助与大力支持！

首先要感谢所有的指导老师。在博士学习过程中，得到扈中平、卢晓中、强海燕、黄甫全、胡劲松、吴颖民、谢少华、董标、葛新斌、胡中锋等众多老师的指导和帮助，他们学高身正，言传身教，令我受益匪浅。导师胡劲松教授和吴颖民教授的悉心指导与帮助，使我不仅在学业上，而且在为人处世和事业发展上都将受益终身。在毕业论文的选题和写作过程中，胡老师花费了大量的时间精力与我讨论和修改，具体入微，让我逐步理清研究的思路。同时他还常常在我陷入困境时给我加油鼓劲，让我倍感温暖。吴老师对论文的选题、研究重点和研究思路提出了许多具体的修改意见，并为调研工作提供了具体的帮助。

其次要感谢所有给我帮助、支持的老师和同学。有幸成为首批教育博士研究生，与其他7位教育博士生刘会英、罗志远、何东、黄尧、邹应贵、肖坤和黄雪萍同学一起求学。在相处的几年中，同学们的求学精神、知识能力、实践经验和生活阅历等都给我许多的启发和帮助。其他一起上课的同学杨甲睿、席小莉、王晓盈、张同柏、童想文、吴杨和蒋慧等，也都在共同学习研讨过程中，触发我思想的火花，给予我很多润物无声的帮助。在论文写作过程中，得到周丽华、葛文秀老师和黄尧、邹应贵、杨甲睿、席小莉、刘会英、何东等同学的具体帮助。尤其要感谢黄尧同学，在我思路最混乱的时候，是她陪我一起分析论文的框架，对研究思路提出了重要的建议。在资料收集、问卷调查过程中，得到A大学学校领导和各单位领导、老师的大力帮助，由于人数众多，无法在此一一列举，谨在此一并表示衷心的感谢！

再次要感谢给予我大力支持的单位领导和同事。读博期间，我先后在南海学院、教务处和教师发展中心三个单位工作，得到了单位领导的大力支持，尤其是原南海学院副院长吴剑丽教授不仅给予我工作安排上的便利，更给予我很多精神的鼓励和具体的帮助。南海学院教科办的全体同事在此期间一如既往支持我的工作，并分担了我很大的工作压力，让我感受到集体的温暖并且得以“工作学习两不误”。教师发展中心主任陈启买教授和科技处许恩平科长对本书的出版给予了大力的支持和经费的资助。所有这些，本人都不胜感激！

最后要感谢我的家人。要感谢与我一起成长的儿子。博士入学之时，儿子尚小，如今却已经进入初中。这几年，由于自己工作和读博，对儿子的学习、生活的关心非常不足，有时甚至还会因为心情不佳而对儿子的请教不耐烦，每每想来深感不安！当自己学习懈怠时，看到儿子小小年纪都在努力学习，更感自己还不如小孩而惭愧。这几年，不仅是我在鼓励督促儿子的学习，很多时候更是儿子在鼓励我。谢谢他，在我困惑和泄气时给我带来快乐和慰藉！让我能够以一个老学生的平常心态来对待每天的学业。要感谢我的爱人陈妙玲。读博期间亏欠最多的是她。数年之间，她不仅需要在家庭劳作上付出更多，而且有时还要成为一个读博者负面情绪的默默承受者。在最困难的时候，如果没有她的鼓励和陪伴，我可能早就做出完全不同的选择。要感谢我的妈妈和岳父岳母的无私奉献。在本该安享晚年的年龄，他们为了支持我的学业，承担了更多的家务，用辛勤的付出和无微不至的关爱给整个家庭带来了幸福和欢笑！

学然后知不足。读博士对我最直接的影响是让我更加清楚自己的不足，以敬畏之心看待知识和学术，以更加谦卑之心对事、对物和对人。我要感谢所有给我机会和帮助的人们，以及这匆匆而过、磨砺人生的数载光阴！

王楚鸿
2018 年 6 月 18 日
于华南师范大学